KB133698

마음이 아픈 사람들

마음이 아픈 사람들

정신 질환을 낙인 찍는 사회에서 살아간다는 것

토머스 인셀Thomas Insel 지음 | 진영인 옮김

일찍이 인간의 정신은 다가갈 수도 없고 탐색하기도 어려운 머나 먼 나라라고 했다. 그렇지만 오늘날 과학이 이룬 성취를 토대로 국가의 인적 자원이며 물적 자원이 풍요로워진 만큼, 인간의 정신에 도 가닿을 수 있을 것이다. 정신 질환과 지적장애는 더 이상 우리 정서에 이질적일 필요가 없고, 지역사회의 도움 바깥에 있을 필요 도 없다.

– 존 F. 케네디, 1963년 10월 31일 정신 보건법 서명에 관한 의견서[1]

차례

일러두기

1. 맞춤법과 띄어쓰기는 국립국어원 〈한글 맞춤법〉에 따랐다.
2. 외국 인명이나 지명, 작품명은 되도록 국립국어원의 〈외래어 표기법〉을 따르되,
   필요에 따라서는 원어에 가깝게 표기하는 것을 원칙으로 삼았다.
   단, 통용되는 번역어나 표현이 이미 있는 경우 해당 표기를 따랐다.
3. 본문에 사용한 『 』는 단행본, 「 」는 논문, 《 》는 잡지와 일간지, 〈 〉는 영화, 드라마,
   TV 프로그램, 칼럼 제목을 나타낸다. 원어는 필요한 경우 최초 1회만 병기했다.

추천사

낙인 너머, 회복으로 향하는 긴 여정을 함께 떠나기 위해

정신 질환에 대한 우리의 생각은 18세기 광인의 시대에서 시작한다. 그 시절 정신과 의사들은 '미친' 사람들을 병자로 규정해 수용소에 가둬 놓았으며 정신 질환자들은 마녀나 악마들과 다르지 않았다. 그렇다면 21세기 지금 우리는 정신 질환과 환자들을 과연 어떻게 바라보고 있을까. 여러 세기를 거치면서 정신 의학은 약물 치료의 시대로 발전했고 인권에 관심이 높아지면서 정신 질환자들을 어떻게 사회 일원으로 받아들일지 고심하게 됐다. 하지만 그 과정에서도 시행착오가 반복되고 있다. 그리고 우리가 지금 겪고 있는 많은 혼란은 이미 십여 년 전 미국에서도 시작됐으며 지금도 여전히 진행 중이다.

다른 질환과 달리, 중증 정신 질환은 타인에게 고통을 줄 가능성이 높다. 특히 스스로 병을 인식하지 못하는 경우 그들은 치료를 받지 않고 증상의 세계에 매몰된다. 그리고 결국 치료받지 않은 증상의 끝에서 일어날 수 있는 문제 행동은 사회 혼란을 일으킨다. 그래서 사회는 치료 기회를 제공해야 하며 그들을 도와야 한다.

이 책은 치료 기회를 제공하는 과정의 이야기다. 현대 의학의 발전으로 정신 질환을 치료하는 약물은 많이 개발됐다. 하지만 정신

질환에 존재하는 낙인과 편견은 그 발전만큼 나아졌나? 이 부분
은 생각해 볼 다른 문제다. 어쩌면 세월이 흐르는 동안 낙인은 오
히려 공고해졌다. 우리는 코로나19의 시대를 거치면서 알게 됐다.
질환을 향한 막연한 공포가 얼마나 사람들에게 서로에 대한 경계
와 불신을 일으키는지 말이다. 정신 질환은 아주 옛날부터 공포의
대상이었다. 많은 정신 보건 종사자의 노력으로 조금씩 변화해 오
기는 했지만 아직도 그 공포의 벽은 높으며 환자들은 편견으로 고
통받고 있다.

모든 질병이 그렇지만 특히 정신 질환 치료에는 의학 너머의 것
들이 필요하다. 단순히 약을 먹고 병원에 입원하는 그 기간이 치료
의 전부가 아니며 그 후가 더 중요하다. 그 후의 환자 관리가 제대
로 이뤄지지 않으면 이 책에 나온 것처럼 환자들은 노숙자가 되거
나 병원이 아닌 교도소에 횡수용화될 수 있다. 그리고 현재 미국
은 우리나라보다 더 먼저 이러한 상황을 겪고 있으며 극복하려 노
력 중이다.

앞서 힘든 일을 겪은 친구의 조언은 참으로 중요하다. 조언을 듣
고 그것을 수용하느냐 하지 않느냐 또한 선택의 문제지만 진정한
조언을 군이 무시할 필요는 없다. 이 책은 우리에게 정신 질환에
어떻게 접근해야 하고 문제를 해결할지 알려주는, 미리 경험한 친
구의 진심 어린 조언이다. 정신 질환을 치료하는 사람들은 당연히
개발된 유전학과 약물학에 관심을 기울여야 한다. 증상 치료만큼
근본적인 문제를 해결하는 일은 없기 때문이다. 그리고 증상 치료
가 끝나면 우리는 더 긴 여정을 준비해야 한다. 이 책을 읽고 난 후

라면 어떻게 정신 질환을 더 넓은 관점으로 바라보고 대비할지 알수 있을 것이다.

과거 광인의 시대부터 오랜 세월 동안 정신 질환을 혼란스럽게 바라보는 시선은 계속 존재했고 그 점이 지금도 치료의 큰 걸림돌이다. 하지만 이제 많은 것이 바뀌어야 하며 더 이상 이들을 사회 밖에서 관리해서는 안 된다. 정신 질환자들이 지역사회 안에서 어떻게 우리 이웃으로 같이 살아갈 수 있을지에 대한 답을 이 책에서 찾기 바란다.

– 차승민, 국립법무병원 정신과 전문의, 『법정으로 간 정신과 의사』 저자

용어에 대해

우선, 정신 건강을 주제로 어떤 이야기를 하든 간에 그 용어에 반영된 정치적 갈등과 역사적 갈등, 전문가들 사이의 갈등을 짚고 넘어가야 한다. 우리가 다루는 대상은 정신 질환이라고 해야 할까? 정신 건강일까? 정신건강장애? 뇌장애? 아니면 행동장애라고 해야 할까? 이 같은 상태는 질환일까, 장애일까, 아니면 병이라고 해야 할까? 해당 분야는 정신 건강일까, 아니면 행동 건강일까? 병을 앓는 사람은 환자라고 해야 할까? 내담자? 소비자? 혹은 생존자라고 불러야 할까? 언어는 중요하다. 이 책에서는 정신의 여러 상애를 언급할 때 사람이 생각하고 느끼고 행동하는 방식이 달라졌다는 맥락에서 '정신 질환'이라는 표현을 쓴다.

이런 장애는 뇌 문제라는 것이 내 생각이다. 그렇지만 '뇌장애'는 비가역적 병변을 내포하는 용어다. 기분장애, 불안장애, 정신증적 장애는 뇌연결성장애나 '뇌 부정맥' 같은 뇌 활동 조절장애를 동반하지만, 식별 가능한 병변까지는 (아직) 포함하지 않는다. 그리고 일부 신경변성장애(알츠하이머병과 파킨슨병 같은 퇴행성 신경 질환 — 옮긴이) 환자는 정신장애에서 회복할 수 있다. 한편 '뇌장애'는 정확히 문제의 심각함을 전달하는 용어이기도 하다. '정신장애'라는 표현은 포괄적인 용어라서, 치명적이지 않고 기능 손상을 입히지도 않는 경증 혹은 중등증 상태를 의미하기도 한다('정신장애'는 우울장애처럼 질환으로서의 장애disorder와 회복에 한계가 있고 장기적 치료가 필요한 장애disability, 두 가지 의미가 있다 — 옮긴이).

행동장애는 니코틴부터 아편까지 중독장애도 포함한다. 물질의 사용 및 남용은 정신 질환과 관련되는 일이 잦으나 이 책에서는 정신 질환의 주요 유형이 아니라 결과로 다룰 것이다. 중증 정신 질환을 논할 때는 '행동 건강'이나 '행동장애'라는 표현을 피할 텐데, 이런 문제는 행동 이상으로 많은 것을 수반하기 때문이다. 보건 제도나 납부자 입장에서 '행동 건강'이란 정신 질환과 중독, 때로는 행복까지 의미가 폭넓은 용어라는 점도 알고 있다.

'정신건강장애'는 내가 특히 선호하지 않는 용어다. 우리는 심장병이라고 말하지 '심장 건강병'이라는 표현은 안 쓴다. 대사 질환이라고 말하지 '대사 건강병'이라고 말하지는 않는다. 정신 질환 역시 다르게 취급할 이유는 없다. 그렇다면 장애, 질환, 혹은 병 중에서 어떤 표현을 쓸까? 나는 '장애'와 '질환'을 바꿔가며 사용할 것이다. 용어 사용이란 그저 한계가 분명한 관습임을 기억하자. '질환' 혹은 '장애'는 일련의 증상을 설명할 뿐, 사람을 정의하지 않는다.

그리고 이런 질환을 앓는 사람은 환자라고 부르겠다. 심리 치료사는 '내담자'라는 용어를 쓰고 보험에서는 '소비자'라고 지칭한다. 병을 앓으며 살아온 사람은 자기 자신을 '생존자'라고 부르기도 한다. 일단 나는 이런 분위기를 감안하지 않고 의학적으로 접근할 생각이다. 가부장적 치료 모델(가부장처럼 의사가 치료를 주도하는 모델 — 옮긴이)을 신뢰해서 그런 것은 아니고(믿지 않는다), 약물요법만이 정신 질환의 유일한 치료법이라고 생각해서도 아니다(그렇게 생각하지 않는다). 다만 두 가지 실용적인 이유가 있다. 첫 번째로, 나는 효과적인 정신 질환 치료법에 공보험과 사보험이 적용되기를 원한다. 두 번째로, 내과와 외과 치료에 기대되는 기준이 정신 질환 치료에도 똑같이 적용되면 좋겠다. 환자 말고 내담자라고 부른다면 치료의 동등성을 요구할 수 없다. 의학에서 이득을 얻고 그 엄밀함을 활용하고 싶다면 의학 및 과학의 관습을 지키며 용어를 써야 한다. 그런데 앞으로 살펴보겠지만 의학적 접근에는 어마어마한 제약이 있다. 정신 질환자를 위한 다른 미래를 원한다면 넘어야 할 산과도 같다.

  마지막으로 이름 문제다. 책에서 이름만 나오는 사람은 여러 명을 합친 존재로 특정 인물을 지칭하지 않는다. 현실에 존재하지 않는다는 맥락에서 허구이긴 하시만, 구체석 특성은 실제 인물에서 따왔고 익명성을 보호하기 위해서 소소한 부분은 바꿨다. 인물들의 병력은 대표성을 고려해 구성했다. 그러니 내가 아는 누군가와 비슷할 수 있고 내가 모르는 수백만 명과도 비슷할 수 있다. 그렇지만 이들의 병력은 특정 개인의 것이 아니다. 산 사람 혹은 죽은 사람과 유사성이 발견된다면 내 의도가 아니라 어쩔 수 없는 부분임을 알아주기 바란다. 한편 이름과 성이 함께 나오는 사람은 실존 인물이며, 인터뷰를 진행한 경우나 글을 인용한 경우는 정확성을 담보하기 위해 내용의 검토 과정을 거쳤다.

머리말

나는 부모로, 과학자로, 의사로 거의 반백 년 동안 정신 질환과 씨름했다. 정신과 의사로 수련하고 신경 과학자로 활동한 지난 40년 동안 뇌 건강 및 뇌 질환 분야의 판도를 바꾼 획기적 연구들을 현장에서 목격했다. 나중에는 국립정신보건연구원NIMH의 원장으로 '국가의 정신 의학자'가 돼 200억 달러가 넘는 정신 건강 연구 예산을 10년 이상 감독했다. 조지 부시 대통령이 학교 총기 난사 사건에 대응하는 일을 도왔고 버락 오바마 대통령의 '브레인 이니셔티브Brain Initiative 프로젝트'(뇌 지도 작성 프로젝트 — 옮긴이)를 공동으로 이끌었다. 국회 의원에게 정신 의료 문제를 조언했고 군대 자살에 대응하기 위해 국방부 장군과 힘을 모았다. 요약하자면 내 역할은 정신 질환을 겪는 미국인에게 의미 있는 도움을 주는 일이었다. 정신 질환으로 인한 사망과 장애의 증가 추세를 꺾어야 했다. 그렇지만 실패했다. 문제를 잘못 이해했기 때문이었다. 더 정확하게 말하자면 내가 명석한 과학자와 헌신적인 임상의를 도와서 해결하고 있었던 문제는 심각한 정신 질환을 앓는, 거의 1500만 명에 달하는 미국인 환자에게 닥친 문제가 아니었다.

2015년은 국립정신보건연구원장으로 일한 마지막 해였다. 5월의 어느 쌀쌀한 저녁, 나는 오리건주 포틀랜드의 어느 강의실을 가득 메운 정신 건강 옹호 활동가들 앞에서 발표를 진행했다. 청중은 대체로 심한 정신 질환을 겪는 이들의 가족이었다. 국립정신보건 연구원은 전 세계적으로 가장 큰 규모의 정신 질환 연구 지원 기관으로, 두뇌 활동에 관한 기본 연구뿐만 아니라 우울증과 조현병 같은 질환의 원인 및 치료법 연구도 지원한다. 국립정신보건연구원은 세금으로 운영되는 기관이므로 대중과의 소통은 내 중요 업무였다. 그날 나는 최근 연구 성과를 담은 파워포인트 화면을 클릭했다. 우울증 환자의 뇌 변화를 보여주는 고해상도 영상, 뉴런 돌기가 비정상적으로 뻗는 조현병 아동의 줄기세포, 실험실 쥐의 스트레스 지표로 볼 수 있는 후생적 변화. 이 모든 자료는 오늘날 과학이 거둔 성공의 증거로, 이토록 슬기롭게 세금 관리를 했으니 시민들은 고마워할 것이다. 우리는 아주 많은 것을 알아냈다! 엄청난 진보를 이루고 있다!

대단한 연구 결과를 설명하는 동안, 강의실 앞줄에 앉은 사람들은 고개를 끄덕였다. 그렇지만 강의실 뒤쪽, 큰 키에 수염을 기르고 플란넬 셔츠를 입은 한 사내는 점점 동요하는 모습이었다. 질의응답 시간이 되자 사내는 첫 질문을 하려고 서둘러 마이크를 쥐었다. "선생님은 상황을 정말로 이해하지 못하시는군요. 내 아들은 23살로 조현병을 앓고 있습니다. 5번 입원했고, 자살 시도를 3번 했고, 지금은 노숙인입니다. 지금 집이 불타고 있는데 페인트의 화학적 성질을 이야기하는 상황 같습니다." 말문이 막힌 나는 어떻게 대답할까 궁리했고, 그동안 사내가 질문했다. "불을 끄기 위해 선생님은 무엇을 하고 계십니까?"

별안간 입안이 마르는 기분이었다. 바로 방어적인 대답이 튀어나왔다. "과학은 마라톤이지 단거리 경주가 아닙니다", "더 잘하려면 더 많이 알아야 합니다", "참아야 합니다. 혁명에는 시간이 필요하거든요."

그렇지만 그 순간 나는 사내의 말이 옳다는 사실을 알았다. 일찍이 내 아들은 주의력결핍과잉행동장애ADHD로 고생했고, 내 딸은 다이어트 중독으로 거식증에 걸려 거의 죽을 뻔했다. 두 사람 다 회복했으나 무엇 하나 쉽지 않았다. 그들이 고통을 겪는 동안, 나는 부모로서 가장 힘든 시간을 보냈다. 나 또한 불이 난 집을 보며 무력감이 밀려드는 기분이 어떤지 알았다. 그리고 문제가 날로 심각해지고 규모도 커져 미국인 수백만 명이 정신 질환을 앓으며 살아가고 때로는 죽기도 하는데, 나와 내 동료의 작업은 이와 동떨어져 있었다.

과학이 이룬 진보는 분명 놀라웠다. 그렇지만 연구자들이 자살 위험 요인을 연구하는 동안 사망률은 33퍼센트 상승했다. 중독의 신경 해부학을 규명하는 동안 약물 과용으로 인한 사망은 3배 증가했다. 조현병 발현 유전자를 찾는 동안 조현병 환자는 여전히 만성 실직 상태에 놓여 있었고 20년 일찍 사망했다. 과학이 원인과 메커니즘을 연구하는 동안 정신 질환으로 사망과 장애가 증가했고 수감과 노숙이 늘었으며 환자와 가족의 절망과 좌절도 커졌다. 실제로 노숙, 수감, 가난 같은 사회의 묵은 난제는 국가가 정신 질환자 치료에 실패한 사례를 살펴보면 어느 정도 파악된다. 이런데도 뇌 영상 촬영법이며 새로운 분자 치료법을 연구한다니, 진단과 치료를 더 비싸게 만들고 접근을 더 어렵게 만들겠다는 말에 지나지 않았다.

다른 분야에서 획기적 연구는 말 그대로 생명을 구했다. 지난

40년 동안 암, 심장병, 뇌졸중 치료는 혁명적으로 달라졌고 그만큼 이 질병들로 인한 사망과 장애가 감소했다. 사형 선고나 다름없던 에이즈는 이제 관리 가능하다. 암의 경우 새로운 치료법이 사실상 완치로 이어지기도 한다. 그런데 뇌 과학과 유전학 분야가 그토록 많은 진보를 이뤘는데도 중증 정신 질환자의 사망 혹은 장애가 줄지 않은 이유는 무엇일까? 이 질문에 답하려면 불행한 역사적 사실을 짚어야 한다.

존 F. 케네디 대통령은 생애 마지막 달에, 책 맨 앞에 인용한 인상적인 논평을 남겼다. 정부가 모든 자원을 동원해 정신 질환과의 싸움에 나서야 한다는 내용이나. 알다시피 그렇게 되지는 않았다. 그렇지만 정신 질환자 치료와 돌봄에 나서자는 케네디의 입장은 여전히 우리의 지침이 돼야 한다. 케네디가 인간의 정신이 더는 '머나먼 나라'가 아니라고 언급한 이래, 과학은 정말 멀리까지 나아갔다. 지난 60년 동안 과학이 이룬 진보는 부정할 수 없다. 그러나 정신 질환자는 '우리 정서'에 여전히 맞지 않는 존재다. 남들과 떨어져 지내는 사람처럼 '지역사회의 도움 밖에서' 산다. 국가가 수십 년 전에 시작했으나 비극적 사건으로 포기한 여정을 이제 마무리해야 한다.

케네디 대통령이 시작한 이 여정을 어떻게 끝낼 수 있을지 알기 위해, 내 나름의 여정을 시작했다. 정신 의학자가 아니라 저널리스트로 해결책을 찾고자 했다. 의료 시스템 바깥에 있는 사람들, 거리의 사람들, 감옥에 갇힌 사람들, 응급실에서 오도 가도 못하는 사람들, 분열된 의료 시스템에 좌절한 사람들을 만나 배움을 구했

다. 정신과 환자가 돼본 사람들은 가장 취약했던 순간에 의료 시
스템이 도움을 주지 못했다고 말했다. 이 나라의 정신 건강 관리가
위기에 처했다는 현장의 의료 제공자의 말을 듣고 또 들었다. 가족
들은 응급 상황에서 갈 수 있는 곳을 찾으려고 얼마나 간절히 노력
했는지, 항우울제 처방이 안 듣는 복합 질환을 앓는 가족에게 효
과적 치료를 찾아주려고 얼마나 애썼는지 털어놨다. 가족들은 본
의 아니게 전문가가 됐고, 나는 그들이 담당 간병인이자 회유자이
자 조종사이자 응급구조원 노릇을 했다는 사실을 알았다.

다음의 말이 후렴구처럼 반복됐다. 정신 건강 관리는 끝장났고
집은 불타고 있으며 우리는 실로 치료의 위기에 처해 있다고. 간단
히 말해서 정신 질환은 여느 질환과는 다르다. 지금의 방식은 여러
모로 재난과도 같다. 정신 의료는 비효율적으로, 그것도 대체로 위
기 상황에만 제공된다. 전략적으로 증상 완화에만 집중할 뿐 환자
의 회복에는 관심이 없다.

그렇지만 다른 이야기도 들었다. 똑같이 강렬하나 아직 진가를
제대로 인정받지 못한 이야기다. 치유의 이야기, 지금의 치료법이
효과를 발휘한 이야기였다. 정신 질환은 사형 선고가 아니며 사람
은 회복할 수 있다. 목표는 질환에서 회복해 치유하는 것. 이 목표
를 성취한 프로그램이며 전문가, 개인을 보고 또 봤다. 회복은 증
상 감소를 넘어서 완전하고 의미 있는 삶으로의 복귀다. 로스앤젤
레스의 스키드로(노숙인이 많이 사는 구역 — 옮긴이)에서 진료를
보는 아주 지혜로운 정신과 의사가 이런 말을 했다. "회복? 그건
P로 시작하는 단어 세 가지죠. 사람People, 장소Place, 그리고 목적

Purpose." 그의 지적은 완전하고 의미 있는 삶으로 복귀하기 위한 지침이었다. 환자가 회복하려면 단순히 진료소와 병원만으로는 충분하지 않다. 사람과 장소와 목적을 추구해야 하고, 앞으로 살펴보겠지만 의료 이상의 정책이 필요하다.

나는 책의 많은 부분을 코로나19 대유행 동안 썼는데, 그간의 상황을 봐도 우리는 의료 이상을 생각해야 한다. 사회적으로 차별받는 유색인이 코로나19에 감염되는 경우 입원 가능성과 사망 가능성이 컸다. 널리 퍼진 불신으로 마스크 쓰기와 사회적 거리두기 같은 기본적 예방 조치도 정치권에서 제대로 시행하지 않았다. 과학계는 아주 빠르게 백신을 제공했으나 알고 보니 접종이 훨씬 더 어려운 문제였다. 의학적 해결책은 사회에 그 해결책이 요긴한 만큼만 효과적이라는 점을 코로나19 대유행이 짚어줬다. 건강을 개선하려면 사회적 격차에 대처하고 불신과 맞서야 하며 제도 이행 격차를 줄여야 했다. 결국에 인구 집단을 기반으로 접근해, 진료소와 병원 밖의 사람에게 검사와 접종을 시행하고, 가장 취약한 계층과 접촉해야 대유행을 극복할 수 있다.

정신 건강 또한 의학적 해결책 이상의 정책이 필요하다. 치유를 위해서는 동등성과 신뢰를 추구해야 하고 전통적 의료 시스템 바깥에 있는 사람을 만나야 한다. 의학적 해결책의 필요성을 경시하는 말은 아니다. 간단히 말해 정신 건강 문제 자체는 의학적이라고 해도 해결책은 의학에서 끝나지 않는다. 그것은 사회, 환경, 정치와 관련 있다. 우리에게는 의료 접근성 증대도 필요하고, 치료에서 사람과 장소와 목적을 챙기는 과정도 필요하다.

즉 이런 정책을 실행한다는 것은, 노숙과 수감과 절망사(자살, 약물 및 알코올중독으로 인한 사망) 같은 주요 사회적 질환이 정신 질환의 잠재적 결과라고 간주한다는 뜻이다. 여정의 시작부터 알고 있었다. 이런 거대한 사회적 난제는 정신 건강의 위기를 고치지 않고서는 해결할 수 없으리라는 것을. 그리고 여정을 마치며 확신했다. 정신 건강의 위기는 이런 사회적 난제와 씨름하지 않으면 해결할 수 없을 것이다. 나는 도시와 시골, 부촌과 빈촌에서 회복이 발휘하는 치유의 힘을 목격했다. 그렇지만 훨씬 더 중요한 점은, 우리가 중증 정신 질환자 수백만 명의 치유를 위해 노력할 때 더 평등하고 서로에게 공감하는 포용적인 사회로 갈 수 있다는 것이다.

그렇다. 집에 불이 났다. 그렇지만 아주 좋은 소식도 있다. 미국의 정신 건강 이야기는 놀라우리만큼 희망차다. 부서진 시스템의 해결책은 쉽게 찾을 수 있고, 준비도 끝났다. 이제 실행에 전념하기만 하면 된다.

희망의 서사는 여러 곳에서 출현했다. 대부분 정신 질환과 싸우며 성장한 사람들이 제공한 것이다. 브랜던 스타글린Brandon Staglin은 30년 동안 조현병을 앓았다. 이제 중년이 된 스타글린은 조용하고, 단어를 신중하게 골라 말하며, 재미난 풍자를 하는 사람이라 만나자마자 호감이 갔다. 그는 온정과 배려심이 넘치는 사람이기도 했다. 어떤 이야기를 듣고 싶은지 바로 물어보더니, 수줍은 미소를 지은 다음 자기 경험을 꺼냈다. 그렇지만 15년 전 정신 건강 모금 행사에서 처음 만났을 때만 해도 스타글린은 산만하고 감정 없는 모습이었다. 더는 급성 질환을 앓지 않았으나 상태가 그리 좋은 것도 아니었다.

그의 정신증이 처음 나타난 순간은 그보다 15년 전으로, 대학교 1학년 여름에 여자 친구와 막 헤어진 직후였다. 그는 좌절감으로 못 견디게 괴롭고 불안해서 어찌할 바를 몰랐다. "뭔가 부러졌습니다. 어떤 영혼이 내 몸에 침입하려는 것 같았습니다. 별안간 내 우뇌가 망가졌다고 확신했습니다. 왼쪽이 아니라 분명 오른쪽이었어요. 뭔가 흘러나갔고, 그러면서 내가 누구인지 알리는 모든 감정의 지표가 사라졌어요. 부모에 대한 사랑, 친구를 향한 우정이 그냥 떠나간 거죠."

잠 못 이루는 가운데 점점 분별을 잃은 스타글린은 결국 사흘 동안 정신 병원에 입원했다. 조현병 진단을 받은 스타글린은 의사와 함께 시행착오를 겪으며 긴 치료를 시작했다. 그들은 효과를 보일 항정신병약의 조합을 찾아 나섰다. 여러 약이 도움 됐지만 부작용은 견디기 어려웠다. 약들은 스타글린의 머릿속을 꽉 채운 무시무시한 생각들을 통제하지 못했다. 그는 이 생각을 '만일, 그러면' 공포라고 불렀다. 예를 들어 만일 음식을 너무 많이 먹으면 사랑하는 누군가가 죽는다는 생각에 사로잡히는 것이다. 스타글린은 '악마'에 붙들린 기분이었다. 큰 반응 없이 3달이 지나자 의사는 새로운 항정신증약인 클로자핀을 처방했고, 덕분에 그의 생각은 최악으로 치닫지 않게 됐다. 정신과 의사에게 진찰받고 약을 먹으면서 스타글린은 정신을 자꾸 흩트리는 내적 대화와 싸웠다.

두 번째 발작은 대학원 준비 기간에 닥쳤다. 그는 공부 시간을 더 확보하려고 항정신병약을 줄였다. 복용량을 줄인 지 몇 달 후 그는 이마를 찌르는 듯한 통증으로 무너졌다. 지금의 그가 보기에 그 통증은 일종의 환각이었다. 결국 그는 공부를 중지하고 대학원에 가겠다는 꿈을 포기했다. 그리고 다른 정신 병원에 들어갔다.

　스타글린의 이야기가 예외인 까닭은 이후의 전개 때문이다. 스타글린은 다시 약물 복용을 시작하며 결심했다. "맨정신을 유지하는 일에 전념하기로 했습니다. 내가 아프다는 사실을 모를 만큼 아픈 적은 없어서 다행이었죠." 그는 모든 취약한 부분에 대처하기 위해 장기간에 걸쳐 광범위한 치료를 받았다. 망상을 줄일 약물 요법, 부정적 증상을 줄이기 위한 실험적 컴퓨터 훈련 프로그램, 사교 기술 코칭, 일자리 도움, 기타 연주, 명상. 운 좋게도 가족이 그의 회복에 온 힘을 다했고, 치료 계획을 밀고 나갈 수단도 있었다.

　20년 넘는 시간이 흘렀고 스타글린은 정신증 발작을 더 이상 겪지 않았다. 그는 사람들과 인연을 맺고 피난처를 찾았으며 정신 질환에 속박되지 않으려고 애쓴 덕분에 회복했다고 말한다. 지금도 그는 M으로 시작하는 세 단어와 함께 산다. 약물 요법Medication, 명상Meditation, 음악Music. 지금도 조현병 때문에 머릿속에 어떤 생각들이 끼어들어 혼란스럽지만 힘들기는 해도 그 생각에 지배당하지는 않는다. 결혼한 스타글린은 뇌 건강 연구를 옹호하는 비영리단체 원 마인드One Mind의 대표로, 방방곡곡을 다니며 중증 정신 질환자를 대변한다.

　더 많이 안다고 해서 반드시 더 잘하는 것은 아니다. 사람과 장소와 목적을 추구하는 포괄적이고 질 좋은 치료를 제공한다면 치유도 가능하다. 그렇지만 이런 치료법으로 이득을 볼 정신 질환자는 대부분 치료받고 있지 않다. 치료받으려고 해도 의료 접근성이 떨어지거나, 돈을 낼 수 없거나, 아니면 부족하고 부적절하거나 일관성 없는 치료를 받는다. 심지어 건강 보험이 있고 재정 여력이 충분하며 치료 전문가와 시설이 가까운 데다 백인이라는 장점을 누리는 가족이라 해도, 긴 시간을 흔히 스스로의 선택으로 불운하게 보낼 수 있다. 한 가지 치료법은 효과가 있으리라는 희망을 품은 채 여러 치료법을 찾아보고 시도하는 지난한 여정 말이다. 이런 치료법은 보통 증상 감소만을 목표로 한다.

회복을 이루려면 그 이상을 겨냥해야 한다. 회복은 삶을 일구는 일이나. 의미, 즉 스키드로 정신과 의사의 표현에 따르면 목표를 만드는 일이다. 충만한 삶을 가꾸기 위해 사회의 도움과 환경의 지지를 누리는 일이다. 사실 우리는 무엇이 회복에 필요한지 안다. 우리의 가장 큰 임무는 효과가 입증된 여러 치료법을 실행하면서 지식과 현실 사이의 괴리를 줄이는 일이다.

정신 건강 관리 시스템을 그냥 고치기만 하면 괴리를 줄일 수 있을까? 2000년대 초반 학교 총기 난사 사건이 연이어 벌어졌을 무렵, 나는 학교 안전에 대한 대중의 우려에 대처하기 위해 당시 미국 공중 보건국장이었던 리처드 카르모나와 함께 기자 회견에 참석했다. 첫 질문 가운데 하나가 이러했다. "미국의 정신 건강 관리 시스템을 바꾸기 위해 어떤 일을 할 겁니까?" 내가 대답하기 전에 카르모나 박사가 말했다. "아무것도 안 할 겁니다. 우리는 정신 건강 관리 시스템을 바꾸지 않을 겁니다. 미국에는 바꿀 만한 시스템이 없으니까요." 카르모나 박사의 말이 옳았고, 지금도 진실하다. 우리에겐 정신 건강 관리 시스템이 없다. 최소한, 위기에 대응하는 질병 중심 시스템은 있다. 그렇지만 예방과 회복을 지향하는 정신 건강 관리 시스템으로 발전하지는 못했다. 지금의 질병 중심 시스템은 보험 회사와 제약 회사가 만들었고, 어느 정도는 제공자들도 도움을 줬다. 환자나 가족 혹은 지역사회가 세운 시스템은 아니고, 그들을 위한 시스템도 아니다. 카르모나 박사는 시스템의 수정이 단순히 새 정책이나 신약을 뜻하지 않는다는 것을 알고 있었다. 문제를 다시 생각해야 하고, 위기관리 및 입원 중심 대처에서 벗어나 예방과 회복 중심의 해결책을 다시 마련해야 했다.

예방과 회복을 치료의 핵심으로 삼으려면 어떻게 해야 할까? 사망과 장애의 추세를 바꿀 방법은 무엇일까? 심지어 이 분야에 평생을 바친 나였지만, 내가 구한 해결책은 대부분 틀렸다고 판명이 났다. 나는 치료 접근성이 가장 큰 문제인 줄 알았다. 그렇지만 정신 건강 관리 제공자는 거의 70만 명이며, 대부분의 의료 분야보다 많다. 나는 새로운 틀을 갖춘 치료법이 탄생해야 한다고 생각했다. 그러나 현재 쓰이는 치료법은 의료계에서 가장 널리 사용되는 몇 가지 약물만큼 효과가 좋다. 나는 더 좋은 치료를 제공한다면 치료 결과가 더 좋아질 줄 알았다. 그러나 치료 결과는 의료계 외부 문제에 훨씬 더 좌우됐다. 카르모나가 옳았다. 우리는 문제를 다시 생각해야 한다.

이 책은 현재 정신 건강 관리가 처한 위기를 살피며 시작한다. 다음으로 위기를 해결하는 길에 어떤 장애물이 있는지 살펴보고, 마지막으로 정신 질환자는 '지역사회의 도움 바깥에' 있어서는 안

된다는 케네디 대통령의 연설을 환기하며 행동에 나서자고 촉구할 것이다. 정신 질환을 이해하려고 애쓴 개인과 가족의 사연도 함께 소개할 텐데, 그들은 이 여정 속에서 일련의 단순한 질문과 마주해 답을 찾고자 했다. 그들을 당혹스럽게 했고 나 또한 속이 탔던 질문들이다.

치료법이 그렇게 효과적이라면 치료 결과는 왜 그렇게 나쁠까? 몇 가지 이유가 있다. 먼저 개별 치료가 효과적이라고 해도 개별 치료들은 대다수 환자에게 필요한 포괄적 치료로 통합되는 일이 거의 없다. 두 번째, 개인이 치료법을 찾아 적용하는 과정에 지식 격차(정보를 잘 다루는 사람과 그렇지 못한 사람 사이의 격차 — 옮긴이)가 존재한다. 정밀 의학은 아직 정신 질환 분야에서는 현장에 적용할 수 없는 수준이다. 마지막으로 만성적 난제인, 정신 질환 치료를 부정적으로 여기는 분위기가 있다. 이 때문에 치료를 받으면 이득을 볼 여러 사람이 치료에 참여하지 않거나, 위기 상황에만 치료를 찾는다.

그래도 각각의 문제에 해당하는 해결책도 알아볼 것이다. 보다 나은 결과를 내는 유망한 치료법을 미국에서는 가끔, 정신 건강 관리 시스템이 더 좋은 나라에서는 흔히 찾을 수 있다. 정신 질환이 있다는 이유로 사람을 감금할 필요는 없다. 치료를 통합하고 치료 제공자가 효과적 치료를 하도록 훈련받는다면 치료의 질도 개선할 수 있다. 과학이 제공하는 정밀한 진단 기준을 근거로 개인 맞춤 치료법을 찾아줄 수 있다. 차별은 극복할 수 있다.

다른 의료 분야를 살펴보면 치료법 개선이 힘을 발휘한다는 교훈을 얻을 수 있다. 아동에게 가장 흔한 암인 급성림프모구백혈병은 예전에는 치명률이 90퍼센트였으나 이제는 90퍼센트의 환자가 치료된다. 어떤 획기적 약물 덕택에 이런 어마어마한 진전이 이뤄진 것이 아니다. 가용 치료법을 더 잘 쓰는 방법을 알아낸 덕분이다. 정신 질환 분야에도 비슷하게, 정신증 첫 삽화Episode를 겪은 청년의 경우 여러 치료법을 결합한다면 장애 판정 대신 병에서 회복하는 결과를 얻을 수 있다.

또한, 지식과 현실 사이의 격차 해소는 기술적 혁신에 기여할 것이다. 기술을 통해 사람들은 치료에 참여하거나 질 좋은 치료에 접근할 수 있다. 이렇게 치료의 민주화가 이뤄진다. 인터넷 사용자라면 누구나 질환 관련 정보와 치료법, 환자 지지 모임을 찾을 수 있다.

국립정신보건연구원에서 일하던 시절의 그 파워포인트를 지금 다시 만든다고 해도, 나는 여전히 과학의 혁신이 보여줄 미래를 다루고, 우리가 치료 위기를 해결할 수 있다고 주장할 것이다. 그렇지만 뜻밖의 진실도 함께 공개해, 이런 열의를 누그러뜨려야 할 것이다. 놀랍게도 의료 그 자체는 치료 결과의 10퍼센트만 설명할 뿐이다.[1] 정신 건강도 똑같다. 더 좋은 치료 결과를 위해 필요한 요소들은 모든 측면에서 건강에 필수적이지만, 의료 분야에 속하지는 않는다. 이제는 안다. 건강을 위해서는 유전 암호가 아니라 우편번호 같은 사회적 요인이 그리고 약 복용량이 아니라 습관 같은 생활 양식이 구체적 진단 혹은 건강 관리 계획보다 훨씬 더 중요하다는 것을. 그렇지만 이런 요인들은 회복에 필수인 요인들이 그렇듯 비용이 건강 보험으로 처리되지 않는 경우가 많고, 보통 치료의 일환으로 제공되지도 않는다.

문제를 크게 볼 필요가 있다. 통계를 보면 사망과 장애가 증가하는 추세인데 의료 시스템의 실패만이 원인은 아니다. 정신 질환자를 치료하는 임상가를 비난해 봐야 기후 변화 문제로 현장 생물학자를 탓하는 일이 될 뿐이다. 정신 질환자는 훗날 수감 상태에 놓이거나 노숙인이 되거나 자살한다. 우리가 사회 구성원 모두를 위해 사람, 장소, 목적을 추구하지 않기 때문이다. 누군가의 사랑하는 사람이나 이웃, 직장 동료로 받아들여지기까지 '그들'은 불가촉천민 신세로 쉽게 무시당했다. 이들만큼 권리를 빼앗기고 학대당하는 집단은 사회에 없을 것이다. 1920년 이래로 이들의 기대 수명은 미국인의 기대 수명보다 평균 20년이나[2] 짧다.

이 책은 근본적으로 새로운 관점을 지향한다. 예전의 내가 '미국의 정신 의학자'로서 간과했던 관점이다. 과거 나는 우울증의 생체 지표나 조현병 치료를 위한 분자 표적을 찾아내고자 했다. 확실히 해두자. 나는 국립정신보건연구원에서 유전체학과 뇌 과학 연구를 지원한 사실은 후회하지 않는다. 여전히 우리 사회에는 더 좋은 과학이 필요하며, 정신 질환의 기저에 있는 생물학과 심리학과 환경적 요인을 더 많이 알아야 한다고 믿는다. 페인트 화학 연구는 중요하다. 이 분야의 개척자들은 언젠가 영웅으로 자리매김할 것이다. 그렇지만 문제를 더 넓은 관점으로, 인권이라는 확장된 틀에서 바라본 선구자도 있다. 이들은 불을 빨리 끌 방법을 찾는 사람들이다. 이들에 따르면, 정신 질환자는 '우리 정서에 이질적인' 존재일 필요가 없고 '지역사회의 도움 너머에' 있을 필요도 없다.

나는 이런 선구자 집단으로부터 배움을 얻으려고 2019년에 이탈리아 트리에스테Trieste를 찾았다. 트리에스테는 이탈리아 동북부 끝자락에 자리한 아름다운 항구도시로, 모범적인 정신 건강 관리 시스템을 충실히 구축해 명성을 얻었다. 일정이 다 끝난 후 나는 공항으로 가려고 택시를 잡아탔다. 택시 운전사는 슬로바키아 출신이었지만 영어에 능숙했다. 아드리아 해안가를 따라 달리는 동안 그는 자랑스럽게 관광 명소를 알려줬다. 그러다 자리에서 몸을 반쯤 틀어 내게 시선을 돌리더니 언덕을 가리켰다. "저 위에는 병원이 있어요. 손님, 아십니까? 이곳의 정신 건강 관리 시스템은 전 세계에서 가장 훌륭하답니다." 내가 트리에스테에 온 이유가 바로 그 시스템을 배우기 위함이라는 사실을 운전사가 미리 알았을 리 없었다. 그렇지만 많이 놀라지는 않았다. 수십 년 동안 트리에스테는 정신 질환자의 회복을 목표로 삼는 모델의 선두주자였다.

오래전 트리에스테가 수용 시설을 폐쇄한 시기는 미국이 주립 병원의 문을 닫은 시기와 같았다. 그렇지만 미국과는 반대로 트리에스테는 정신 질환자가 지역사회에서 삶을 충분히 누리도록 노력했다. 택시 운전사가 가리킨 시설은 산 지오바니San Giopvanni로, 예전 수용 시설이 있던 곳이다. 오늘날 산 지오바니는 공원으로 변신했다. 그곳에는 학교와 대학 건물과 여러 의료 기관 그리고 수용 시설 환자였던 사람에게 의미 있는 일자리를 제공하는 협동조합도 자리했다. 종사자 수가 트리에스테의 전체 환자 수보다 더 많을 때도 있다. 그들은 환자에게 사회적 지원을 제공하고 가정에 방문한다. 트리에스테는 개별 장애가 아니라 환자와 환자의 사회적 관계에 관심을 기울이면서 전체를 아우르는 방식으로 치료에 접근한다. 산 지오바니의 로베르토 메시나Roberto Mezzina 박사는 이렇게 말했다. "우리에게는 입원hospitalization이 아니라 환대hospitality가 중요합니다." 치료 목표는 회복으로, 여기서 회복이란 환자가 가족과 일과 지역사회에 자리를 잡는다는 뜻이다.

트리에스테에 머무는 동안, 급성 정신증을 겪는 한 청년의 집에서 위기 담당 팀을 호출했다. 팀에는 경찰도 응급차도 총기도 없었다. 팀에는 간호사와 사회복지사, 동료 지원가 청년이 있었다. 그 집으로 가는 동안 사회복지사는 청년의 어머니와 통화했다. 팀은 환자와 가족 곁에서 7시간 동안 머무르며, 환자가 지역사회의 관리를 받으면서 집에서 지낼 수 있도록 계획을 세웠다. 나중에 팀의 간호사가 내게 미국의 위기 서비스가 어떤지 물었다. 미국에서는 미리 동의를 구하지 못하면 가족과 연락할 수 없다고 하자 간호사는 나를 불신의 눈초리로 바라봤다. "가족 없이 어떻게 환자를 도울 수 있나요? 말도 안 돼요."

트리에스테에는 노숙인이 없고 약물 중독자도 잘 안 보인다. 중증 정신 질환자의 고용률은 높고 입원율은 낮다. 트리에스테의 변화는 50년 전 케네디 대통령이 정신 건강 분야에 품은 포부를 미국이 무시하기 시작한 바로 그때부터 시작됐다. 이들은 정신 질환자 치료를 단순히 의료 의제가 아니라 인권 문제로 간주하고 그것에 전념했다. 트리에스테 사례가 미국 지역사회에 바로 적용할 수 있는 해결책 혹은 완벽한 해결책이 될 수는 없다. 미국에서는 고질적 가난과 차별 문제로 인해 정신 질환자 치료에 단순하게 접근할 수 없다. 그렇지만 너무나 복잡한 난제라고 해도 이제는 달라져야 할 때다.

결국에 정신 건강의 위기란 단순히 치료의 위기가 아니라 인권 문제임을 이해해야 장애와 사망의 증가 추세를 꺾을 수 있다. 정신 질환으로 장애인이 된 사람은 정의상 환자 자신을 옹호할 수 없다. 정신 건강 옹호 활동가들은 오랫동안 "정신 건강 없이는 건강도 없다"고 주장했다. 정말 그렇다. 그런데 더 큰 진실이 있다. 국가적 차원에서 볼 때, "정신 건강 없이는 정의도 없다." 정신 건강의 위기가 인권의 위기이자 이 나라의 폐단을 고발하는 기소장이라니 불편한 진실일까. 그렇지만 눈에 잘 띄지 않는 진실도 있다. 해결책을 쉽게 찾을 수 있다는 것이다. 우리는 더 이상 무지의 '머나먼 나라'에 있지 않으나 정신 질환을 벗어나 정신 건강으로 향하는 치유의 길에 여전히 관심을 기울여야 한다.

여정을 마무리하며 미국의 가족이 딱 두 종류라는 생각이 들었다. 정신 질환과 싸우는 가족과 아직은 안 싸우는 가족. 조만간 대다수가 정신 건강이 처한 위기에 영향을 받을 것이다. 우리 모두 문제 해결에 힘을 보태야 한다. 우리는 전문가나 자원봉사자로 일할 수 있고 유권자이자 지역사회 구성원으로 참여할 수 있으며 친구 혹은 가족 일원을 옹호하는 방식도 가능하다. 아니면 사회가 정신 질환자를 대하거나 생각하는 방식을 짚어보고 관심을 기울이기만 해도 된다. 회복이란 개인의 목표이자, 이 나라의 영혼을 치유하기 위한 필수적 과제다. 집에 불이 나고 있지만 우리는 불을 끌 수 있다. 방법은 이미 알고 있다. 의지를 끌어오기만 하면 된다.

1부

치료의 위기

1장   우리의 문제

> 이 세상에 태어난 사람은 누구나 이중 시민권을 가진다. 하나는 건강
> 한 사람이 사는 왕국의 시민권이고 다른 하나는 아픈 사람이 사는
> 왕국의 시민권이다. 다들 좋은 여권만 쓰고 싶겠지만, 늦든 이르든 간
> 에 잠시만이라도 어쩔 수 없이 우리가 아픈 나라의 시민임을 증명해
> 야 한다.[1]
>
> – 수전 손택, 『은유로서의 질병』

로저

로저의 부모는 15년이 지난 지금 돌이켜보니, 이 모든 일의 시작이
어땠는지 거의 기억나지 않는다고 했다. 로저는 쉬운 아이였던 적
이 한 번도 없었다. 언제나 '남다른' 아이처럼 보였다. 갓난아기 시
절 로저는 밤에 잠을 자지 않았고, 걸음마를 할 시절에는 까다롭게
굴었다. 유치원 시절에는 혼자 행복하게 놀면서 다른 아이들과 별
관계를 맺지 않았다. 로저의 쌍둥이 형제인 오언은 쉬운 아이였다.
그런데 상황은 두 소년이 초등학교에 들어가면서 달라졌다. 9살이
되자 오언은 당뇨 진단을 받은 한편 로저는 컴퓨터 코딩을 시작했
다. 오언은 인슐린 주사를 맞아야 했고 소변 검사를 해야 했으며,
학교와 집에서 딱 붙어 혈당 수치를 관찰해야 했다. 그사이 로저는

누가 격려해 주지도 않고 눈여겨본 사람도 거의 없었음에도 코딩을 뛰어나게 잘하는 학생이 됐다. 혁명적인 컴퓨터 코딩 언어인 파이선은 근래 컴퓨터 분야를 휩쓴, 게임과 그래픽 분야 최고의 언어다. 로저의 아버지는 말했다. "그 아이는 파이선을 그냥 다 아는 것처럼 보였어요. 코딩을 몇 시간이고 했는데, 밤을 거의 새는 날도 많았죠. 심지어 초등학교 시절에 돈을 받고 새 소프트웨어 회사의 문제를 풀어주기도 했어요." 그 시절 로저의 남다름이란 로저가 빌 게이츠나 스티브 잡스처럼 명석하다는 뜻이었다. 유년 시절의 로저는 그가 꼬마라는 사실을 전혀 모르는 어른들과 소통하는 온라인 영재였다.

청소년이 되자 로저의 남다름은 뭔가 섬뜩한 것으로 진화했다. 13살 무렵(로저의 부모는 시점을 딱 꼬집지는 못한다) 로저는 몇 년 전에 갑작스레 집착하기 시작한 코딩을 별안간 손에서 놔버렸다. 여전히 무언가에 매달리고 있었으나, 오언을 비롯해 그 누구도 로저가 어떻게 시간을 보내는지 잘 몰랐다. 15살이 되자 언제나 상위권이었던 성적이 별안간 떨어졌고 몇 안 되는 중학교 친구들도 사라진 것 같았다. 로저의 어머니가 돌이켜 생각해 볼 때, 현실에서의 첫 경고는 로저가 성당에 가기 시작한 일 같다. 로저의 부모는 냉담자였다. 로저의 어머니가 불안했던 것은 미사 때문이 아니었다. 미사 시간을 꼭 지키고 정확히 같은 좌석에만 앉으려는 아들의 고집 때문이었다. 로저의 행동은 '기쁨이 없고 충동적이어서' 부모 모두 명석한 아들에게 뭔가 문제가 생겼다고 생각했다.

16살이 된 로저는 온라인 세계에서 살았다. 당시에는 몰랐지만 나중에 알게 된 바로는, 로저가 음모론 웹사이트의 세계를 발견했다는 것이다. 로저는 타고난 집중력으로 9/11 테러와 홀로코스트에 관한 가짜 깃발(조작된 증거를 앞세운 침략 행위 — 옮긴이) 음모론에 푹 빠졌다. 그는 예수가 재림할 세상을 대비하자는 사이트 일루미나티에서 몇 시간이고 시간을 보내며 채팅을 했다. 점점 심해지는 편집증에 힘을 보태주는 집단을 온라인에서 만난 것이다. 컴퓨터 코드를 쉽게 통달한 정신의 소유자가 이제 온갖 음모론을 살피고 있었다.

고등학교 마지막 해가 절반 지난 시점에 로저는 정신증적 발작을 일으켰고 현실과의 접점을 완전히 잃었다. 나중에 로저가 말하길 내적으로는 집중이 더 잘 되고 확신이 생겼으며 어떤 목적의식으로 충만했단다. 그렇지만 남들 눈에 비친 로저는 몇 주 동안 지저분한 꼴로 학교에도 안 가고 거의 일주일 동안 잠도 자지 않은 모습이었다. 여러 날 음식을 거의 입에 대지 않다가 벌거벗고 방 밖으로 나가 모두가 위험에 처했다고 소리쳤다. "CIA가 우리를 감시하고 있어! 이제 공격할 거야!" 로저의 말은 알아듣기 힘들었지만 '낯선 목소리'와 관련이 있었다. 그 목소리는 로저에게 가족의 파멸을 막고 싶다면 옷을 벗고 "땅을 밟으라"고 말했다. 1월 중순이었고 조지아주에 드물게 강력한 겨울 폭풍이 닥친 때였다. 로저의 어머니는 로저의 정동(감정 상태가 겉으로 드러난 행동 양식 — 옮긴이)때문에 가장 겁이 났다. "로저는 눈을 크게 뜬 채 깜박이지도 않았습니다. 말하기를 멈추지 못했습니다." 부모가 어떤 말을 해도, 어떤 질문을 던져도, 아들을 달래려고 어떤 일을 해도 극단적으로 동요한 로저에게는 먹히지 않았다.

시간이 흘러 그들은 내 앞에서 아들 이야기를 꺼낸다. 방도, 그들이 앉은 소파도 그때와 같았다. 그들의 삶을 영원히 바꿔놓은, 그 희한한 겨울 폭풍이 닥친 겨울 말이다. 50대 중반 전문직 부부인 그들은 로저가 첫 정신증 '발작'을 일으킨 때가 인생 최악의 순간이라고 말한다. 변호사인 로저의 아버지는 이렇게 회상했다. "정말 비현실적이었습니다. 물론 두려웠죠. 설명이 안 되는 상황이기도 했고요. 로저가 환각제를 먹어서 미쳤을 가능성도 있을까요? 그럴지도 모르죠. 그렇지만 로저는 절대 약물이나 알코올을 좋아한 적이 없었습니다. 며칠 동안 집을 나간 석도 없었고요." 지난 몇 달 동안 아들은 위축된 모습으로 부모를 괴롭게 했는데, 새로운 행동은 그 모습의 연장선이었다. 괴로운 가운데 부모는 "어떻게 하면 아들을 도울 수 있을까?"라고 생각했다.

로저는 응급실에 갈 생각도 없었고 정신과 의사의 진찰을 받으려 하지도 않았다. 문제는 두려움이 아니라 현실적 위협이라고, 행동에 나서야 한다고 아버지에게 소리 질렀다. 더 좋은 해결책을 생각해 내지 못한 아버지는 911에 전화했다. 어떤 점에서는 집이 공격당할 것이라는 로저의 공포에 장단을 맞춘 셈이었다. 아버지는 그 결정을 후회한다. 그렇지만 당시에는 이성을 잃고 흥분한 아들 앞에서 다른 대안을 떠올리지 못했다.

경찰이 도착하면서, 가족에게 닥친 긴장 어린 상황은 의료적 위기로 변하고 말았다. 경찰이 CIA라고 생각한 로저는 그들이 정말로 습격한 줄 알고, 문으로 달려갔다. 잠시 후 로저는 바닥에 쓰러져 수갑이 채워진 채 추잡한 말들을 쏟아냈다. 경찰 4명이 로저를 경찰차로 끌어갔다. 경찰은 로저가 정신증 증상을 보인다는 것을 알고 있었지만, 그들 관점에서 로저는 폭력적인 존재이기도 했다.

응급실은 심근경색과 천식 발작 같은 외상 및 응급 상황에 맞춰진 공간이다. 들것에 수갑으로 고정돼 낯선 사람에게 둘러싸인 17살 편집증 환자에게는 불에 기름을 붓는 것이나 다름없는 공간이었다. 부모도 응급실에 있었지만 로저는 이들이 진짜가 아니라 CIA를 위해 일하며 부모인 척하는 가짜라고 생각했다. 로저는 쉬지 않고 떠들었는데, 부모가 알아들을 수 있는 내용은 얼마 되지 않았다. 3시간 뒤 정신과 의사가 나타나 검사를 빠르게 마치고 몇 가지 질문을 했다. 그리고 항정신병약인 할로페리돌 주입을 권장했다.

로저의 아버지는 회상한다. "아들이 흥분 상태가 가라앉으면 바로 응급실에서 약을 투여받고 입원할 줄 알았습니다. 그렇지만 도시 어디에도 입원할 자리가 없다고 하더군요. 그래서 사흘 동안 응급실에 머물렀습니다. 로저 옆에 놓인 의자에서 잠을 잤죠. 로저는 여전히 들것에 묶여 있었고요. 우리는 도움을 청하러 갔으나 너무나 무력했습니다."

사흘째 되는 날, 로저는 48킬로미터 떨어진 병원으로 이송됐다. 그 무렵 할로페리돌을 여러 번 투여받은 로저는 착 가라앉아 말도 거의 할 수 없는 상태였다. 로저의 첫 입원 기간은 사흘로, 응급실보다 불과 몇 시간 더 보낸 셈이었다. 로저는 분열정동장애에 조현병 가능성도 있다고 진단받고 또 다른 항정신병약 리스페리돈으로 치료받았다. 퇴원 무렵은 잠을 자고 일관성 있는 모습을 보인다는 점에서는 나아졌으나 그래도 좋다고 말하기는 어려웠다. 약 3병을 받아 집에 돌아왔고 열흘 동안 학교에 가지 않았다. 곧 잠을 자고 샤워를 하고 밥을 먹게 됐다.

로저와 그 가족은 환자가 아니라 이웃으로 알게 된 사람들이었다. 아들의 퇴원 후, 아버지는 나에게 자신의 아들과 이야기를 좀 해달라고 부탁했다. 나와 로저는 집에서 만나 몇 시간 동안 동네를 산책했다. 그 무렵 로저는 아주 여윈 모습이었다. 180센티미터를 약간 넘는 키에, 길게 기른 생머리는 감지 않은 상태였지만 헝클어지지는 않았다. 얼굴은 여드름이 좀 났어도 무척 잘생겼다. 로저의 첫인상은 수줍음을 타는 소년이었다. 눈을 마주치지도 않았고 악수를 원하지도 않았다. 그래서 같이 걷는 동안 로저가 수다스러운 모습으로 변해서 놀랐다. 로저의 말에는 뭔가 의도하는 바가 있었다. 말을 하려고 자주 걸음을 멈췄다. 로저는 세상을 날것 그대로 경험하는 것 같았다. 멀리서 들려오는 사이렌 소리나 한 블록 떨어진 곳에서 개가 짖는 소리에도 신경 썼다. 경찰한테 속박당하며 생긴 멍이 로저의 몸에 여전히 남아 있었다.

"병원은 공포영화 같았어요. 계속 주절대는 사람들, 밤새 흐느끼는 사람이 있었어요. 그래서 잠을 많이 잘 수 없었습니다." 로저는 자신이 아픈 사람이라고 생각하지는 않았지만, 지난 몇 주와 병원 입원 기간은 '공포 그 자체'였다고 말했다. "아주 멍청한 생각을 하고 있었죠." 로저의 머릿속 목소리 이야기였다. 이제 로저는 알았다. 정말로 밖에서 들려온 것 같은 불가사의한 그 목소리는, 사실 내면의 목소리였다. 그렇지만 지금은 약을 먹어서 문제가 해결됐다고 보고 있었다. 나는 로저에게 무엇을 가장 절실히 원하는지 물어봤다. 로저는 집 앞 인도에 서서 한동안 생각에 잠겼다. "평화." 로저의 대답은 그게 전부였다.

퇴원 후 일주일이 지나고, 18살이 된 지 하루가 지나고, 학교로 돌아가기 이틀을 앞둔 날이었다. 로저는 약을 끊었다. 약 때문에 느려지고 멍한 느낌이 들었다. 로저는 '멍청한 생각'을 좋아하지 않았지만, 약으로 감각이 둔해지는 것도 별로였다. 닷새 후 그 목소리가 로저에게 "땅을 밟아"라고 말했고 로저는 작은 가방을 챙겨 집을 떠났다. 일주일 후 발견된 아들은 노숙 생활을 하며 혼잣말을 중얼거리고 있었다. 1달 전 만큼 겁에 질린 부모는 완전히 무너졌다. 아들의 '남다른' 모습에서 결코 이런 모습을 기대한 적은 없었다.

슬프게도 급성 정신증으로 시작한 로저의 이야기는 만성 장애의 여정으로 진입한다. 이후 5년 동안 로저는 카운티 감옥에 5번 다녀왔고, 정신증으로 3번 입원했으며, 거리에서 폭행당해 응급실을 4번 찾았다. 흡연자에 알코올중독자가 됐으나 아편과 메타암페타민은 멀리했다. 소지품은 성경, 자기 생각을 기록한 공책을 넣은 가방, 비 오는 날 쓰는 우산과 방수포였다. 대체로 노숙하며 지내나, 사회복지사의 도움과 부모의 보탬 덕분에 겨울 동안 지낼 방은 마련했다.

"우리는 아들을 도우려고 노력했어요. 그렇지만 전문가들은 로저 본인이 아주 위험하거나 로저가 다른 사람에게 아주 위험한 존재가 되지 않는 한 우리가 할 수 있는 일이 없다는 말만 반복해

요." 로저의 어머니가 말했다. "물론 우리는 아들을 집에서 보살필
수 있어요. 하지만 아들은 우리와 같이 살기 싫다고 해요. 오랫동
안 아들이 어디에 있는지 모르고 지냈어요."

로저의 부모는 언젠가는 아들이 '악마들'을 다스리고 예전의 모
습으로 돌아오리라 꿈꾼다. 그만큼 두렵다. 아들이 서른이 되기 전
에 조현병 희생자로 죽을지도 모른다는 생각을 접을 수가 없다.

한편 당뇨병 때문에 다들 걱정했던 오언은 대학원에서 신경 과
학을 공부하고 있다. 조현병의 신경 생물학이 관심 주제다. 오언의
당뇨병은 내분비 전문의와 영양사와 임상 간호사가 치료를 맡아
질 관리되고 있다. 오언에게는 포도당 모니터가 있는데, 이 모니터
는 혈당을 적절하게 유지해 주는 인슐린 펌프와 연결돼 있다. 오언
은 매일 로저를 생각하며, 당뇨병 관리에 주어진 관심과 자원이 로
저의 병에도 똑같이 주어질 날을 마음속에 그려본다.

위기

로저 이야기는 수많은 개인적 비극을 합친 것으로, 미국에서 매해
거의 10만 번 반복된다. 로저 같은 사람은 결국 노숙인이 되거나
수감 상태에 처할 것이고 조현병 합병증으로 사망할 가능성도 그
만큼 크다. 정신 질환을 속속들이 잘 아는 사람이라 해도 정신 질
환을 심장병이나 암처럼 치명적인 병으로 간주하지 않을 수 있다.
'정신 질환'과 '사망'이 같이 나오는 문장은 보통 살인 혹은 총기

난사를 설명하는 문장이다.

사실 정신 질환은 살인이 아니라 주로 자살로 사람을 죽게 한다. 미국은 매해 자살자 수가 4만 7000명인데[2], 총기 난사로 매일 129명이 사망하는 것과 같다. 자살은 11분마다 일어난다. 자살은 매해 살인보다 거의 3배 이상 일어날 뿐 아니라, 의학적 사망 원인으로서 자살[3]은 유방암과 전립선암과 에이즈를 능가한다. 그리고 자살 원인은 적어도 3분의 2가[4], 때로는 90퍼센트가 우울증, 양극성장애, 조현병이나 여타 정신 질환이다.

차 사고나 살인 같은 다른 대규모 사망 원인과는 달리 미국에서 자살은 지난 수십 년 동안 늘어나는 추세다. 살인율은[5] 1990년대 초반에 비해 거의 50퍼센트 감소했다. 세계적으로 자살률은[6] 1990년대 중반 이후 38퍼센트 감소했으나 미국에서는 1999년부터 2018년까지 33퍼센트 넘게 증가했다. 약물 과다 복용 및 알코올성 간 질환으로 인한 사망까지 포함한 개념인 절망사는 미국에서 너무나 늘어난 나머지 2018년에 이르러 100년 만에 처음으로 미국 전체 평균 수명이 줄었다.

그런데 연방 정부 소속 물질남용 및 정신보건서비스국SAMHSA이 2006년에 낸 충격적인 보고서에 따르면[7] 정신 질환으로 인한 사망은 자살에 국한되지 않는 큰 문제였다. 크레이그 콜튼Craig Colton과 로널드 만더샤이트Ronald Manderscheid 같은 저자들은 8개 주의 사망 기록을 샅샅이 뒤져 공공 보건 시스템(예를 들어 메디케이드 혹은 메디케어)에 등록된 정신 질환자가 다른 인구 집단보다 15년에서 30년 일찍 사망한다는 사실을 밝혀냈다. 조기 사망의 나이는 주에

따라 달랐다. 애리조나주에서는 평균 49살에 사망했고 로드아일
랜드주에서는 60살에 사망했다. 8개 주 전체에서 정신 질환자의
기대 수명은 50대 중반으로, 미국인 일반에 비해 대략 23년을 덜
산다는 뜻이다.

이와 같은 조기 사망의 원인은 자살이 아니었다. 콜튼과 만더샤
이트는 이렇게 이야기한다. "공공 보건 환자들의 주요 사망 원인
은 대체로 미국 전역의 개인 사망 원인과 비슷하고, 주 인구 집단
의 일반적인 사망 원인과도 비슷하다. 특히 심장병, 암, 뇌혈관 및
호흡기 질환, 폐병이 주요 원인이다. 정신 질환자에게는 사망을 초
래하는 의학적 문제가 있다. 특히 치료를 적절하게 받지 못했을 때
그렇다." 로저의 부모는 아들이 조현병으로 일찍 죽을까 걱정했다.
그러나 그들은 아들이 55살에 폐병으로 죽을 가능성은 미처 고려
하지 못했다. 그런데 더 큰 문제는, 의학이 지난 100년 동안 이룬
진보 덕분에 미국인의 기대 수명은 55살에서 거의 80살까지 늘어
났으나[8] 정신 질환자는 이 혜택을 보지 못하고 있다는 것이다. 다
르게 말하면 기대 수명 관점에서 정신 질환자 미국인은 1920년대
초반을 살고 있다.

이렇게 정신 질환은 치명적이기도 하지만, 장애를 초래한다는 점
도 문제다. 정신 질환자는 현재 정부로부터 장애 수당을 받는 65세
이하 수급자 중에서 가장 큰 단일 진단 집단이다[9]. 공공 보건 전문
가 대부분이 20세기가 치명적인 급성 감염병에 대처한 시대였다
면, 21세기는 당뇨병이나 심장병 같은 만성적 비전염성 질병에 대
처하는 시대가 될 것이라고 예측한다.[10] 이런 만성 장애에서는 장

애가 사망률보다 더 중요할 수 있다. 사람들이 수십 년간 생존한다 해도 일하지 못하고 자신의 병을 스스로 돌보지 못할 수 있기 때문이다. 비슷한 맥락에서, 치료의 성공이란 이런 장애를 겪는 사람들의 장애 완화, 정신 질환자의 장애 완화로 정의돼야 한다.

장애는 어떻게 측정할까? 질환의 유병률과 경중의 정도를 보는 방법이 있다. 정신 질환은 확실히 널리 퍼져 있다. 국립정신보건연구원은 미국인 성인 5명 가운데 약 1명이[11] 정신 질환을 앓고 있다고 본다. 이 수치에는 거미 공포증부터 조현병까지 다양한 질환이 포함되는데, 많은 질환이 경증 혹은 중등증으로 직장에서 일할 때나 생활하는 데 거의 영향을 미치지 않는다. 손상이나 장애를 유발하는 정신 질환은 중증 정신 질환serious mental illness, SMI에 속한다.

중증 정신 질환의 경우 정확한 진단 검사는 없다. 로저는 중증 정신 질환자로 분류될 법하다. 조현병, 양극성장애, 주요 우울장애, 외상후 스트레스장애, 신경성 식욕부진증, 경계성성격장애를 앓는 다수가 중증 정신 질환 범주에 속한다. 보통 "심각한 기능 손상 때문에 대체로 한 가지 이상의 주요 생활 활동에 지장을 받거나 제한이 생긴"[12] 정신 질환자가 중증 정신 질환으로 여겨진다. 그렇지만 내가 선호하는 정의는[13] 패트릭 케네디Patrick Kennedy의 것으로, 그는 "당신이 아끼는 사람에게 발생한 정신 질환이라면 무엇이든" 중증 정신 질환에 다 포함된다고 말했다. 전前 국회 의원이자 최근에는 정신 건강 옹호 활동을 펼친 패트릭 케네디는 중증 정신 질환자의 대변인 노릇을 해왔다. 연방 정부에 따르면, 미국인 성인 20명 가운데 약 1명이[14] 중증 정신 질환의 기준을 충족한다. 미국인 아동과 청소년의 6퍼센트 이상이 중증 감정장애SED[15] 기준을 충족하는데, 중증 감정장애는 성인 중증 정신 질환에 상응하는 장애 범주다.

역학자들이 내리는 장애의 정의는 수명 손실 연수Years of Productive Life Lost다. 세계의 건강 통계를 살피는 연구인 세계질병부담연구[16]는 장애 원인이 되는 질병과 손상 369가지의 순위를 매긴다. 현재 진행 중인 이 연구에 따르면 정신 질환은 장애로 인한 수명 손실의 주요 원인 1위다.[17] 믿기 어려운 수치일 수 있으나 정신 질환의 조기 발병을 고려하면 설명이 된다. 장애를 유발하는 대부분의 심각한 의학적 원인과는 달리, 정신 질환자 75퍼센트가 25세 전에 발병을 경험한다.[18] 조기 발병과 높은 유병률이 합쳐지면 환자는 보통 장애를 안고 살아가게 된다. 추세는 어떤가? 정신 건강으로 인한 전체 장애 통계는 1990년부터 2016년까지 43퍼센트 증가했다.[19]

정신 질환으로 인한 사망과 장애 관련 수치가 충격적이고 심각한 것도 문제지만, 우리가 정신 질환에 치르는 비용도 어마어마하다.[20] 약물 요법과 입원 그리고 장기 치료에 드는 비용 증가는 경제를 위협하는 가장 큰 요소 가운데 하나라고 한다. 잘 알려지지 않았지만, 2013년 미국에서 가장 돈이 많이 드는 병으로 정신 질환이 꼽혔고 정신장애 및 물질남용장애 치료에 드는 비용은 2000억 달러가 넘었다.[21] 이 금액은 전체 의료 비용의 7.5퍼센트를 차지하는데, 마약성 진통제의 확산 및 코로나19 대유행에서 비롯된 정신 건강 악화로[22] 더욱 증가할 것이다.

사망이나 장애의 관점으로 보든 안 보든 로저 같은 사람은 미국적 비극 속에 살고 있다. 사망률은 33퍼센트 증가했고 이환율(병에 걸리는 정도를 표시하는 통계적 지표 — 옮긴이)은 43퍼센트 증가했으며, 치료에 드는 비용은 2000억 달러다. 이런 수치나 추세를 보면 국가적 차원에서 건강과 의료 혹은 경제 담론으로 정신질환을 다룰 법한데도 그러지 않으니 당혹스럽다. 다른 이유로, 의학적이든 아니든 어떤 이유로 사망자가 1만 2000명 **늘어났다**고 가정해 보자. 2주마다 747명이 충돌 사고로 목숨을 잃는 상황에 맞먹으니 다들 위기 상황으로 간주하고 대응에 나설 것이다.

그렇지만 이 위기는 코로나19 대유행이나 에이즈의 초기 확산처럼 질병의 출현으로 말미암아 공중 보건이 비상사태에 처한 경우와는 다르다. 정신 건강이 위기에 처한 원인은 질병이 급증해서도 아니고 새 질환이 나타나서도 아니다. 실제로 현대 정신 질환은 거의 다 예전부터 인간이 앓는 병의 일부분이었다. 정신 건강이 위기에 처했다는 말은 그저 치료가 위기에 처했다는 뜻이다. 로저의 비극은 증상이 조현병으로 발전한 것이 아니었다. 위기 개입이 이뤄졌다면 로저의 인생은 구원받을 수도 있었는데, 슬프게도 이뤄지지 않았다.

다른 접근

2018년 후반 캘리포니아 주지사로 선출된 개빈 뉴섬Gavin Newsom은 내게 110억 달러 예산의 정신 건강 관리 시스템 개혁에 도움을 달라고 청했다. 세계에서 다섯 번째로 경제 규모가 큰 캘리포니아주는 200만 중증 정신 질환자에게 적절한 치료를 제공하기 위해 오랫동안 고군분투했다. 사실 50개 주를 대상으로 정신 건강 관리의 질을 평가해 보니 캘리포니아는 의료 접근 및 결과 부문에서 하위권이었다.[23] 취임식 4주 전, 우리는 새크라멘토의 의사당과 두 블록 떨어진 임시 사무소에서 처음 만났다. 가구가 느문느문 놓여 있는 사무소 공간에서 뉴섬은 놀라운 고백으로 대화를 시작했다. "(샌프란시스코) 시장 시절 노숙 문제와 감옥의 과밀 문제 해결이 중요하다는 사실을 알았습니다. 그렇지만 근본 원인을 완전히 놓치고 말았습니다. 바로 치료가 안 된 중증 정신 질환이 원인이었습니다. 실수를 되풀이하고 싶지 않습니다." 이 나라의 거처 없는 노숙인 가운데 절반 이상이 캘리포니아에 있다 보니, 수감자가 너무 많아 죄수들을 다른 주의 시설로 보내는 상황이었다. 이제 주지사가 된 뉴섬은 다시 대책을 세워야 했는데 이번에는 치료의 위기가 문제임을 이해했다.

나는 주지사의 눈과 귀가 돼 1년 동안 주를 돌아다니면서 위기를 직접 목격하고, 해결책을 제시하는 사람들의 말을 들어보기로 했다. 내륙의 고지대 사막부터 해안가까지, 클럽 하우스와 병원부터 노숙인들의 야영지와 회복 시설까지 망라했다. 초반에 만난 사

람이 샌프란시스코의 스티브 필즈Steve Fields였다. 그는 로저 같은 사
람을 수십 년 동안 맡은 지역사회의 노련한 활동가였다. 그 시작은
1969년으로 당시 필즈는 베트남 전쟁을 반대하는 양심적 병역거
부자였다. 징병제의 시대에 필즈와 활동가들은 병역을 대신할 공
익사업을 찾았다. 1960년대 후반, 샌프란시스코 헤이트 애시버리
에서 시위하던 그들은 나파 주립 병원에서 퇴원한 중증 정신 질환
자들을 위해 탈시설화 운동 일환으로 사회 복귀 시설을 만드는 일
이 공익사업이라고 생각했다. 필즈는 단기 거주 및 심리 지원을 제
공하는 피난처 프로그레스 하우스Progress House를 만들었다. 2019년,
내가 방문한 당시 그는 이제 프로그레스 재단으로 발전한 사업의
50주년 기념행사를 준비하고 있었다. 샌프란시스코 시내 예전 소
방서 건물에 자리한 재단 사무실에서 필즈는 위기 대응 및 장기
거주 치료 센터 여러 곳을 살핀다.

　나는 로저의 일을 꺼냈다. 급성 정신증을 겪는 사람들을 위해
50년 동안 현장에서 위기 개입을 하며 깨달은 바를 말해달라고 했
다. 한때 금발을 포니테일로 묶고 버켄스탁 신발을 신었던 필즈는
이제 회색 머리가 됐고 로퍼를 신고 있다. "환자의 대부분에게 병
원의 병상은 결코 적절한 해결책이 아니었습니다. 그런데 그 당시
사회 복귀 시설 역시 효과가 없었는데, 주거를 제공할 뿐 치료 문
제는 신경 쓰지 않았거든요. 주거 시설에서 규칙적으로 생활하고
치료받게 하면서, 무엇보다도 사회적 지원을 제공하니 효과가 있었
습니다. 일련의 집중 프로그램이죠. 중증 정신 질환자는 자신이 버
림받았다고 느끼며 무력감에 시달립니다. 입원이 이런 문제를 해

결해 주지는 않습니다. 재활을 목표로 삼는 지역사회 중심 치료에
는 인력과 시간과 돈이 필요합니다. 그렇지만 효과가 있어요. 우리
주거 시설에 머문 사람들이 7년 후 급성 병원 치료를 다시 받는 비
율은 1퍼센트도 안 됩니다."

　필즈가 말하는 치료법이라면 로저의 퇴보와 부모의 절망을 막
았을 것이다. 이상적인 상황이라면 '발작'이 나타나기 한참 전에 로
저의 질환을 감지해서 치료할 수 있었다. 오늘날 중증 정신 질환자
대부분이 2~3년 동안 미묘한 변화를 겪은 후 정신증으로 발전한
다는 사실이 널리 알려졌다. 이들은 기묘하고 때로는 편집적인 생
각에 점차 사로잡히고 친구와 가족을 밀리하며 집중에 문제를 겪
기도 한다. 이 단계를 전구증상prodrome이라고 하는데,[24] 집중 심리
치료로 정신증을 방지할 핵심 기간일 수 있다.

　그런데 로저처럼 실제로 발작이 일어난다 해도 다른 상황을 상
상해 볼 수 있다. 911(경찰과 소방서)이 아니라 988(자살 예방 전화)
에 전화를 한다고 가정해 보자. 988 허브는 비행기의 안전을 챙기
는 '항공 교통 관제소'처럼, 환자를 위해 GPS에 접근할 수 있고 입
원이 가능한 정신과 병동을 찾을 수 있다. 필요하다면 경찰에 우
선 연결도 된다. 아마 로저의 집에 위기 담당 팀이 탑승한 밴이 배
치될 것이다. 팀은 정신과 간호사, 사회복지사, 급성 정신증을 겪은
적 있는 동료 지원가로 구성된다. 그들은 로저와 가족 곁에 아마도
종일 머무르면서, 로저의 근심을 들어주고 두려움을 달래주며 당
면한 위기를 완화한다. 간호사는 의학적 질문을 하기 위해 원격 지
원을 받을 수 있고 로저의 의료 기록에 접근할 수 있다. 사회복지

사는 가족에게 지역사회에서 어떤 치료를 받을 수 있는지 알려 준
다. 동료 지원가 청년은 로저 곁에 앉아 그의 말을 들어주고, 본인
의 경험을 근거로 로저를 달랜다. 그들은 로저가 안전을 위해 정신
과 위기 안정 병동에 입원한다면 고통에서 벗어나 안정을 찾을 수
있고 규칙적 수면과 식사로 구성된 일상으로 돌아갈 수 있겠다고
다 함께 의견을 모은다.

　로저는 7일 동안 입원하며 정신 질환을 겪는 청소년과 성인을 만
난다. 몇 달 동안 고립 상태였던 로저는 처음으로 자신이 혼자가 아
님을 깨닫는다. 10대 때 정신증으로 고생한 적 있는 코치도 만난
다. 그렇지만 코치는 음모론, 외계인, CIA 이야기는 하지 않고 3달
동안 아주 구체적인 목표를 잡아 계획을 세우라고 한다. 집에서 안
전하게 지내기, 학교생활 잘하기, 첫 데이트 하기. 로저는 정신과
의사도 만난다. 의사는 '멍청한 생각'에 대응할 약을 처방하면서
부작용을 알려주고, 약이 로저의 목표를 방해하지 않도록 같이 조
절해 나갈 것이다. 또, 로저에게 사회복지사와 작업 치료사로 구성
된 팀이 배정된다. 이들은 이후 6개월 동안 로저의 학교생활과 진
학 계획을 살피며 고립과 몰입을 방지하기 위해 시간제 일자리를
찾도록 돕는다. 그리고 학교 측에 로저의 상태를 얼마나 알려야 할
지, 그간의 결석을 어떻게 설명할지 논의할 것이다. 이들은 공동
의사 결정shared decision making을 따른다. 로저가 매 단계 의사 결정에
주체적으로 참여한다는 뜻이다. 그들은 로저에게 정신 질환은 현
실이지만 그것이 그를 정의할 필요는 없다고 희망을 준다.

　한편 로저의 가족은 미국의 정신건강가족연맹National Alliance on

Mental Illness, NAMI 지부에서 운영하는 가족 지지 그룹에[25] 합류해, 정신 질환을 관리하고 장애를 피하는 전략을 배운다. 로저가 자신의 질환을 인정하지 않아도 상관없다. 다른 부모들은 로저의 망상에 맞서지 말라고, 로저가 바라는 실제적인 목표로 유도하면서 '로저의 미치지 않은 부분'과 같이 가야 한다고 조언한다.

가족 지지 그룹에 처음 참석한 날, 로저의 부모는 그의 '발작'이 사실은 다리 골절 같은 사건임을 알게 된다. 다리가 부러지면 뼈를 신속하게 고정해야 하고 이후 몇 개월 혹은 몇 년을 재활해야 힘과 이동성을 되찾을 수 있다.

예외론

프로그레스 재단 같은 선택지가 있는데, 로저처럼 노숙이나 수감 상태에 처하는 사람이 그렇게도 많은 이유는 무엇일까? 답은 복잡한데, 먼저 정신 질환이 여느 의학적 질환과 비슷한 동시에 다른 역사적 이유를 살펴보겠다.

40년도 더 전에 내가 정신 의학에 발을 들일 때만 해도 로저 같은 사람은 희생자고 가족은 정신 질환의 원인이라고 암암리에 혹은 대놓고 가르쳤다. 어머니는 "조현병을 유발하는" 존재로 여겨졌고, 정신 의학적 진단에는 비난과 수치심이[26] 쏟아졌다. 환자와 부모를 떼놨을 뿐 아니라 주립 병원이나 지역사회의 병원에서 치료할 때도 내과나 외과와 멀리 떨어진 공간이 선택됐다. 심지어 샌프란시스코 캘리포니아 대학의 수련 과정도 가까운 의료 센터와 뚝 떨어진 부속 기관에서 이뤄졌다. 이런 상황이 의미하는 바는 분명하다. 정신 의학이란 근대 과학 이전 분야로, 나머지 의학이 약간의 비난과 수치를 담은 시선으로 바라보는 학문이라는 것이다. 나는 1970년대에 의대를 졸업했는데 그때 유행한, 네 분야의 의사 묘사를 보면 당시 만연했던 생각이 잘 드러난다. 내과 의사는 모든 것을 알지만 아무것도 하지 않는다. 외과 의사는 아무것도 모르지만 모든 것을 한다. 정신과 의사는 아무것도 모르고 아무것도 하지 않는다. 병리학자는 모든 것을 알고 모든 것을 하지만 너무 늦다.

나를 포함한 정신 의학자들은 지난 40년의 상당 부분을 아무것도 모르고, 아무것도 하지 않는다는 이미지와 싸우며 보냈다. 정신 질환 또한 의학적 질환으로, 당뇨병이나 암이나 심장병과 다르지 않다고 주장했다. 구체적 병변이나 진단 검사로 확인하지 못할 수는 있다. 그렇지만 정신 질환 또한 다른 의학적 질환에서 발견되는 세포 및 분자 차원의 생물학적 변화가 똑같이 일어난다는 점에서 근본적으로 뇌장애다. 그러므로 정신 질환자는 똑같은 의료 기관에서 치료받아야 하며 똑같은 보험으로 비용이 처리돼야 한다. 이는 법에서 동등성으로 규정하고 있는 의무 사항이다.

아직도 나는 포용과 동등성을 주장한다. 그렇지만 로저의 병은 여러 결정적 부분에서 대부분의 의학적 질환과 다르다는 점을 인정할 필요도 있다. 앞서 언급했듯 정신 질환은 거의 언제나 25세 이전에[27] 나타나는데, 대부분의 의학적 질환은 생애 후반부에 발생한다. 정신 의학적 질환은 우리가 생각하고 느끼고 행동하는 방식의 변화로 드러난다. 그 결과 정신 질환이 있다고 하면 질환과 정체성을 헷갈리기 쉽다. 이는 흔한 실수로, 언어 표현에서도 나타난다. "나는 심장병에 걸렸다"라는 표현과 "나는 양극성장애나 조현병이다"라는 표현을 비교해 보라. 이런 질환의 증상은 청소년기에 나타나는데, 정체성이 형성되는 시기다 보니 질환과 정체성이 융합될 가능성이 훨씬 더 크고 위험하다.

일반적인 의학 질환에서는 감염병이 연구와 치료 모델을 만들었다. 질환을 유발하는 병원균을 찾아 죽이는 약을 만들며 궁극적으로는 문제를 뿌리 뽑는 백신을 개발하는 모델 말이다. 여러 상황을 고려해 보면 이 모델이 무척 효과적이라고 인정해야 한다. 100년 전부터 홍역이나 소아마비, 파상풍 같은 감염병은 오늘날 백신 거부 공동체를 제외하면 모습을 감췄다. 그런데 하나의 원인을 찾고 하나의 해결책을 연구하는 모델은 여러 의학 분야에서 여전히 효과가 있겠으나 정신 질환에는 아직 성공을 거두지 못했다.

실로 정신 질환은 치료 결과를 보면 상대적으로 나아진 바가 없다는 점에서 이례적이다. 심장병과 뇌졸중과 감염병 대부분에서 사망률이 급락하는 동안[28] 자살률은 증가했다. 로저의 형제 오언처럼 당뇨병은 이제 실명과 혈관병같이 신체에 큰 장애를 초래하는 결과를 줄일 만큼 정밀하게 관리할 수 있다.[29] 일부 암, 특히 소아암의 경우 예전에는 치명적이었으나 새로운 치료법이 놀라운 결과를 내고 있다. 주장하건대 지난 40년은 의학적 진보의 황금시대였다. 그렇지만 정신 질환 치료는 결과가 의미 있는 수준으로 달라지지 않았다.

다른 한편으로, 로저 같은 중증 정신 질환자 수백만 명은 노숙인이 되거나 수감 상태에 놓인 채 의료 시스템 바깥에 머무른다. 이들은 자살하거나 조기 사망을 맞이할 위험이 크다. 그런데 로저의 퇴보를 유발한 문제 대부분에 해결책을 제시하는 프로그레스 재단 같은 기관이 수백 곳 있다. 이들이 낸 해결책은 복잡하지도 않고 접근성이 떨어지지도 않는다. 오늘날은 역사상 그 어느 때보다도 약물이 많고 심리 치료법도, 임상가도 많다. 사실 치료법이 얼마나 늘어났는지 보면 이환율이나 사망률 증가보다 훨씬 놀랍다. 2001년 이래로 정신과 약물 처방은 2배 이상 늘어서 미국인 성인 6명 가운데 1명이 정신과 약을 먹는다.[30] 정부의 연례 조사에 따르면, 외래 치료를 받는 아동과 성인은 역사상 가장 많다. 이 인구 기반의 조사는[31] 14.4퍼센트의 성인(3500만 명)과 14.7퍼센트의 청소년(360만 명)이 정신과 치료를 받았다는 사실을 밝혔다.

다른 대부분의 의학 분야에서는 치료받는 사람이 늘면 사망과 장애가 감소한다고 아주 쉽게 장담할 수 있다. 그렇지만 정신 질환 분야에서는 그 어느 때보다도 많은 사람이 치료를 받고 있으나 사망과 장애는 증가하는 추세다. 더 많은 치료가 어떻게 더 나쁜 결과로 이어질까?

과학 저널리스트 로버트 휘터커Robert Whitaker[32]는 치료법 때문에 위기가 왔다고 비판했다. 그는 약물 요법 증가와 장애 증가가 상관관계를 보인다며, 항우울제와 항정신병약이 '과민감성'을 유발해 환자를 의존적이고 만성적 장애 상태로 만든다고 주장했다. 휘터커는 장기적으로 보면 환자는 '정신 약리학 혁명' 이전에 더 건강

했고, 정신 의학의 기득권층이 제약 산업과 함께 음모를 꾸미며 과잉 진찰과 과잉 진료로 아동과 성인에게 끔찍한 결과를 가져다줬다고 말한다.

모두가 이 음모론을 믿지는 않는다. 효과적이지 못한 치료법이 문제라고 보는 사람도 있다. 현재의 치료법도 필요하지만, 복합적 뇌장애 치료에는 충분하지 않다는 것이다. 나보다 앞서 국립정신 보건연구원 소장을 맡았던 스티븐 하이먼Steven Hyman은 논문 「정지된 혁명Revolution Stalled」에서 정신 질환의 생리를 더 많이 알아야 "아주 험난한 과학적 지대를 건너가는 길을 밝힐 수 있다"[33]고 지적하며 변화를 촉구했다. 하이먼 박사는 인슐린이나 항생제 같은 효과적인 치료제를 개발하기엔 우리가 아직 정신 질환의 메커니즘이나 원인을 잘 모른다고 주장했다.

위의 두 관점과는 다른 세 번째 관점이 있는데, 나는 이 관점이 더 많은 치료와 더 나쁜 결과라는 난제를 설명한다고 본다. 내 생각에 지금의 임상가는 진료하는 환자에게 도움을 주고 있고, 그 어느 때보다도 많은 환자를 진료한다. 아마 25년 전보다 효율적이기도 할 것이다. 그런데 왜 추세를 바꾸지 못할까? 정신 질환자 다수는 치료를 안 받는다. 치료받는다고 해도 약물 요법 이상의 치료는 거의 받지 않는다(하이먼 박사가 말하듯 이는 적절하지 않다). 그리고 약물 처방을 받아도[34] 약을 먹지 않는 환자가 많다. 정신 질환자가 다른 의학적 질환을 겪는 환자와 결정적으로 다른 지점이 이런 치료의 부재다. 암, 심장병, 당뇨병, 뇌졸중과는 달리 정신 질환자 다수는 로저처럼 의료 시스템 밖에서 투병한다. 이들의 존재는 사망과 장애를 측정하는 인구 기반 역학 조사에서 계산한다. 간간이 처방전을 받을 수도 있고, 도움을 구하려 할 수도 있다. 그렇지만 치료를 받지는 않는다. 그래서 치료의 위기란 단순히 접근의 어려움이 아니라 의료 참여의 부재를 뜻한다.

방문 조사나 전화 조사 같은 인구 기반 연구는 모두 같은 이야기를 한다. 역학 조사들은 내가 '40-40-33' 법칙이라고 부르는 상황을 확인해 준다. 치료받는 정신 질환자의 비율은 전체의 절반 이하, 실제로는 40퍼센트에 가깝다.[35] 이 가운데 "최소한으로 수용 가능한 치료"[36], 즉 과학적 증거 중심의 치료를 받는 환자는 40퍼센트 밖에 되지 않는다.

이 말은 치료로 개선될 가능성이 조금이라도 있는 환자가 16퍼센트(40퍼센트의 40퍼센트) 밖에 안 된다는 뜻이다. 정신 사회적 치료든 의학적 치료든 치료법 대부분을 오늘날 환자에게 실제로 적용해 보면 충분한 반응을 보이는 환자는 3분의 1에 불과하다. 3분의 1은 이득을 약간 얻으며 3분의 1은 반응이 없다. 그러므로 16퍼센트 가운데 33퍼센트가 치료로 호전된다고 본다면 도움이 필요한 전체 집단 가운데 완전히 좋아지는 환자, 즉 증상 해결을 뜻하는 관해remission 상태에 도달하는 환자는 5퍼센트를 조금 넘는다. 그렇다. 더 많은 사람이 치료받고 있긴 하다. 5퍼센트는 6퍼센트나 7퍼센트까지 증가하고 있을 수도 있다. 임상가는 이렇게 운 좋은 소수의 환자 치료에 성공할 수 있다. 그렇지만 전체 집단으로 보면 결과는 여전히 심각하다. 치료가 필요한 사람들 대부분이 마땅히 받아야 할 도움을 받지 못하고 있다. 이것이 치료의 위기다.

치료 참여가 제한적이고 치료가 비효율적으로 전달되는 상황은 정신 질환자에게 확실히 엄청난 장애물이다. 그런데 환자 40퍼센트만 치료를 받는다는 결과가 나온 어느 역학조사에다 추적조사(특정 조사 대상에 대해 기간을 두고 조사를 반복하는 것 — 옮긴이)를 시행해[37] 나머지 60퍼센트 중 일부 대상자에게 도움을 받지 않는 이유를 물었다. 전체적으로 혼자서 문제를 다루기를 원하는, 소위 과학자들이 '태도 장벽'이라고 부르는 태도가 97.4퍼센트의 환자에게서 보였다. 반면 치료 접근 문제를 언급한 사람은 22.2퍼센트에 불과했다.

암이나 심상병 환자들이 대규모로 치료를 거부하는 상황은 상상하기 어렵다. 정신 질환은 양상이 다르다. 로저 같은 조현병 환자 다수는 본인에게 병이 있다고 인식하지 못하므로 치료를 거부한다. 우울증 환자에게는 무기력이 치료를 막는 장벽이다. 불안장애 환자의 핵심 증상은 회피다. 자살로 사망한 사람 가운데 정신과 치료를 받지 않은 사람은 절반이나 된다.[38] 정신 질환은 흔히 치료를 가로막는다는 점에서 교활한 병이다. 그리고 병이 심각할수록 당사자가 치료를 찾을 가능성이 줄어든다. 당사자를 탓하는 것이 아니라 병의 본질적 특성상 자살률 증가를 꺾는 일이 어려움을 인식하자는 것이다. 물론 상황이 이러니 가족이 보통 치료법을 찾고 환자를 돌본다. 정신 질환의 근본적 원인이라고 오랫동안 부당하게 비난받아 온 가족이 사실은 그 어떤 의학적 질환보다도 치료에 중대한 역할을 맡는다.

치료받지 않는 사람 대다수가 전문가며 편들어 주는 가족의 도움 없이 질환을 스스로 관리할 수 있다고 믿으면 마음은 편하다. 가볍게 병을 앓거나 짧은 기간 동안 스트레스로 병을 앓은 다수에 게는 분명 그렇다. 그런데 안타깝게도 사망과 장애 수치를 보면 위 안을 얻기 어렵다. 당뇨병이나 고혈압, 기타 만성 질환이 그렇듯 정 신 질환 또한 알아서 사라지는 병이 아니다. 오히려 물질남용 및 관 계 문제, 장애까지 문제가 확대되는 경향이 있다. 결국에 사라지지 않은 정신 질환은 노숙, 수감, 만성적 의학 문제에 일조하며 정신 질환자들에게는 조기 고독사가 너무 자주 찾아온다.

정신 질환자들이 치료받지 않고 있다면 그들은 어디에 있을까? 구치소에 있고, 그들 부모가 사는 집의 지하실에 있고, 시설에 있 다. 때로는 그들이 회복할 수 있는 장소만 빼고 어디에나 있는 것 같다. 시야에서 사라진 그들은 시민 기본권 단체 조직을 막는 악마 와 투쟁한다. 노숙이나 구치소 및 감옥의 과밀이 문제라고 볼 수도 있다. 그러나 뉴섬 주지사가 깨달았듯 우리는 이 사태의 근본 원인 이 정신 질환의 치료 부재임을 인식하지 않고 있다. 그래서 위기는 계속된다. 문제의 핵심에 다다르기까지 살펴본 상황이 확실히 알 려준다. 우리 사회의 방치와 환자의 비가시성이 공모해 로저를 비 롯한 환자 수백만 명이 회복할 기회를 날려버렸다.

2장   우리 정서에 이질적인 존재

> 그렇지만 정신 질환과 지적장애는 우리 사회의 가장 중대한 보건 문
> 제 가운데 하나다. 많은 사람에게 발견되는 흔한 병으로 장기적인 치
> 료가 필요하며 그 가족 또한 힘들다. 그러므로 인적 자원이 낭비된다.
> 또 치료비 때문에 국가 재정이며 환자 가족의 재정이 모두 소모된다.
>
> – 존 F. 케네디 대통령, 1963년 2월 5일, 국회에 보낸 특별 교서[1]

로즈메리

1918년 9월, 로즈메리 케네디는 훗날 20세기 미국에서 가장 유명해
진 집안의 첫딸이자 셋째로 태어났다. 큰오빠 잭은 그 나라의 35대
대통령이 됐고 남동생 로버트와 에드워드는 미국 상원 의원이 됐다.
여동생 유니스, 퍼트리샤와 진은 귀족 같은 삶을 살았다. 그렇지만
1차 세계대전이 끝나가는 시절이자 인플루엔자가 대유행하던 시절
에 보스턴 빌가의 집에서 태어난 로즈메리는 처음부터 확실히 다
른 존재였다. 로즈메리는 당시 정신 지체라고 불렸던 지적장애가
있었으니, 이 야심 가득한 집안이 피할 수 없는 난제였다. 어머니
로즈 케네디는 로즈메리를 지도하고 편드는 일에 매달렸다. 덕분
에 로즈메리는 이 북적대고 경쟁적인 집안에서 그저 기운 넘치는
아이로 성장할 수 있었다.

청소년 시절의 로즈메리는 남들과 잘 어울리는 상냥한 아이로, 케네디 집안 아이들 가운데 가장 매력적이었다. 하지만 행동이 둔하고 별안간 감정을 터트려 주변을 놀라게 하는 일이 잦았다. 이후 아버지 조지프 케네디 경은 20대 초반의 로즈메리를 워싱턴 D.C.의 수녀원에 보냈다. 그는 일과가 정해진 조용한 생활이 딸에게 잘 맞기를 바랐다. 그렇지만 로즈메리는 수녀원에 적응하지 못하고 방황했으며, 신경질적이고 예측 안 되는 행동을 보인다고 소문나기 시작했다. 그런 행동의 본질이 무엇이든 상관없이 아버지는 딸에게 쓸 수 있는 가장 현대적이고 과학적인 치료를 찾았다. 1941년에는 바로 진두엽 절제술이 그런 치료였다. 수술 결과는 끔찍했다. 약간 혼란스러운 모습을 보였던 수다쟁이 23살은, 심한 장애와 부분 마비로 종일 시설에서 보살핌을 받아야 하는 환자가 돼버렸다.

여러 전기 작가에 따르면 조지프 경은 수술과 그 이후의 비극을 아내와 다른 아이들에게 숨겼고 죄책감에 시달렸다.[2] 가장이 뇌졸중으로 쓰러지며 시설의 로즈메리를 멀리서 챙기지 못하게 된 1961년에야 모든 진실이 드러났다. 케네디 집안에서 한 아이가 갑자기 설명도 없이 사라진 일은 20년 동안 조용히, 강력한 영향력을 행사했다. 로즈는 지적 어려움을 겪은 딸을 다른 어떤 아이보다도 헌신적으로 돌봤기에 더욱 그러했다. 실제로 그는 훗날 두 아들을 암살로 잃은 후 이렇게 말했다고 한다.[3] "내 아들들의 일로 깊이 상처받긴 했지만, 로즈메리의 일 때문에 더욱 억장이 무너졌다."

유품함

한때 '광기'로만 알려졌던 정신 질환은 인간이 늘 앓아온 병이다. 악령의 빙의라는 해석과 영감에 가득 찬 예언이라는 해석이 번갈아 등장했으나, 정신 질환을 신비롭고 비합리적이며 무서운 상태로 간주했다는 점은 변치 않았다. 18세기와 19세기의 광기는 매독 혹은 수은 중독의 결과인 경우가 많았다(19세기 초반 모자 제조자는 작업에 수은을 썼기에 '모자 제조자처럼 미친'이라는 표현이 있다). 그렇지만 오늘날 알려진 정신 질환은 20세기 이전부터 대부분 흔한 병이었다. 수백 년 동안 미친 사람들은 화형당하기도 했고, 평생 감금당하는 일이 흔했다. 그렇지만 어떤 상황에서는 신비주의로 찬양받기도 했다.

이렇게 정신 질환 자체는 아주 오랫동안 존재했다. 그러나 환자에게 일련의 치료법을 제공하는 정신 건강 관리는 상대적으로 최근에 이룬 혁신이다. 현대적 정신 건강 관리의 탄생은 19세기 초기로 볼 수 있는데,[4] 프랑스에서는 필리프 피넬Philippe Pinel이, 영국에서는 윌리엄 투크William Tuke가, 미국에서는 도로시아 딕스Dorothea Dix가 정신 질환자를 인간적으로 치료해야 한다는 옹호 활동을 펼쳤다. 그들은 정신이 아픈 사람을 죄수로 가두지 말고, 수용 시설이나 병원이나 인접 기관을 도시에서 보통 멀리 떨어진 곳에 만들어서 치료하자고 했다. 폐결핵 환자와 나병 환자처럼 정신 질환자도 보호받으며 살 수 있는 곳을 만들자는 것이었다. 즉, 인간적 치료란 감금에서 입원으로의 이동을 의미했다. 미국에서 1860년 이후 1세기 동안 정신 의료는 전국 방방곡곡에 있는 수용 시설로 구성된 주립 병원 시스템을 의미했다.[5] 1955년 무렵에는 거의 60만 명이 시설에서 생활했다.

1960년대까지 약 350곳에 달한 수용 시설은 질적으로 상태가 판이했다. 어떤 시설은 실제로 작은 마을이 됐다. 거주자의 절반 이상이 환자로, 3000명이 넘었다. 그리고 환자의 약 절반이 10년 이상 입원했다. 재정이 열악한 시설도 있었고 인종 분리를 따른 시설도 많았다. 대부분이 기껏해야 만성적 장애 환자가 머무르는 창고 수준이었다. 시설이 노후해도 예산을 거의 받지 못했고 충분히 훈련받은 직원도 없다시피 했다. 1950년대 후반 이전부터[6] 신경매독 환자는 화학 치료를 받았고 조현병 환자는 인슐린 쇼크 치료를 받았다. 하지만 항정신병약물이며 현대적 심리 치료는 아직 쓸 수가 없었다. 아이러니하게도 몇 안 되는 가용 치료 중 하나가 전두엽 절제술로, 외과적 방식의 개입이었다. 신경외과 의사가 머리뼈 모양에만 절대적으로 의지해 뇌의 다른 부분과 전두엽의 연결을 절단하는 수술이다. 이 수술을 받은 환자는 2만 명으로,[7] 폭력적이거나 통제가 안 되는 환자들이 얌전하니 다루기 쉬운 상태가 됐다고 알려졌다. 로즈메리 말고도, 1975년 영화 〈뻐꾸기 둥지 위로 날아간 새〉에서 랜들 맥머피가 이 수술을 받게 된다. 사실 환자보다는 기관이 이 수술로 많은 도움을 얻었고, 환자는 평생을 장애 상태로 지내는 일이 흔했다. 그렇지만 전두엽 절제술은 1949년에 노벨 생리의학상으로 인정받았다.[8]

1961년 케네디 대통령이 취임하면서, 로즈메리의 비밀도 백악관으로 함께 왔다. 로즈메리의 비극을 근거 삼아 지적장애인이 처한 어려움을 밝히면서 변화가 필요하다고 이야기해, 그간 입을 다물 었던 가족의 역사를 극복한 존재는 바로 여동생 유니스였다. 이 금 기를 깨기 위해 얼마나 큰 용기가 필요했을지 오늘날에도 가늠하 기 어렵다. 유니스는 오빠가 시설에 갇힌 정신 질환자와 지적장애 환자를 위해 힘을 발휘해야 한다고 주장했다. 심지어 오빠의 연설 을 고쳐 쓰며[9] 이렇게 말했다. "연설에 불을 더 붙여야 해." 대통령 은 이렇게 대꾸했다. "넌 네 연설을 불에다 집어넣어야 해."

　1963년 케네디 대통령이 국회로 전한 특별 교서는 미국 대통령 이 처음이자 마지막으로 정신 건강 관리를 꼭 집어 포괄적 관심을 표명한 사건이었다. 유니스는 이 원고를 6시간 동안 검토하고 편집 했다고 한다.[10] 50년도 더 지난 지금, 특별 교서는 미국 정신 의료 역사상 가장 중요한 문서로 자리 잡았다.

　매해 150만 명의 사람들이 정신 질환과 지적장애 문제로 기관에서 치 료받고 있습니다. 대부분은 노후하고 과밀한 주립 보호 시설에 갇힌 채 억눌려 있습니다. 이들 치료에 쓰이는 평균 비용은 하루에 4달러밖에 안 됩니다. 너무 적은 금액이어서 환자 개인에게 좋은 일을 해줄 수가 없습니다. 그렇지만 정신 보건 예산의 효율적 사용이라는 관점에서 보 자면 전체 비용은 너무나 큰돈입니다……

　정부의 공공 서비스 직접 지출 비용을 보면 1년에 24억 달러가 넘습니 다. 모두 납세자가 내는 돈입니다. 간접 공공 지출 비용, 즉 복지 비용과 인적 지원에 쓰인 액수는 훨씬 큽니다. 그렇지만 이런 질환으로 투병하는 사람과 그 가족이 겪는 괴로움은 재정 통계를 능가합니다. 특히 정신 질환과 지적장애가 유년 시절에 흔히 일어난다는 점에서 그렇습니다. 환자 대부분은 평생 장애인으로 지내며 가족들은 평생 힘든 길을 걷게 됩니다.

이런 상황은 너무나 오랫동안 용인됐습니다. 국가의 양심을 괴롭혔습니다. 그렇지만 입에 올리기엔 불쾌하고, 미루기 쉽고, 해결을 포기한 문제로 여겨졌을 뿐입니다.

특별 교서로 힘을 준 지역 정신 보건법은, 케네디 대통령이 암살되기 직전 서명한 마지막 법안이 됐다. 정신과 의사이자 정신 건강을 옹호하는 활동가인 E. 풀러 토리E. Fuller Torrey는 이 시절을 다룬 훌륭한 역사서에서 이렇게 언급했다. "10월 31일 서명된 지역 정신 보건 센터 설립법은 로즈메리 케네디에게는 유품함이 됐다. 1달 후 이 법은 잭 케네디의 추모비가 되기도 했다."[11]

이때는 1950년대에 처음 도입한 항우울증 약물 요법으로 '탈시설화' 흐름이 이미 시작된 시점이었다. 지역 정신 보건법이 이 흐름에 불을 붙였다. 원래 프랑스에서 항히스타민제로 개발한 클로르프로마진(상품명 소라진)은, 정신증 환자의 불안과 환각 그리고 망상을 완화하는 효과가 있다고 밝혀졌다. 1954년 5월《미국 의사협회 저널》의 보고서에 윌리엄 윈켈먼William Winkelman은 소라진이 "심각한 불안을 줄여주고 공포증과 강박을 없애주며, 편집증적 정신증이나 조용한 조증 혹은 극단적으로 동요한 상태를 완화하거나 조정한다"고 언급했다.[12] 약은 미국 주립 병원에 빠르게 도입됐고

1955년 무렵에는 감염병에 처방하는 페니실린에 비견되기도 했다. 많은 환자가, 심지어 수년간 입원한 경우라고 해도 클로르프로마진을 처방받자 증상이 극적으로 사라졌다. 그들은 병원을 떠나 시설 밖에서 살아갈 수 있을 것 같았다.

지나고 보니 새로운 약물 요법은 페니실린이 아니었고 조현병 환자나 기타 중증 정신 질환자는 감염병 환자처럼 다룰 수 있는 쉬운 존재가 아니었다. 그렇지만 그 당시 케네디는 정신 질환으로 고생하는 사람들이 항정신병 신약을 복용하고 시설 밖에서 의료 서비스를 받을 수 있다면, 그들이 장기간의 시설 생활에서 벗어나 지역사회의 일원이 되리라고 봤다. 이런 생각이 케네디가 품은 '뉴 프런티어'의 중심이었다. 역사가들은 뉴 프런티어가 케네디식 이상향, 카멜롯이라고 했다. 어떤 의미에서 케네디는 확실히 성공했다. 1963년에는 약 60만 명의 환자가 주립 병원에 있었는데, 지역 정신 보건법의 도입과 함께 빠르게 감소했다. 세기가 바뀔 무렵에는 90퍼센트까지 줄었다.[13] 오늘날에는 아직 정신과 시설이 있는 주가 거의 없으며 재판 같은 법적 문제가 걸린 환자가 격리 병실에서 지내거나 심각한 지적장애가 있는 성인이 병상을 차지하는 식이다. 실로 변화가 일어났다. 그렇지만 케네디가 추구한 전망은 달성하기 힘들다고 판명이 났다.

카멜롯

나는 1975년 지역사회의 정신 보건 센터에서 일하며 정신과 의사
로 첫발을 내디뎠다. 당시에는 지역 정신 보건법에 따라 설립된 수
백 곳의 정신 보건 센터가 있었다. 의대를 막 졸업한 나는 의료계
에 계속 몸담을지 확실히 결정하지 못한 상태였다. 내가 수련한 보
스턴의 병원은 바쁘게 돌아가는 의과 대학 부속 병원으로, 그곳에
서 나는 인간미를 잃었고 기도 꺾였다. 그러나 더 좋은 계획이 없
어 매사추세츠주 피츠필드의 버크셔 종합 병원에서 인턴으로 일하
기로 했다. 6개월 동안은 병원이 아니라, 병원에 붙어 있는 지역 정
신 보건 센터에서 일하는 드문 자리였다. 새로운 형태의 정신 건강
관리를 접할 수 있어서 혹은 지역사회에서 일할 기회여서 이 자리
를 골랐다고 말할 수 있다면 얼마나 좋았을까. 사실 나는 이틀 밤
마다 병원 호출을 기다리며 주당 80시간씩 일하는 상황이 두려웠
다. 그리고 버크셔에는 뉴잉글랜드 지역에서 플라이 낚시를 하기
가장 좋은 곳도 있었다. 내 선택은 대의를 위한 헌신이 아니라 나
태에서 기인했다. 그렇지만 일을 시작한 지 1달 만에 나는 그곳에
빠져들었다.

　1975년 버크셔 종합 병원은 서부 매사추세츠의 '관할구역' 전체
를 담당하고 있었는데, 화가 노먼 록웰Norman Rockwell이 특유의 목가
적 미국 풍경을 그리던 스톡브리지 마을도 포함됐다. 록웰이 스톡
브리지로 이사하고 몇 년 지나 근처에 오스틴 리그스 센터가 생겼
다. 오스틴 리그스 센터에서는 저명한 정신 분석가들이 진료를 봤

다. 록웰이 이사한 이유는 아내의 치료 때문이었으나 록웰 본인도 리그스에서 당대 최고의 정신 분석가 에릭 에릭손Erik Erikson에게 치료받았다. 나는 이 시절을 록웰의 그림처럼 기억하고 있긴 하지만, 이를 감안해도 그곳에는 칭송할 만한 좋은 점이 있었다.

버크셔 외래 진료소는 서부 매사추세츠의 환자 약 15만 명을 맡기 위해 직원을 많이 뒀다. 상급 의사 3명, 거의 상근하는 정신과 의사들, 상근 간호사 2명, 사회복지사 여럿, 예술 치료 연합 집단, 보조 직원, 가족 봉사자. 정신 보건 센터는 버크셔 종합 병원 바로 옆에 있었는데, 두 기관은 완전히 통합적으로 운영됐고 응급 시설도 갖췄다. 그러니 2곳 모두에서 일하는 나 같은 인턴도 존재했다. 우리는 1시간 거리의 노샘프턴 주립 병원과도 연계돼 있었다. 입원이 필요한 환자는 주립 병원에서 일주일 혹은 필요하다면 그 이상 머무를 수 있었다. 환자가 입원한 기간에 우리는 환자 및 담당 직원과 연락을 유지하면서 이후 환자가 퇴원하고 외래 진료를 받는 과정을 잘 살폈다. 그리고 치료를 평가하고 계획을 세우는 자리에는 가족도 합류했는데, 통합적이고 지속적인 치료를 위해서였다.

어느 주말, 응급실에서 조증 삽화를 겪는 대학생 줄리아를 처음 만났다. 조증 관련 자료는 의대 시절 읽어봤으나 '섹스'에서 '헥스', '벡스'로 말을 건너뛰며 쉼 없이 떠드는 사람은 한 번도 본 적 없었다. 정신 의학에서는 이런 현상을 '음연상(의미에 따라 단어를 조합하는 것이 아니라 소리만 비슷한 단어를 계속 말하는 것 — 옮긴이)'이라고 한다. 또 줄리아는 정신없이 '말비빔(서로 관련 없는 단어들을 뒤죽박죽 섞어 말하기 — 옮긴이)' 하는 모습을 보이기도 했다. 일관성이 없고, 적어도 나는 따라잡을 수 없는 내용이었다. 줄리아는 며칠 밤낮으로 잠을 자지 않은 상태였다. 줄리아를 응급실로 보낸 사람은 기숙사 조교로, 그는 줄리아가 건물 맨 꼭대기 층에서 창문을 열어놓고 '설교'하는 모습을 목격했다. 그런데 대학 상담 센터는 주말에 문을 닫아 이 상황에 어떻게 대처할지 알 수 없었다.

피츠필드 근처에 사는 줄리아의 가족이 응급실을 찾았다. 줄리아는 노셈프턴 주립 병원에 입원했다. 주립 병원 쪽에서 줄리아의 상태가 어떤지 우리에게 알려줄 터였다. 줄리아는 그곳에 일주일하고도 며칠 더 입원했다. 약물 요법이 효과가 좋아서 우리가 있는 주간 병원으로 다시 이송됐고 내가 치료를 맡았다. 외래 환자를 대상으로 하는 집중 치료 집단 활동이 핵심이었다. 정신증을 한 차례 겪고 회복하면서 병원 말고 집에서 지내는 환자들이 이 치료법의 대상이다. 딱 2주가 지나자 줄리아는 처음 응급실에 왔을 때와는 아주 다른 사람이 됐다. 이제 일관성도 있고 조용했지만 자신의 정신 상태를 믿어도 될지, 아직도 미친 듯이 날뛰기 직전인지 정확하게 가늠할 자신이 없다. 주간 병원에서 치료를 받는 한편 줄리아는 다른 사람들이 중증 정신 질환에 어떻게 대처하는지 알기 위해 부모와 함께 환자 가족 모임에 참여했다. 지역의 정신 보건 센터 사회복지사는 대학 상담 센터와 손을 잡고 줄리아가 학기를 날리는 일 없이 학교로 복귀할 수 있도록 장기 계획을 세워줬다. 1달이 지나 내가 종합 병원에서 인턴 생활을 하기 위해 외래 진료소를 떠날 무렵, 학교로 돌아간 줄리아는 일주일에 두 번은 정신 보건 센터로 담당 치료사를 찾아왔다.

버크셔에서 우리는 약물 요법 이상의 치료를 제공했다. 환자 경과를 집중해서 살폈고, 입원 후 퇴원한 환자에게 도움을 제공하기 위해 단계별로 접근했으며, 사람들이 회복하는 모습을 봤다. 즉 우리는 환자를 책임질 수 있었다. 환자가 집에 있든 학교에 있든 진료소에 있든 혹은 주립 병원에 있든 우리는 환자의 치료를 맡았다. 환자를 놓치는 일은 없었는데, 그럴 일이 벌어질 빈틈이 없어서였다. 치료가 파편화되지 않았다. 우리 병원이 완벽했다는 이야기는 아니다. 시대적 한계도 있고 오스틴 리그스 센터가 근처에 있기도 해, 우리는 정신 분석적 편견을 가지고 환자를 대했다. 그 결과 환자의 과거 문제를 이야기하는 일에는 시간을 너무 많이 쓴 것 같고, 주거와 가족 지지와 일자리 같이 절박한 현실 문제를 돕는 일에는 확실히 시간을 너무 적게 썼다. 1975년에 우리가 처방한 약물은 항정신병 및 항우울증 1세대로 심한 틱과 얼굴 연축이 부작용이었다. 그렇지만 나는 사람들이 회복하는 과정을 기억한다.

그때 그 시절의 병원에는 엄밀한 임상 시험 자료가 없으니 그때의 치료 결과와 오늘날의 결과를 비교하는 일은 쉽지 않다. 1975년, 우리는 로저나 로즈메리나 줄리아 같은 청년들을 많이 도왔다. 그들은 치료에 늘 의욕적이지는 않았어도 졸업이나 첫 취업을 위해 진료소를 찾았고 보통 제 삶을 꾸릴 때까지 가족과 함께 지낼 수 있었다. 물론 치료에 실패한 적도 있었다. 그렇지만 이전의 주립 병원 시대나 요즘 시대에 비하면 그때 우리는 가진 자원으로 많은 일을 적절하게 해냈다. 적어도 환자에게 공감하는 통합적 치료가 이

뤄진 시절이었다. 그런 치료는 사명감이 필요하고, 인간의 정신세
계란 더는 '머나먼 나라'가 아니라고 믿었던 나 같은 젊은 의사에
게 힘이 됐다.

　실제로 그때는 정신 질환이나 다른 어려운 문제로 위축된 사람
들을 돕는 사회적 안전망이 컸고 우리 병원은 그 안전망 안에서
진료했다. 케네디의 포부를 기반 삼아 린든 존슨은 위대한 사회 슬
로건을 내걸면서, 사회보장제도를 확장하고 주택 보조금과 메디케
이드를 도입했다. 지역사회의 정신 보건 시설에서 치료받는 환자는
연방 정부에서 비용을 지원했다. 역사가 대다수는 지역사회의 정
신 보건 시스템에 관심을 두지만, 중증 질환자 개인에게 더 긴요한
(그리고 더 지속적인) 도움을 제공한 정책은 따로 있었다. 새로운 공
적 건강 보험 메디케이드, 그리고 생활 보조금ssi이나 사회보장 장
애연금ssdi의 형태로 제공되는 새로운 공적 원조 혹은 복지가 그것
이다. 치료 시스템은 없어졌어도 경제적 보탬이 시들해지지는 않
았다. 오늘날 메디케이드는 중증 정신 질환자를 위한 가장 큰 단일
보험자 의료 서비스로,[14] 매년 지불하는 전체 비용이 680억 달러
에 달한다. 생활 보조금과 사회보장 장애연금으로[15] 약 2000만 명
에게 대략 2000억 달러를 제공하는 대규모 정책이다. 그리고 생활
보조금 수령인의 43퍼센트가, 사회보장 장애연금 수령인의 27퍼센
트가 정신장애인이다.[16] 1975년만 해도 이런 사회복지 프로그램은
신선하게 다가왔고, 중증 정신 질환자의 삶을 바꿨다. 연방 정부가
의료 지원이며 경제적 지원을 맡았던 버크셔 시절의 관점에서 보
면 중증 정신 질환자 누구든 주립 병원 밖에서 성공적인 삶을 꾸

릴 수 있었다.

그렇지만 지역사회 기반의 통합적 의료 계획은 곧 무너졌다. 베트남 전쟁에 이어 워터게이트 사건이 맹위를 떨치자, 처음에 정신 보건 사업을 맡았던 연방 정부는 이 새로운 가능성에 점점 관심을 거뒀다. 나의 버크셔 시절이 미국 정신 의료의 정점이었을지도 모른다. 이 나라 대부분에서 탈시설화는 이미 재앙이나 다름없었다. 시설 생활에 적응한 만성 질환자는 시설을 떠나 지역사회에서 살아갈 준비가 하나도 되지 않았고 그들에게 필요한 통합적 지원은 실현되지 않았다. 지역 진료소는 보통 정신 분석 전문가가 경증이나 중등증 정신 질환자를 맡았을 뿐이라 시설에 오래 입원했던 환자를 치료할 마음이 없거나 혹은 그런 환자에 대비하지 못했다.

그때까지만 해도 미국에서 노숙은 사회적 문제가 아니었다. 그러나 1970년대에 이르러 큰 문제로 부상했다. 주립 병원에서 지냈던 환자 다수가 가족도, 만성 질환 관리를 도울 거주 치료 시설도 없이 지역사회로 복귀하면서 그렇게 된 것이다.[17] 이들은 정부 보조를 받아 1인용 장기 임대 주택에 머물 수 있었다. 메디케이드와 생활 보조금에서 비용을 대는 장기 요양 시설로 간 사람이 많았다. 자기 자신을 어떻게 돌봐야 할지 모른 채, 거리에서 주변부 존재로 살면서 폐공기증이나 당뇨병처럼 장애를 초래할 질환을 앓게 된 사람이 더 많았다. 과거 주립 병원 환자가 거리에서 살다 사망하는 사례가 점점 늘어났다. 외상후 스트레스장애와 약물 중독으로 손상을 입은 베트남 참전 군인들도 이 집단에 합류했다. 정신 질환이 대중에게 그 모습을 드러내는 동안, 지역사회 정신 보건 프

로그램 비용은 27억 달러까지 늘었다(2020년을 기준으로 하면 100
억 달러가 넘는다).[18]

　비용 부담을 줄이고 싶었던 닉슨 대통령과 뒤를 이은 포드 대통
령은 지역사회 정신 보건 시스템을 부수려고 했다. 당시 국회의 다
수였던 민주당은 예산을 유지했다. 그렇지만 1970년대 중반에 이
르자 대부분의 지역에서 깨닫고 있었다. 10년 전 연방 정부의 정신
보건 서비스는 좋은 발상 같았으나 이제 주립 병원을 떠나 하는 일
없이 가난하게 노숙하는 수십만 명에게는 효과가 없다는 것을.

　1977년, 지미 카터는 대통령이 된 지 1달 만에 정신보건위원회
를 설립하고 영부인 로절린 카터를 의장으로 세웠다. 지역사회 정
신 건강 관리 실태를 파악하고 변화를 꾀하기 위함이었다. 그리
고 위원회는 정신 질환으로 고통받는 가족이라면 이미 다들 아는
사실을 확인한다. 지역사회 정신 보건 센터들은 정말 심각한 문제
를 겪는 사람들을 맡지 않았다. 국립정신보건연구원의 자료에 따
르면, 보건 센터에서 담당한 환자는 '사회 적응 혹은 정신 질환 없
음'상태나(22퍼센트) '신경증과 성격장애'(21퍼센트) 상태가 가장 많
았다. 반면 '조현병' 진단을 받은 경우는 10퍼센트에 불과했다.[19]
1977년에 이르러 주립 병원 병상은 약 40만 개가 사라졌는데, 퇴
원 환자 가운데 지역 정신 보건 센터에 온 환자는 5퍼센트에 불과
했다. 로즈메리와 같은 병을 앓아도 환자는 지역 정신 보건 센터까
지 가지 못했다. 노숙인이 되거나 전환 시설에 거주하거나 아니면
빈곤 지역의 1인용 임대 주택에서 살았다.

　카터는 방향을 바로 잡고자 했다. 그가 대통령으로서 펼친 마지

막 활동 가운데 하나는 1980년의 정신 보건 체계법 서명이었다.[20] 이 법은 만성 질환 치료만이 아니라 예방에도 관심을 기울이며 지역 정신 건강 서비스를 크게 확장하고자 했다. 의학적 해결책보다 정신 질환의 사회 문화적 문제에 관한 편견을 고려한 법안 설명을 살펴보면, '정신 질환'이 아니라 '정신 건강'에 역점을 둔 법안임을 알 수 있다. 지역사회 센터의 예산을 늘리고 일반적인 건강 관리와 사회적 지지를 통합하는 지역사회 지원 서비스도 키우는 법이었다. 심지어 환자의 권리장전도 포함됐다.

중증 질환자가 케네디 대통령의 인상적인 표현처럼 더는 우리 정서에 이질적인 존재로 남지 않도록 연방 정부가 마지막 채비를 갖춘 듯했다. 주립 병원과 지역사회 치료는 완벽하지 않았으나, 양쪽에서 효과가 있었던 것을 살리고자 했다. 그러나 그런 일은 일어나지 않았다. 주립 시설과 지역 보건 센터는 이후 40년 동안 방치됐다. 대신, 1980년에 치러진 선거의 여파로 노숙과 수감과 조기 사망이 그 자리를 차지했다.

추락

로널드 레이건은 "정부는 문제 해결사가 아니라 문제 그 자체다"라는 메시지로 대통령에 당선됐다. 케네디 시절에는 주 정부가 아니라 연방 정부가 정신 의료 비용을 부담했다. 카터는 그 비용을 늘리고자 했다. 레이건은 1981년에 취임하자마자 연방 예산을 대

폭 줄였는데, 지역사회 정신 보건 센터는 예산 삭감 1순위였다. 대차대조표를 피해서 기뻐했던 주와 카운티는, 이제 연방 정부가 발을 빼도 다시 돈을 쓸 상황이 아니었다.

그때 나는 막 국립정신보건연구원의 전임의가 돼 메릴랜드주 베데스다의 국립보건원연구병원 임상 센터에 있는 정신과 병동 가운데 2곳을 맡았다. 막 당선된 레이건 행정부는 지역사회의 정신 보건 프로그램을 망가뜨리면서 백악관부터(그렇다, 카터는 백악관 웨스트윙에 실제로 정신 건강 전문가를 뒀다) 임상 센터의 우리 병동까지 정신건강팀을 모두 없애버렸다. 레이건 행정부 초반부터 삭감과 축소기 벌어졌는데, 여기시 정신 보건은 손쉬운 목표였다. 정신 질환자는 목소리를 낼 수 없었다. 그리고 이들을 위해 가족이 목소리를 높이는 일은 여전히 금기였다. 환자들은 불가피한 결과를 맞이했다. 내과 의사들은 건강 센터를 떠났고, 대기자 목록은 길어졌고, 서비스는 사라졌다.

1982년 지역사회 정신 보건법의 예산 지원은 각 주의 정신보건국이 정신 건강 포괄 보조금을 지급하는 방식으로 바뀌었다. 포괄 보조금은 규정에 따라 병원 지원에 쓰일 수 없었다. 탈시설화가 남긴 유산이었다. 중증 정신 질환자는 이미 도움을 제대로 받지 못하는 상태였는데, 예산이 줄고 서비스가 사라지자 점점 방치됐다. 어떤 중증 정신 질환자도 장기적 관리를 위한 인도적 차원의 정신 보건 프로그램을 찾을 수 없었다. 정신 건강을 옹호하는 토리의 설명은 이렇다. "정신 질환 치료 시스템의 모든 권한과 책임이 완전히 사라졌다. 예전에는 주 의회와 정신 보건 부서와 주지사에게 귀

속됐던 권한이 여기저기로 쪼개져, 다 같이 증발한 것처럼 보였다. …… 정신 질환 치료 시스템은 본질적으로 참수당했다."[21]

오늘날

카터 위원회 이후 40년 동안 수많은 연구와 위원회와 전담팀이 있었으나 연방 정부는 다시 정신 건강 관리를 통솔하지 않았다. 연방 정부는 메디케이드와 장애 지원으로 돈을 계속 지출하지만, 환자를 치료할 책임은 주와 카운티와 시에 있다. 지방세는 사보험이나 공보험이 없는 시민의 치료에 쓰인다. 가족이 사보험에 가입한 상태라고 해도 치료 제공자가 부족해 한계가 있었고 더욱이 정신 의료는 보험 적용이 제한적이었다. 가족이 메디케이드 같은 공보험에 등록된 경우는 치료 접근성이 더 높은 편이었지만, 예산이 빠듯했다. 1970년대에만 해도 많은 환자가 누렸고 또 모든 환자가 응당 누려야 할 폭넓고 지속적인 의료 서비스가 진료소에서 제공될 수 없다는 뜻이었다.

　나는 캘리포니아를 돌아다니며 실리콘밸리 테크 업계의 거물급 억만장자와 교외의 중산층 가족을 만났고 거리의 노숙인도 만났다. 이들 모두 지금의 정신 의료를 설명할 때 똑같은 단어를 썼다. "부서졌어요." 캘리포니아주 보건국 팀장은 이렇게 설명했다. 어른 둘과 아이 둘로 구성된 가족 4명의 경우 정신 건강 관리가 필요한 가족 일원은 각자 다른 의료 제공자에게 치료받아야 하고 제공자

또한 각각 다른 방식으로 계산해서 비용을 처리한다. 시스템은 파편화됐고 일관성이 없으며 책임질 사람도 없었다. 한마디로, 부서졌다.

나는 이렇게 시스템이 부서진 상황을 확실히 보여주는 사례를 찾았다. 공공 정신 보건 시스템에 등록된 사람들의 조기 사망을 다룬 콜튼과 만더샤이트의 보고서를 5번인가 6번 읽은 때였다. 뭔가 표 깊숙이 숨겨져 있었다. 중증 정신 질환자는 약 23년의 수명 손실을 겪는다는 결론은 조사에 참여한 8개 주에서 7개 주의 자료만 가지고 손쉽게 분석한 것이었다. 버지니아주는 계산에서 빠졌는데, 아직 남아 있는 주립 병원 환자만을 대상으로 사망률 자료를 제시했기 때문이었다. 지역사회의 중증 정신 질환자는 포함되지 않았다. 2000년 버지니아 주립 병원 환자의 평균 사망 나이는 75살로 다른 주의 지역사회에 거주한 환자들보다 대략 20년 더 오래 살았다.[22] 정부가 주립 병원 시스템에서 방향을 바꾸면서 중증 정신 질환자의 수명은 평균 20년이나 줄어버렸다. 초기의 결함 있는 시스템을 해체하는 과정에서 우리는 새로운 위기를 초래했다.

최근 나는 매사추세츠주 피츠필드의 지역사회 정신 보건 센터에 다시 연락했다. 40년도 더 전에 내가 몸담았던 곳의 치료 방식이 어떻게 변했는지 알기 위해서였다. 1903년부터 운영된 제너럴 일렉트릭 대형 공장은 도시 산업계의 핵심이었으나 한참 전에 사라졌다. 인구는 1975년 이래로 20퍼센트가 줄어서 현재는 4만 4000명이다. 버크셔 종합 병원은 번창했고 이제는 매사추세츠 대학 병원 소속이다. 그렇지만 지역 정신 보건 센터는 더 이상 종합 병원과 붙어 있지 않다. 대신 카운티 전체에 센터가 3곳 있었다. 1858년에 첫 환자를 받은 노샘프턴 주립 병원은 1970년대만 해도 입원 건수가 6만 건이 넘었다고 하나, 1993년에 문을 닫았다. 병원이 있던 땅은 이제 주택 40채가 들어선 빌리지 힐이 됐다. 전형적인 미국식 구획을 따른 동네로, 거주민들은 과거 주립 병원의 존재를 모르고 있었다. 이제 정신 질환으로 입원해야 하는 사람은 피츠필드 종합 병원에 있는 격리 병실 2곳 가운데 하나로 간다. 종합 병원 응급실은 여전히 급성 정신 질환자를 받지만, 여러 환자가 정신과 시설에 자리가 나기를 기다리며 이곳에서 이틀 혹은 사흘을 보낸다. 아동이나 청소년이 이용할 수 있는 공공 병실은 보통 주 내부에 없다. 말도 안 되게 열심히 일하면서 보수는 지독히 적게 받는 임상의들이 진료소를 지킨다. 서비스는 있지만 '중심'은 없고, 존재하는 서비스들도 효과적으로 연결돼 있지는 않다. 지금은 아무도 우리가 1975년에 환자를 책임진 방식으로 환자를 책임지지 않는다.

그런데 1975년과 현재의 가장 큰 차이는 바깥 지역사회다. 미국의 다른 크고 작은 도시처럼 피츠필드 또한 만성적 노숙, 물질남용의 확산, 정신 질환자의 조기 사망 같은 문제를 겪고 있다. 내가 1975년에도 못 본 문제들이다. 앞 장에서는 사람들이 더 많은 약물 요법과 심리 치료와 의료 서비스를 받는데도 정신 질환으로 죽거나 장애를 얻는 추세가 증가하는 모순을 다뤘다. 지금은 지역사회의 문제가 기하급수적으로 늘어났다. 이런 어려움에 대응하는 자원이 증가했다고 하더라도 말이다. 훨씬 중요한 사실은 이런 자원 대부분이 급성 환자 치료를 위한 것이지 장기적 차원의 회복에는 관심을 기울이지 않는다는 점이다. 우리 사회는 잘해야 위기에 대응하는 질병 중심 시스템을 갖추고 있을 뿐, 회복을 지향하는 건강 중심 시스템은 갖추고 있지 않다.

정신 질환자에게 적절한 치료를 제공하지 못하고 있는 지금의 실패는 새롭지 않다. 환자를 수용 시설에 보내버리던 시절, 로즈메리가 절제술을 받았던 시대의 정신 질환자는 희망도 없고 회복에 대한 기대도 없이 갇혀 지냈다. 목가적 카멜롯을 꿈꾸던 케네디 시대에는 사회가 정신 질환자를 지지하는 수준이 인간성의 지표임을 이해했다. 케네디가 처음 국회와 씨름한 1963년에 비해, 오늘날 이 나라는 '인적 자원이며 물적 자원이' 훨씬 더 풍요로운 상황으로 '정신의 머나먼 영역까지 가닿을' 수 있다. 그렇지만 정신 질환자는 훨씬 더 '우리 정서에 이질적인 존재가 돼 지역사회의 도움 바깥에' 존재하는 것 같다. 기억하자. 한때 미국은 정신 질환자에게 훨씬 친절했고, 완벽하지는 않아도 포괄적이고 일관성 있고 환자에게 공감하는 치료를 제공했다. 그때는 정신 질환을 앓는 환자에게 사망과 장애, 수감과 노숙이라는 결과가 주어지는 상황이 일반적이지는 않았다.

로즈메리는 2005년 위스콘신의 한 병원에서 86살의 나이로 사망했다. 테드를 비롯해 살아남은 형제자매들이 곁을 지켰다. 조카 패트릭 케네디는 장례식에 대해 이렇게 말했다. "이제야 우리 집안 사람들도 매체도 로즈메리의 발달장애와 전두엽 절제술로 빚어진 비극을 열린 마음으로 대하고 있다. 그렇지만 사람들은 로즈메리가 우리에게 어쩔 수 없이 남긴 마지막 교훈을[23] 여전히 이해하지 못하는 것 같다." 그 교훈이란 다음과 같다. 누구나 정신 질환을 겪을 수 있다. 무거운 부담을 지게 된 개인과 가족을 장기적 지원과 참된 사회적 안전망으로 돕지 않는다면, 우리는 이 엄청난 난국에 처한 사람들을 구하지 못할 것이다.

3장   치료는 효과가 있다

> 정신 질환을 앓지 않는 사람은 있어도 인간성이 없는 사람은 없다고,
> 이것이 중요하다는 이야기를 전하고 싶다. 정신이 아픈 사람도 적절
> 한 치료를 받으면 충실하고 풍요로운 삶을 살 수 있다. 삶을 근사하게
> 만드는 요소들, 좋은 친구며 만족스러운 직장이며 애정 어린 관계는
> 누구에게나 소중한 만큼 조현병에 시달리는 사람에게도 소중하다.
>
> — 엘린 R. 삭스Elyn R. Saks, 『통제할 수 없는 센터The Center Cannot Hold』[1]

현재의 정신 건강 관리 실태를 살펴보면 정신이 번쩍 든다. 그렇지
만 좋은 소식도 있다. 과거에 거둔 미완의 성공에서 교훈을 얻을
수 있기 때문만은 아니다. 지금 당장 효과를 낼 치료법이 우리에게
있다는 사실이 훨씬 더 중요하다. 복합적이고 만성적인 질환이 문
제인 한편, 해결책도 있다. 물론 우리는 더 많이 알아야 한다. 미래
의 치료는 오늘날의 치료보다 훨씬 좋을 것이다. 그렇지만 지금 미
국이 처한 의료의 위기를 끝내고 싶다면 치료 결과를 개선하고 회
복을 도울 치료법이 지금 당장에도 있다는 사실을 꼭 알아야 한
다. 의료 위기는 대부분 해결할 수 있다. 환자에게 제공할 수 있는
가장 좋은 치료를 폭넓게 지원하기만 하면 되기 때문이다. 로저와
로즈메리의 사례는 효율적인 치료 제공에 실패하는 경우 평생에
걸쳐 어떤 결과가 나오는지 보여준다. 그런데 소피아의 경우 다른

궤적을 그린다.

소피아는 교외 어느 병원에서 첫 진료를 받는 내내 말이 거의 없었다. 정신과 의사 제이컵스 박사는 학교며 친구에 관해 질문했으나 환자는 기력이 없어 단답형으로밖에 대답하지 못했다. 본인이 병원까지 오는 데 성공했다는 사실도 믿기 어려웠다. 지난 사흘 동안 거의 침대에만 머물렀고 음식도 아주 조금만 먹었다. 슬프거나 화나지는 않았고 마음이 속상하지도 않았다. 나중에 소피아가 말했다. "내면이 완전히 죽은 기분이었습니다. 몸은 여전히 살아 있는데도 이미 죽은 것 같았습니다."

제이컵스 박사는 우선 소피아의 남편 제프를 만나 소피아의 사연을 조각조각 맞추기 시작했다. 소피아와 제프는 결혼한 지 6년이 됐다. 소피아는 30대 초반 아프리카계 미국인으로 무척 마른 체격에 매력적인 외모를 지녔다. 제프와는 아이비리그를 다니며 만났다. 유대계 백인 제프는 뉴욕의 부유한 집안 아들이었다. 소피아는 인권 변호사가 되기 위해 로스쿨에 진학했다. 쌍둥이 딸이 생기면서 그 계획을 잠시 미뤘는데, 이제 3살이 된 딸들은 최근에 주간 돌봄 시설에 등록했다. 10년도 더 전인 대학 시절, 소피아가 우울증을 겪었을 가능성도 있지만 제프와 만나기 전의 일이다.

제프는 소피아가 육아면 육아, 일이면 일 모두 잘하는 슈퍼맘이라고 했다. 쌍둥이 출산 이후 6개월이 되자 마라톤을 뛸 만큼 활력이 넘쳐 온종일 가족을 돌봤다. 엄마로서 소피아는 대체로 행복해 보였으며, 딸들의 양육을 위해 훌륭한 경력도 주저 없이 미뤄뒀다. 그렇지만 지난 1~2달 동안 남편은 소피아의 행동에서 작은 변화를 눈치챘다. 소피아는 자신감을 잃기 시작했다. 본인이 좋은 엄마가 아니며 끔찍한 아내이자 실패자라고 불평하며 비난했다. 음식도 적게 먹었고 성관계도 거부했으며 말수가 줄었다. 남편은 소피아를 격려했고 이의도 제기했다. 예전의 자신 있고 활기찬 아내로 돌아오라고 딸들을 이용해 유인해 보기도 했다. 그렇지만 아무것도 효과가 없었다. "아내는 매주 조금씩 사라지는 것 같았습니다. 지난 1~2주 동안에는 완전히 사라졌다는 느낌을 받았어요."

제이컵스 박사는 대기실에서 소피아를 보고 우울증이겠거니 짐작했다. 소피아는 좀 구부정한 자세로 의자에 앉은 채 박사와 시선을 교환하지 않았다. 진료실에서 보인 소피아의 느린 걸음걸이며 무표정한 얼굴은 짐작을 확신으로 바꿨다. 단답형 대답이나 감정 결핍, 그간 있던 일 모두 주요 우울장애를 가리켰다. 박사는 소피아에게 빈혈이나 내분비 이상, 신진대사 문제가 있는지 확인하려고 검사를 권했다. 그런 다음 바로 어떤 치료법을 쓸지 생각하기 시작했다.

정신과 치료 효과에 대한 오래된 농담이 있다. 심장병 의사와 정신과 의사가 납치된다. 납치범들은 1명은 쏘고 1명은 풀어줄 텐데, 인류를 위해 최선을 다한 쪽을 살려주겠다고 한다. 심장병 의사는 여러 신약과 수술 방법 개발로 자신이 심근경색을 수백만 번 예방하고 수백만 명을 구했다고 설명한다. "그쪽은?" 납치범이 정신과 의사에게 묻는다. "글쎄요, 사실 뇌는 정말 복잡합니다. 인체에서 가장 복잡한 기관이죠." 심장병 의사가 끼어든다. "안 돼! 이 설명을 또 들을 수는 없습니다. 그냥 지금 나를 쏘세요."

실제로 뇌는 복잡하다. 뇌는 생검이나 추출을 할 수 없고 여느 장기처럼 연구할 수도 없다. 뇌장애에서 새 치료법의 표적을 찾는 일은 종양의 유전적 병변을 확인하는 일이나 당뇨병 환자의 인슐린 수치를 측정하는 일보다 훨씬 어렵다. 뇌가 어떻게 활동하는지는 아직도 거의 알려지지 않았다. 우리는 뇌의 활동을 대체로 당대의 기술에 비유한다. 20세기 전반에는 뇌를 유압 장치 엔진에 비유했다. 20세기 후반에는 뇌를 새로 발견된 분자 수천 개가 화학적으로 영향을 주고받는 수프에 비유했다. 물론 오늘날에는 컴퓨터와 같은 회로 기반의 정보 처리 장치에 비유한다. 사실 우리는 감각 정보가 뇌에 어떻게 전달되는지 조금밖에 알지 못한다. 행동은 관찰할 수 있지만, 뇌에서 출력된 결과에 해당한다. 감각 정보가 뇌를 거쳐 행동으로 출력되는 과정이 어떻게 생각이 진행되는 속도로 일어나는지 살펴보기 시작하면 일은 복잡해진다.

그렇지만 뇌에 관한 정보가 부족해도 행동장애에 효과가 있다고 입증된 좋은 치료법이 있다. 내가 볼 때, 지금의 상황이야말로 정신 건강 관리 시스템의 실패로 인한 비극이다. 환자에게 제공할 치료법이 거의 없는 상황이라면 치료 제공 문제는 비극이 아니라 불운한 사태일 뿐이다. 모든 사람이 현재의 치료법으로 회복한다는 말은 아니다. 치료가 효과를 보려면, 매번 제공되는 양이 적절해야 한다. 그리고 효과를 가장 많이 보려면 질병 초기에 치료를 받아야 한다. 이제 치료의 네 가지 범주인 약물 요법, 심리 치료, 신경 치료, 재활 서비스를 살펴보자.

약물 요법 — 만병통치약을 찾아서

정신과 치료란 대다수에게 약물 요법을 의미한다. 그러나 이런 추정은 적어도 두 가지 이유에서 틀렸다.[2] 대부분의 정신 질환용 약물은 정신과 의사가 처방하지 않는다. 그리고 가장 효과적인 치료법은 대체로 약물 요법이 아니다. 그렇지만 항불안제, 항우울제, 항정신병약, 기분 안정제(양극성장애용) 및 주의력결핍과잉행동장애 치료제가 지니는 가치나, 이 약들이 어디에나 존재하는 현실은 의심할 여지가 거의 없다.

오늘날 항우울제는 대략 서른 가지, 항정신병약은 스무 가지, 양극성장애용 기분 안정제는 일곱 가지, 주의력결핍과잉행동장애 치료제는 여섯 가지가 있다. 이 가운데 30년 전에 쓰인 약보다 효과가 더 좋은 약은 거의 없다. 신약은 부작용이 다르고, 때로는 줄지만 말이다. 가장 최근에 약이 얼마나 처방됐나 살펴보면 놀라울 정도다. 2015년에서 2018년 사이, 18세 이상 미국인 13퍼센트가 지난달에 항우울제 처방을 받았는데,[3] 이는 20년 전보다 65퍼센트 증가한 수치다. 미국 질병관리센터CDC의 2014년 보고서(약학 자료 말고 부모 설문 조사를 근거로 삼았다)에 따르면,[4] 2세에서 17세 사이 미국 어린이 5.2퍼센트가 주의력결핍과잉행동장애를 치료하려고 리탈린 같은 흥분제를 복용하고 있다. 그렇지만 이환율과 사망률을 따져보면 1975년보다 오늘날의 치료 결과가 더 낫다고 보기는 어렵다. 정신 건강 관리 관점에서 지난 40년은 대중이 아니라 제약 업계에 훨씬 좋은 시간이었다.

미국에서 항우울제 및 항정신증 처방이 약 5억 건이나 되는데도[5] 결과가 개선될 신호는 없으니, 약물 요법이 효과적이라는 주장은 터무니없어 보인다. 물론 처방전을 받았다고 해서 반드시 복용으로 이어지지는 않는다. 정신과 약물은 순응도(환자의 약물 복용이 의사의 권고와 일치하는 정도 — 옮긴이)가 모든 약물 가운데 가장 낮다고 하는데 아마 50퍼센트 이하일 것이다. 그렇지만 수백 차례 수행된 무작위적 임상 시험에 따르면 약물을 바르게 복용하는 경우 항정신병약과 항우울제 그리고 항불안제는 단기적 증상 감소에 위약Placebo보다 효과가 있다.

한 가지 예만 들자면, 옥스퍼드 대학에서 안드레아 시프리아니 Andrea Cipriani와 동료들은 최근에 스물한 가지의 항우울제를 8주 동안 처방한 후 증상이 얼마나 완화되는지 체계적 문헌 고찰을 통해 분석했다. 환자 10만 명 이상을 대상으로 500건 이상 시행된 임상 시험을 살핀 끝에 그들은 스물한 가지 항우울제가 위약보다 낫고 전체적 효과 크기(연구되는 현상이 실제로 모집단에 존재하는 정도 — 옮긴이)도 다른 의료 분야의 약물만큼 크거나 혹은 더 크다고 밝혔다.[6] 실제로 미국에서 속 쓰림부터 관절염까지 다양한 의학 문제로 팔리는 인기 약 열 가지를 조사해 보면,[7] 가장 잘 팔리는 항정신병약 아빌리파이(아리피프라졸)나 항우울제 심발타(둘록세틴)만큼 효과적인 약도 별로 없다.

항우울제와 항정신병약이 다른 대중적인 약과 진배없이 효과적이라고 해도, 별 위안을 받지 못할 수 있다. 어떤 약이든 제약 회사가 내건 열정적인 마케팅 문구만큼 효과적이지 않다는 사실 앞에 정신이 번쩍 든다. 그리고 복용 8주 차에 증상 반응을 평가하는 식으로 임상 시험을 시행한 약이 많은데, 우울증이나 조현병 같은 장기 질환에는 가장 좋은 결과 측정법이 아닐 수 있다는 점도 짚어야 한다.

연구 결과들을 기반으로 제이컵스 박사는 소피아에게 항우울제를 처방하기 시작했다. 박사가 고른 약인 플루옥세틴은 상품명 프로작으로 유명하며, 지금은 복제약이 생산된다. 플루옥세틴은 선택적 세로토닌 재흡수 억제제SSRI다.[8] 이 약은 세로토닌이 뉴런으로 재흡수되지 못하게 해 뇌의 세로토닌 농도를 높이는 효과를 낸다. 플루옥세틴은 소피아에게 도움이 됐으나 충분하지는 않았다. 소피아의 가족은 소피아가 기운을 차려서 침대에서 보내는 시간이 줄었고 더 열심히 움직인다고 전했다. 소피아 본인은 이런 변화를 인식하지 못했지만, '덜 죽은' 기분이 든다고 제이컵스 박사에게 인정했다. 그리고 약 때문에 메스껍고 신경이 예민해졌다고 했다. 2주 후 제프는 말했다. "이제 소피아가 더 잘 보입니다. 아내는 말을 조금 더 많이 해요. 여전히 멀리 있기는 하지만요." 제이컵스 박사는 복용량을 늘렸다. 4주 차가 되자 소피아는 음식을 더 많이 먹었고 하루 대부분을 침대 밖에서 보냈으며 딸들을 다시 돌보기 시작했다. 메스꺼움과 예민함은 대체로 가셨다. 제이컵스 박사는 이렇게 기록했다. "더 좋아졌으나 아직 건강하다고 할 수는 없다."

정신과 약물 요법은 만병통치약이 아니다. 실제로 아주 놀라운 반응이 지속적으로 일어나는 사례도 있긴 하다. 그러나 정신과 약물 요법의 효과는 패혈성 감염에 항생제를 투여하거나 당뇨병에 인슐린을 투여하는 경우와는 통상 달라 보인다. 이런 약은 어떻게 작용하는가? 일반적인 답은 이 약들이 뇌에서 일어나는 화학 반응을 변화시킨다는 것이다.[9] 항우울제는 신경 전달 물질 세로토닌 혹은 노르에피네프린을 증가시키고, 항정신병약은 도파민을 차단한다. 그렇지만 충분한 설명은 아니다. 신경 전달 물질이 미치는 영향은 몇 시간 내에 확실하게 나타난다. 그런데 약이 우울증이나 정신증을 완화하려면 시간이 오래 걸리는데, 보통 몇 주 정도의 시간이 필요하다. 이 시간 동안 어떤 일이 일어나는지는 여전히 미스터리다. 뇌에 '적응적' 변화가 일어나는 것은 확실하나, 정확히 무엇이 변하는지 그리고 어디서 변화가 일어나는지는 40년이나 연구했는데도 명확하지 않다.

세세한 내용은 아직 불분명해도 학계에서는 약물이 뇌의 연결 상태를 서서히 바꾸면서, 뇌의 내적 가소성에 변화를 일으켜 며칠에서 몇 주에 걸쳐 소피아 같은 사람이 '덜 죽은' 느낌을 받게 한다고 보고 있다. 뇌의 연결이란 무엇인가? 실험용 쥐의 뇌세포에 항우울제를 투여해, 몇 주에 걸친 뇌의 분자 및 세포 차원의 변화를 연구하는 방식이 있다. 지난 40년 동안 과학 저널에는 이런 연구가 즐비했으나 나는 이런 방식에 회의적이다. 건강한 설치류 연구로 우울한 인간을 추정하다니, 이런 실험은 뛰어넘을 간극이 너무 크다. 인간의 우울증과 연관된 부위는 눈 바로 위쪽에 자리한 뇌의 맨 앞부분인 전전두엽피질이다.[10] 이 부위는 판단과 통찰과 감정 조절에 핵심적 역할을 한다고 여겨지는데, 문제는 설치류의 뇌에 거의 존재하지 않는다는 것이다.

그런데도 과학자들은 여러 주에 걸친 항우울제 투여로 인한 분자 및 세포 차원의 변화를 밝히기 위해 설치류의 뇌 연구에 의지했다. 이 같은 연구로 항우울제가 새 뉴런의 생성을 늘리고 뉴런 내 수백 가지 유전자 발현을 바꾸며 세로토닌이나 노르에피네프린에 미치는 초기 효과를 넘어서서 많은 신경 전달 물질에 변화를 가져온다는 사실이 밝혀지긴 했다.[11] 여러 주 동안 항우울제를 투여해 나타난 폭포 효과 가운데 하나가 전전두엽피질 내 흥분성 신경 전달 물질 글루탐산염의 증가다.[12] 이것이 항우울제 효과의 핵심이라면, 아마 4주 동안 글루탐산염을 직접 활성화하는 치료법을 써도 될 것이다. 그래서 케타민이 치료에 사용된다. 케타민은 전전두엽피질의 글루탐산염을 활성화하는 약물이다.[13] 실제로 케타민은 증상을 빠르게 개선하는 항우울제로 몇 주가 아니라 몇 시간 내에 효과를 발휘한다. 그렇다면 전전두엽피질의 글루탐산염이 우울증을 해결할 핵심이라고 봐도 될까. 불행하게도 다른 글루탐산염 복합물은 케타민처럼 효과적인 항우울제가 아니다. 또, 케타민은 글루탐산염과 관계없는 여러 효과를 낸다.[14] 그러므로 우울증 완화 메커니즘은 분명하지 않다. 그래도 몇 주 대신 몇 시간 내에 우울 증상을 완화할 수 있는 약물을 찾아내는 연구는 흥미진진하다. 효과 빠른 항우울제라고 해도 지속적 효과를 보려면 여러 주 동안 복합적인 치료법을 써야 한다. 그러나 케타민의 발견은 약물 작용 메커니즘을 잘 알게 되면 더 좋은 항우울제 발견으로 이어진다는 사실을 증명한다.

물론 약물을 복용하는 그 기간에 환자가 겪는 경험도 약물이 변화를 일으키는 바로 그 회로에 영향을 미친다. 화학적 자극이 주어지는 몇 주 동안, 삶을 살아가는 경험이 뇌의 같은 경로를 건드리면서 긍정적 효과를 낸다. 내 동료이자 『우울증에 반대한다Listening to Prozac』를 쓴 피터 크레이머Peter D. Kramer는 『일상적 건강Ordinarily Well』에서 이렇게 설명했다. "약이 효과가 있으면, 세상이 제 몫의 일을 한다. 환자는 자기 삶에서 소중한 것을 알아볼 수 있게 된다. 그래서 의사는 약을 처방한다."[15]

위에서 언급한 어떤 약물 요법도 '임무를 완수했다'고 받아들여서는 안 된다. 증상 감소만 보면 단기간 의미 있는 효과를 내는 약물도 있다. 양극성 질환의 기분 조절에는 리튬이, 강박과 충동에는 선택적 세로토닌 재흡수 억제제가, 주의력결핍과잉행동장애의 급성 치료에는 흥분제가 효과를 보였다.[16] 이런 약물은 완전한 치유를 유도하지는 않으나 현대 의학이 여러 만성 질환자에게 제공해야 하는 치료법에 포함된다. 또 인지저하증 같은 신경변성 질환에 쓰는 약물을 능가하는 효과를 낸다. 그렇지만 이 약물들은 충실하고 풍요로운 삶을 위해 필요한 요소의 일부일 뿐이라는 점을 유념해야 한다.

항우울제에 아주 좋은 반응을 보이는 환자들도 있긴 하나 대다수는 소피아처럼 부분적으로 반응한다.[17] 메스꺼움과 불안, 성기능장애, 조증까지 다양한 부작용이 공통의 관심사다. 항정신병약은 환각을 완화하지만 다른 증상에는 별 효과가 없으며, 느린 사고나 둔화된 정동 같은 장애 증상이 흔히 나타난다. 그렇지만 두 종류의 약물 모두 효능이 제한적이기는 해도 확실하다. 과학자들은 임상 시험에서 측정된 약물 효능과 실제 임상 치료에서 측정된 효과가 다르다는 점을 지적한다.[18] 임상 치료에서의 효과가 낮으므로 대부분의 처방은 여러 약을 조합하면서 효능과 부작용 사이에서 균형을 맞춘다. 치료 초기에 쓰는 1차 약물이 효과가 없다고 해도, 2차 약물을 복용하면 50퍼센트는 증상이 개선된다.[19] 그리고 상태가 나아지긴 했으나 건강하다고 할 수는 없는 사람들은 다른 형태의 치료를 받으면 회복의 길로 나아갈 수 있다. 심리 치료, 신경 기술적 치료, 재활적 개입이 그것이다.

심리 치료 — 치료법으로서 배우기

플루옥세틴을 4주 동안 복용한 뒤 진료를 받으러 온 소피아는 확실히 상태가 좋아졌다. 제프는 소피아가 이제 딸들을 돌볼 수 있다고 했다. 여전히 위축된 모습이긴 했어도 소피아는 의사와의 대화에 훨씬 더 적극적이었다. 그렇지만 식욕도 기력도 별로 없고 '우울한 나날'을 보내고 있다고 했다. 소피아는 흑인 생명도 소중하다Black Lives Matter 운동에 참여하지 못해 유감스럽다고 했다. 그는 CNN에서 방영된 집회를 보면서 이 역사적 순간에 자신은 쓸모없는 존재라는 느낌을 받았다.

제이컵스 박사는 소피아를 걱정했다. 지금 상황에서 적절한 반응이다. 사람들이 처음 우울증 진단을 받을 때는, 자살 위험으로 자주 입원한다. 그렇지만 사실 가장 위험한 순간은 나중에 찾아온다. 소피아처럼 증상이 개선되기 시작할 때다. 심한 우울증에 시달린 소피아는 계획을 세우지도 실행하지도 못했다. 제이컵스 박사에게 말했듯 이미 내면이 죽어버린 기분이었다. 그러나 이제는 기능을 일부 회복했고, 자신의 상태가 얼마나 안 좋았는지 잘 알았다. 그렇지만 절망을 극복하는 모습을 상상할 수 있을 만큼 좋아지지는 않았다. 불가피하게 극단적 결정을 내릴 수도 있는 시기다.

제이컵스 박사는 플루옥세틴에다 또 다른 항우울제 둘록세틴을 추가했다. 둘록세틴은 세로토닌에다 노르에피네프린에도 작용하는 약이므로 소피아의 경우 활동성이 늘어날 수 있다고 봤다.[20] 보통 노르에피네프린을 겨냥하는 약은 자극적이고, 불안과 초조함을 늘리기도 한다. 소피아가 보이는 느려짐과 활동 저하 수준은 정신과 의사들이 정신 운동성 지연psychomotor retardation이라고 부르는 증상이다. 박사는 둘록세틴이 주는 자극이 소피아에게 도움이 되리라고 생각했다. 또, 증상이 개선되면서 소피아가 자해를 할 가능성도 염두에 둬야 했다. 박사는 소피아와 제프에게 걱정되는 부분을 이야기하고, 심리 치료사에게 심리 치료를 받으라고 권했다. 약을 추가로 처방하긴 했으나 우울증 치료를 위해 개발된 심리 치료를 받으면 소피아가 이득을 볼 것이라고 설명했다. 그리고 소피아를 더 자주 진찰하고 싶다고, 소피아의 기분 변화 혹은 자살 위험 증가를 관찰하기 위해서라고 했다.

나이가 50대 이상인 사람은 대개 심리 치료와 정신 분석이 같다고 생각한다. 정신 분석은 지그문트 프로이트Sigmund Freud가 100년 전에 개발한 방법이다. 이는 꿈과 자유 연상을 사용해 유년 시절의 갈등이나 대체로 무의식적이고 유독한 성인기 갈등을 탐색한다. 탐색 과정에서 환자는 보통 몇 년에 걸쳐 매주 50분의 치료를 받는다. 그렇게 분석가와 함께 갈등을 되살려 안전하고 자기 성찰적이며 치료적인 관계 속에서 더 나은 대처법을 배운다. 나는 1970년 대에 수련의 일환으로 정신 분석을 받았는데, 지금도 그 시간은 마음 가는 대로 해본 흥미롭고 유용한 여정으로 남아 있다. 분석가가 나의 아버지가 아니라는 사실을 내가 얼마나 이성적으로 받아들였는지와 상관없이 상대를 기쁘게 해주기를 원하는 오랜 습관 혹은 정면으로 맞서지 못하는 오랜 습관을 되살리는 작업을 회피하지 않았다. 분석가들이 '전이'라고 부르는 이 과정은 정신 분석의 핵심이다.[21]

그런데 개인적 성장에 도움이 된다 해도 정신 분석 그 자체는 정신 질환 치료법이 아니다. 정신 분석은 지난 40년 동안 발전한 현대의 심리 치료와는 범주가 다르다. 새로운 접근법은 대체로 새로운 지식을 담고 있다. 정신 분석이 관계를 맺는 새로운 방법을 다루듯 말이다. 현대적 심리 치료는 특정 기술의 숙련과 직결된다. 문제를 기회로 재구성하고, 감정을 마음 챙김으로 길들이는 기술이 그 예다.

현대적 치료는 특정 행동을 다루거나 인지적 목표를 세우는데, 변화를 위해서는 기본적으로 기술을 배워야 한다. 예를 들어 강박 장애용 행동 치료는 회피 행동을 위해 개발됐다(노출과 반응 예방을 이용한다).[22] 세균 공포증이 있는 사람은 손 씻는 횟수를 줄이는 한편 공공 화장실을 이용하거나 구두 밑창을 손으로 문지르며 세

균을 관용하는 법을 배운다. 습관을 길러 공포를 극복하는 것이다. 정신 분석과는 거리가 먼 치료법이다. 정신 분석이라면 같은 공포증이라도 유년 시절 배변 훈련이 남긴 권력과 통제력 문제를 몇 년에 걸쳐 탐색해 치료할 것이다.

가족 중심 치료는 거식증 청소년의 건강 회복을 위해 가족을 지원하는 치료법이다.[23] 변증법적 행동 치료는 경계성성격장애 환자가 감정의 불안정성을 관리하도록 돕는다.[24] 환자가 불안이나 우울로 치료 받으면 약물은 그 증상 완화를 목표로 삼지만 많은 심리 치료는 불안이나 우울의 기반이 될 사고방식이나 행동의 변화를 목표로 심는다. 근본적으로 새로운 사고 혹은 행동 방식을 배우는 치료법이다.

소피아는 인지 행동 치료Cognitive Behavior Therapy, CBT를 받기로 했다.[25] 지난 30년 동안 엄격한 연구로 인지 행동 치료가 우울증의 주요 증상을 완화해 준다는 사실이 밝혀졌다. 특히 우울증이 경증 혹은 중등증인 경우 그러했다. 박사는 소피아의 우울증이 중증에서 중등증으로 나아졌는지 확신할 수 없었으나 치료를 원활하게 진행하고 싶었다. 지인인 주 박사는 특히 중증장애 환자의 인지 행동 치료를 훈련한 심리학자였다.

주 박사는 소피아와의 첫 상담 시간에 어떤 부분이 문제인지 구체적으로 질문하고 소피아가 세상을 받아들이는 방식에 주목했다. 소피아의 인식은 소위 '부정적 사고'에 해당했다. 예를 들어 소피아는 지난주 주간 보육 시설에 딸들을 제시간에 데려다주지 못했다. 실패했다는 표현을 쓴 소피아에게, 박사는 보육 시설에 늦은 일을 딸들과 더 많은 시간을 보낼 기회로 생각해 볼 수 있는지 물었다. 또 박사는 소피아가 "흑인 생명도 소중하다" 시위가 이어지는 동안 시위에 나가지 못해 '쓸모없는 기분'이 들었다고 말한 부분도 놓치지 않았다. 주 박사는 이처럼 자신을 깎아내리는 내용으로 가득한 부정적 사고의 흐름을 볼 줄 알아야 한다고 했다. 그리고 이런 사고방식을 일기에 적어보라고 숙제를 내줬다. 소피아가 매일 할 일은, 스스로 비현실적 기준을 세운 다음 그 기준을 달성하지 못한 자신을 실패자로 보는 사고방식과 맞서는 것이었다.

이런 심리학적 접근은 뉴런의 연결을 바꾸기 위해 뇌 가소성을 강화하는 생물학적 관점에도 조응한다. 어쨌든 바이올린 연주를 배우거나 새로운 언어를 배우는 일이 뇌 회로를 바꾸듯, 부정적 편견을 무너뜨리거나 부정적인 자기 기대를 허무는 법을 배우는 일 또한 분명 뇌의 연결을 재배치한다. 그리고 약물에 인지 행동 치료까지 더한다면 훨씬 효과적일 수 있다. 우울증과 불안장애와 섭식장애의 경우, 환자가 심리 치료 방식을 고를 수 있고 그 방식을 훈련받은 치료사를 찾을 수 있다면 장기 치료 결과가 약물 요법만큼 좋거나 더 좋다.[26] 정신 의료를 위해 애쓰는 세계적인 학자 비크람 파텔Vikram Patel은 최근에 이렇게 말했다. "심리 치료를 용기에 담아서 약처럼 전달할 수 있다면 세계에서 가장 잘 팔리는 약이 될 것이다."[27] 여러 연구에 따르면 현실의 많은 환자가 심리 치료보다는 약물 요법을 선호하지만, 심리 치료는 약물보다 더 효과적이다.[28] 그렇지만 기술을 배우려면 동기와 연습이 필요하므로 많은 환자가 심리 치료를 받을 수 있는 상황이라 해도 피한다.

그런데 이 치료법들이 효과가 있어도, 미국 내 70만 명의 정신 건강 관리 제공자 가운데 이러한 치료를 제공하는 치료사는 얼마 없다.[29] 많은 치료사가 여전히 정신 역학적 심리 치료를 기반으로 삼는데 이는 정신 분석에 더 가깝다. 트라우마 중심 치료는 정신 분석의 대중적 버전으로 유년 시절의 트라우마가 스트레스 대처 능력을 어떻게 막는지 탐색한다. 많은 치료사가 마음 챙김, 완화, 통찰 지향 치료를 섞은 치료법을 제공한다. 커플과 가족과 집단이 대상인, 이해와 의사소통을 목표로 삼는 다양한 치료법이 있다.

이런 방식은 상황에 맞으면 다 도움이 된다. 공감 잘하는 친구 혹은 목사와의 대화 또한 도움을 줄 수 있다. 이런 도움은 대체로 특정 기술에 덜 의존하며, 개인별 관계에 더 의존한다. 그렇지만 중증 정신 질환자라면 증거 중심 심리 치료가 더 나을 수 있다. 효과가 강력하고 과학이 증명한 치료법이나, 현재로서는 산발적으로 제공된다. 우리는 과학의 이점을 이용하지 않고 있다.

약물 요법이 그렇듯 적절한 환자에게 때에 맞게 적절한 양을 제공하는 심리 치료 또한 삶을 구할 수 있고, 변화시킬 수 있다. 약물 요법이 그렇듯 무분별한 혹은 부적절한 심리 치료를 근거로 치료에 효과가 없다고 단정할 수 없다. 그보다는 개인별로 효과적 치료를 찾아줄 방법을 더 잘 알아내야 한다.[30]

소피아는 매주 상담을 받고 숙제를 하면서 증상이 개선되리라는 기대까지 품으려니 부담이 됐다. 인지 행동 치료를 4번 받고 나서 8주 동안 상담을 더 받으라는 주 박사의 권고에도 불구하고 치료를 그만뒀다. 약물 요법 3달에 인지 행동 치료까지 1달 동안 받은 소피아는, 패배감에 사로잡혀 제이컵스 박사 앞에서 흐느껴 울었다. 우울증 전의 삶이 어땠는지 기억할 만큼 좋아지긴 했는데, 돌아갈 길을 찾지 못했다. 쌍둥이 양육부터 약속 잡기까지 모든 일이 무지막지하게 큰 산을 오르는 일처럼 부담스러웠다. 약물 요법은 답이 아닌 것 같았고 심리 치료는 비축해 둔 에너지가 필요한데 소피아에겐 그런 힘이 없었다. "다른 방법은 없나요?" 소피아가 제이컵스 박사에게 물었다. "아니면 저는 희망이 없나요?"

제이컵스 박사는 국소 경두개 자기 자극술Regional Transcranial Magnetic Stimulation, rTMS을 받을 수 있다고 대답했다.

신경 치료

정신 질환 치료에 기계 장치를 쓰는 비도덕적 역사는 전두엽 절제술과 저체온 요법 같은 수용 시설의 치료에서 시작된다. 이런 원시적 접근은 대체로 역사책에 기록된 한편, 정신 질환을 설명하는 모델이 화학적 불균형 가설에서 뇌의 조절 장애 연결 모델로 옮겨가면서 뇌의 회로를 바꾸기 위해 자극을 가하는 장치들이 각광받기 시작했다. 과활성화 혹은 불활성화된 회로가 문제라면 특정 방식으로 자극을 가해 뇌의 활성 상태에 변화를 주는 시도는 말이 된다. 동물 연구는 뇌 부위를 직접 자극해 특정 회로를 활성화하는 방식으로 이뤄졌다. 임상 진료에서는 보통 비침습적 자극을 가해 뇌의 폭넓은 부위를 활성화했다.

전기 경련 요법Electroconvulsive Therapy, ECT은 전기 자극을 가해 뇌의 활성에 변화를 주는 치료의 원조다. 마취한 환자 대뇌피질 전체에 발작을 유도하는 이 방식은, 컴퓨터를 다시 켜는 작업과 유사하다. 전기 경련 요법은 1938년에 도입됐으니 현대의 약물 요법 및 심리 치료 시대보다 앞섰고 분명 컴퓨터 시대보다도 앞서긴 했다. 그렇지만 전기 경련 요법을 컴퓨터 재시동에 비유하는 설명보다 더 나은 설명이 있을까. 사실 대뇌피질에 전기 충격을 가하는 일은[31] 헤일 메리 패스(경기 막판에 역전을 노리는, 성공률 낮은 패스 — 옮긴이)처럼 보일지 몰라도, 어떤 치료에도 반응이 없는 우울증 환자 집단에서 섞어노 설반 이상이 실제로 효과를 봤다. 전기 경련 요법은 몇 주 동안 여러 번 시행해야 하며, 두통과 기억 상실 같은 심각한 역효과가 날 수 있다. 치료 후 몇 달이 지나 증상이 재발하는 환자도 있다. 그렇지만 전기 경련 요법은 메커니즘이 정말 불분명해도 전기 자극 기법이 우울증을 고칠 수 있음을 보여줬다.

지난 20년 동안 전기 경련 요법은 효능을 감소시키지 않으면서 부정적 사건을 줄이고, 집중적 자극을 제공하는 방식으로 발전했다. 이 요법의 대중화된 방식이 국소 경두개 자기 자극술로, 마취를 안 해도 되고 발작을 유도하지도 않는다.[32] 2008년 미국 식품의약국이 난치성 우울증treatment-refractory depression 치료법으로 승인하면서 국소 경두개 자기 자극술은 최초로 널리 전파된 자극 기반 우울증 치료법이 됐다.

주요 우울장애를 겪는 환자의 30퍼센트는 난치성 우울증으로 분류된다.[33] 사실 치료법이 환자 치료에 실패한 것인데도 이 진단명은 환자가 문제라서 그렇게 됐다고 암시한다. 그렇지만 명칭 자체는 약물 요법과 심리 치료 이상이 필요한 사람들의 존재를 알렸다. 국소 경두개 자기 자극술을 받는 환자들은 소피아처럼 난치성 우울증 환자들이다.

이 치료법이 효과가 있을까? 2010년 국립정신보건연구원이 지원한 대규모 임상 시험에 따르면, 제1상 시험에서는 난치성 우울증 환자의 14퍼센트가 국소 경두개 자기 자극술을 받자 '관해 상태'에 도달했는데(주요 증상을 보이지 않았다는 뜻이다), 대조군에서는 5퍼센트에 불과했다.[34] 대조군 없이 이뤄진 제2상 시험에서는 30퍼센트의 환자가 관해 상태에 도달했다. 이 치료법이 약물 요법이나 심리적 개입에 반응하지 않은 이들에게 이뤄진다는 점을 고려하면 30퍼센트라는 수치는 훌륭했다.

전기 경련 요법이나 국소 경두개 자기 자극술 말고도, 뇌 심부 자극술이라는 치료법도 있다. 뇌의 특정 회로를 활성화하는 침습성 치료법으로, 정신과 의사와 신경외과 의사가 힘을 합쳐 개발했다.[35] 신경외과 의사는 뇌에 전극을 심어 위치를 선택한 다음 기저 부위에 자극을 가한다. 정신과 의사는 수술실에서 최적의 목표를 확인하며 환자의 반응을 평가한다. 파킨슨병을 비롯한 신경계 환자 15만 명 이상이 뇌 심부 자극술로 치료받았으나 우울증 및 강박장애에는 여전히 실험적으로 사용된다. 선행 연구 결과는 희망적이다.[36] 그렇지만 지금으로서는 뇌 심부 자극이 파킨슨병의 운동 증상을 완화하듯 전전두엽피질의 특정 회로를 활성화 혹은 비활성화하면 우울증이나 강박장애 증상이 완화될 수 있다는 개념을 증명하는 초기 단계에 가깝다. 이런 연구에 따르면 우울증을 일종의 부정맥으로 간주하고 치료할 수 있다. 뇌의 개별 회로 변화로 무력감과 절망을 느끼는 증상이 제거될 수 있는 것이다. 실제로, 자극을 받은 사람들은 수술대 위에 누워 있는 상황에서도 즉각 안도를 느낀다고 한다.

소피아는 국소 경두개 자기 자극술에 회의적이었으나 제이컵스 박사는 자신의 진료실에서도 이 치료를 받을 수 있고 하루에 1시간씩 3주에서 4주 동안만 진행하면 된다고 소피아를 달랬다. 첫 치료를 시작하는 날, 소피아는 진료실에 와서 편한 가죽 소파에 앉았다. 기사가 헤어드라이어 만한 전사기 코일을 소피아의 머리 이곳저곳에 설치했다. 귀마개를 끼고 있었지만 소피아는 찰칵 소리도 들었고 두피를 톡톡 건드리는 감각도 느꼈다. 아프지는 않았다. 그날 밤 소피아는 제프에게 말했다. "정말 말도 안 되는 것 같아. 두피를 윙윙 울리는 일이 어떻게 도움이 된다는 거지?" 그러나 첫 주가 끝날 무렵 소피아는 뭔가 느낌이 다르고 인정했다. 맨 처음 소피아가 주목한 변화는 색이 더 밝아보인다는 것이었다. 몇 달 동안 소피아는 아침마다 뭔가 두려워하며 일어났었다. 두려움은 여전했지만 이제 미래가 보인다는 느낌도 들었다. 치료 2주 차, 소피아는 낮 동안 보육 시설에 간 딸들을 그리워하게 됐다. 그날 하루가 끝날 때까지 딸들을 기다리기 힘들었다. 3주 차에 소피아는 매일 산책을 하고 달리기를 하며 규칙적으로 운동했다.

국소 경두개 자기 자극술이 소피아의 표현대로 "길을 다시 찾아준" 방법은 무엇일까. 뇌 표면을 반복적으로 활성화하면 그 아래 경

로가 바뀐다. 이를 신경 조절neuromodulation 치료법이라고 한다. 전전두
엽피질 기저부에 외과적 자극을 직접 가하면 즉각 안정 되는 것처
럼, 두피를 반복적으로 활성화하면 우울증으로 재시동이 필요한 회
로들을 다룰 수 있다.[37] 어떤 회로가 중요한지, 혹은 두피를 자극하
면 어떻게 그 아래 경로가 변하는지 정확히 알려져 있을까? 그렇
지 않다. 국소 경두개 자기 자극술이 뇌파 패턴 변화에 효과가 있
는지 확인할 수 있을까? 그렇지 않다. 뇌의 특정 부위를 활성화하
라고 알려주는 뇌파의 특징이 있을까? 그렇지 않다. 약물 요법이나
심리 치료가 그렇듯, 신경 치료 또한 실증적 접근법이다. 화학적 치
료법이나 심리적 치료법에 비하면 신경 조절 치료법에 대해서는 알
려진 바가 별로 없다. 그렇지만 소피아를 비롯한 여러 환자가 신경
치료의 도움으로 절망에서 벗어났다.

재활 치료 — 전인적 치료

당뇨병 환자를 치료할 때는 인슐린 투여뿐만 아니라 환자의 생활 방
식을 바꾸고 부모와 가족을 교육하며 만성적 관리까지 배우는 등
여러 방법을 합친다. 당뇨병 환자의 당 조절은 환자가 아닌 사람의
당 조절과 크게 다르지 않다. 최악의 당뇨 합병증 가운데 여러 가지
가 예방됐다.[38] 말초동맥 질환 치료법은 절단 수술을 받는 횟수를
70퍼센트까지 줄였다. 지난 35년 동안 시각을 상실한 환자의 비율
은 50퍼센트에서 5퍼센트까지 떨어졌다.[39] 재활 치료가 개선되면서

당뇨병 환자는 만성 질병을 앓는다고 해도 쭉 살아갈 수 있다.

정신 질환자의 회복 과정에서 재활 치료는 심리 치료와 약물 요법이 줄 수 없는 것을 제공한다. 삶을 꾸리는 혹은 다시 꾸리는 기회 말이다. 약물 요법은 도움이 되지만 해결책은 아니다. 심리 치료는 특히 표적 행동 치료와 인지 치료의 경우 효과가 있지만 모든 환자가 이런 치료를 받을 만한 상태인 것은 아니며, 동기가 있는 것도 아니다. 국소 경두개 자기 자극술 같은 자극 치료법은 우울증에 대체로 효과가 있다. 그렇지만 이 세 가지 선택지는 보통 증상을 완화하기는 해도 장기적 재활에는 충분하지 않다. 당뇨병에 관리 전략이 필요하듯 중증 정신 질환에서 재활적 개입이 가장 핵심이다.

정신증 삽화 혹은 심한 우울증을 겪은 후에 받는 지지 요법은 마치 물리 치료처럼, 의사의 진료실 바깥에서 몇 개월 동안 집중적으로 이뤄져야 한다. 이는 삶을 꾸리는 작업이다. 재활을 위한 핵심적 개입으로는 환자가 집에서 생활을 관리할 수 있도록 도와주는 적극적 지역사회 치료, 학교나 직장 생활을 돕는 교육 및 고용 지원, 가족이 겪는 여러 문제를 관리하기 위한 가족 심리 교육 및 지원, 중증 정신 질환 관련 기관에서 치료받는 환자에게 제공하는 개별적 사례 관리가 있다.[40] 이 모든 치료법은 효과적이다.

소피아의 경우 정신증 삽화를 겪지는 않았다. 그는 현실과의 접점을 놓친 적이 없었다. 그렇지만 우울증 삽화에서 벗어나 장기간에 걸쳐 회복하는 과정에서 재활 치료는 여전히 중요한 부분이었다. 제이컵스 박사는 우울증이 여러 세대에 걸쳐 어떤 영향을 미치는지 연구하는 팀과 함께 작업한 바 있다. 그 연구에 따르면 우울증을 앓은 어머니의 자식 또한 우울증을 앓을 가능성이 크고, 어머니의 우울증을 치료하면 아이가 즉각 이득을 얻었다. 그래서 박사는 가족에게 '심리 교육'을 했다. 소피아와 아이들 모두를 위해 우울증에 관해 배우고 아울러 어떤 치료 결과를 기대할 수 있을지 여러 차례 이야기를 나누는 자리였다. 또 박사는 소피아가 우울증에서 회복하면 어떤 삶을 살고 싶은지 살펴보고 단기 치료 과정을 권했다. 현실적인 근심과 실망을 오해 및 절망과 구분하도록 도와주는 내용도 치료에 포함됐다. 소피아는 치료 첫 시간에 일 이야기를 했다. 다시 인권법 분야에서 일하고 싶었다. 보통 고용 지원이라고 하면, 하급 직장을 추천하고 그에 맞는 교육을 지원한다. 그렇지만 제이컵스 박사는 소피아가 4년 후 일터로 복귀할 때 어떤 일을 원할지 정확히 짚어줄 고용 전문가를 알고 있었다. 고용 전문가 앞에서 소피아는 직장 복귀에 확신이 없고 불안하다고 털어놨다. 심한 부상으로 경기에 못 나가다 복귀하는 운동선수 같은 모습이었다.

　위와 같은 과정이 재활 치료다. 연구에 따르면 지속적인 지지 치료는 재발 예방에 필수적이며, 장기적 효과는 약물 요법과 같거나 약물 요법을 능가한다. 그렇지만 보통 중증 질환자 대부분이 이런 식의 개입을 이용할 수 없다. 심리 치료와는 달리, 정신증 삽화나 우울증 이후에 받는 재활 서비스는 일반적으로 보험 처리가 안 된다. 비용 처리가 안 된다는 말은 안타깝게도 훈련받은 종사자에게 접근할 수 없다는 뜻이다. 2017년의 연구에 따르면 재활 서비스를 이용할 수 있는 중증 정신 질환자는 5퍼센트 미만이었다.[41]

놓치고 있는 것들

제이컵스 박사에게 진료받기 시작한 지 1년이 지나 소피아는 마라톤을 했다. 그리고 일과 생활의 균형을 잘 지킬 수 있는, 지역의 작은 법률 회사에서 시간제로 일하기 시작했다. 약물은 저용량으로 복용했다. 부작용은 없었고, 제프와 아기를 더 가질지 말지 의견을 나누는 동안에는 계속 먹을 계획이었다. 질 좋은 치료에 접근하지 못하는 수백만 명의 환자와는 달리 소피아는 빠르고 효과적인 치료를 받았다. 다들 치료 기간이 더 짧으면 좋겠다고 생각하겠으나 그래도 결과는 긍정적이었다. 소피아는 감옥에 가지도 않았고 노숙인이 되지도 않았다. 입원할 필요도 없었다. 가족은 훌륭한 보험이 있었고 많은 미국인이 감당하지 못할 비싼 치료비를 지불할 여유도 있었다. 여러 가지 치료를 다 받고 난 뒤 소피아는 완전히 회복했다.

불행하게도 소피아는 예외적 사례이지 통상적 사례가 아니다. 소피아의 이야기가 예외인 이유는 무엇일까? 현재의 치료는 효과적이지만 적어도 네 가지 면에서 여전히 부족하다. 먼저, 현재의 치료법이 다루지 못하는 증상이 있다. 고정된 망상, 조현병의 소위 부정적 증상들(정동의 부재, 사고의 빈곤, 동기의 부재)[42], 실행 기능(판단, 장기 계획) 결핍은 현재 약물 요법의 목표 외부에 있다. 흔히 우울증 환자는 기억 상실을 경험하며 부정적 편견을 품거나 판단에서 어려움을 겪는 등, 인지적 측면에 문제가 있으나 이런 증상을 측정하고 치료하는 일은 어렵다. 특히 소피아처럼 심한 우울증 환

자가 그렇다.[43]

　두 번째로, 치료법 연구는 장기 질환을 대상으로 삼아도 단기 효과에 관심을 기울인다. 정신 질환 대부분은 특히 중증 정신 질환 항목에 해당하는 병은 만성적이거나 적어도 증상이 재발하는 장애이므로 장기적 관리가 필요하다. 우울증에 관해 아주 세심하게 이뤄진 종단 연구[44] 가운데 하나가 네덜란드(미국보다 훨씬 더 좋은 보건 체계를 갖추고 있다)에서 시행된 연구인데, 증상이 지속되는 환자가 20퍼센트였다. 우울증 같은 정동장애는 치료를 잘 받는다고 해도 삽화적이기보다 만성적 질환임을 시사하는 결과다. 소피아는 실제로 회복되긴 했으나, 국소 경두개 자기 자극술을 마친 후 3개월 동안에는 자신이 완전히 회복하지 않았다고 생각했다. 그래서 일주일 더 치료받으려고 진료실을 다시 찾았다. 운 좋게도 소피아는 우울증에서 완벽하게 회복된 80퍼센트에 속했다. 1년이 지난 시점의 소피아는 우울증을 과거에 한때 겪은 삽화로 간주했다. 사실 소피아는 장애 상태였던 몇 개월을 거의 기억하지 못했다.

　세 번째로, 환자의 처지와 욕구를 기반으로 치료를 통합하거나 최적화하는 경우가 드물다. 오히려 치료 과정이 점점 늘어나고 길어질 때가 대부분이다. 제이컵스 박사를 찾아낸 소피아는 운이 좋았다. 회복 가능성을 최대화하기 위해 약물 요법과 심리 치료와 기계와 재활 서비스를 결합할 수 있는 의료 제공자는 거의 없다. 그리고 보험은 효과 입증이 더 필요한 다른 치료법에 비해 약물 요법 같은 치료법을 선호할 수 있다. 비용을 아무도 지불하지 않는 상황이라면 제공자들이 재활 서비스를 제공하지 않아도 전혀 놀라운 일이 아니다.

마지막으로, 임상의들은 회복보다는 증상 완화에 집중했다. 의학적 관점에서는 납득할 수 있지만, 그것이 정말 환자가 원하는 목표일까? 다수의 중증 정신 질환자들은 단지 청각적 망상의 완화만이 아니라 그 이상을, 제대로 된 삶을 원한다. 서던캘리포니아 대학의 명민한 법학자 엘린 삭스가 말했다. "삶을 근사하게 만들어주는 요소들, 좋은 친구며 만족스러운 직장이며 애정 어린 관계는 누구에게나 소중한 만큼 조현병에 시달리는 사람에게도 소중하다."[45] 소피아는 증상 완화를, 살아 있다는 감각을 다시 느끼고 싶었다. 그렇지만 회복을 위해서는 달리기, 직장으로의 복귀, 사신감 되찾기 또한 필요했다.

현재의 치료법은 효과가 있고 더 좋아질 수 있다. 위에서 살펴본 네 가지 치료법의 다음 단계를 개발하기 위해 지속적으로 연구해야 한다. 그렇지만 이 치료법들은 사실 우리가 답해야 할 핵심 질문에 답을 주지는 않는다. 현재의 치료가 정말 좋다면, 일반적인 치료 결과는 왜 나쁜가?

질문에 답하려면 치료 위기의 핵심을 확인해야 한다. 결과가 나쁜 것은 무엇을 해야 할지 모르거나 제공할 것이 없어서가 아니다. 우리가 아는 것을 제공하지 못했고, 효과적인 치료를 사용하지 못했기 때문이다. 어떻게 보면 희망적이다. 우리는 치료의 위기를 해결할 수 있지만 그러려면 먼저 장애물을 알아야 한다.

"정신 질환자들이 치료받지 않고 있다면 그들은 어디에 있을까?
구치소에 있고, 그들 부모가 사는 집의 지하실에 있고, 시설에
있다. 때로는 그들이 회복할 수 있는 장소만 빼고 어디에나 있는
것 같다. 시야에서 사라진 그들은 시민 기본권 단체 조직을 막는
악마와 투쟁한다."

2부　　　　　　　　변화를 위해 장벽을 넘어서기

4장　　　　　　　　　　　　　　　　위기관리 바꾸기

> 주the state 안에서 정신과 병상을 찾느니, 아이를 하버드 의과 대학에
> 보내는 일이 더 쉽겠다.
>
> – 켄 덕워스Ken Duckworth 박사,
> 2003년 매사추세츠주 정신보건국의 정신 건강 의료 국장 대행

목가적인 풍경의 버지니아주 밀버러는 리치먼드에서 서쪽으로 2시
간 거리로, 경치 좋은 셰넌도아 계곡에 둘러싸여 있다. 버블링 스
프링 레크리에이션 구역과 다우섯 주립 공원도 있으며, 버지니아
주에서 송어를 낚시하기 가장 좋은 곳도 있다. 또 정치인 크레이 디
즈Creigh Deeds의 본거지이기도 하다. 디즈는 1991년 버지니아주 하
원 의원으로 선출됐으며 2001년 이래로 버지니아주 상원 의원으
로 일했다. 2009년 주지사 선거에는 당선되지 못했다.

　2013년 11월 18일, 디즈는 밀버러의 본인 농장에서 외아들 거스
를 돌보고 있었다. 24살의 거스는 한때 성공할 운명을 타고난 아이
로 보였다. 그는 재능 있는 음악가로, 고등학교 때는 졸업생 대표를
맡았다. 윌리엄앤드메리 대학에서는 우등생 명단에 들었으며 주변
에는 친구들이 가득했다. 최근 디즈 의원과 나눈 대화에서 의원은
아들을 이렇게 설명했다. "시골 아이치고는 약간 특이하긴 했어요.
아주 밝고, 창의적이었죠. 아들이 21살이 되기 전까지는 문제가 있

을 거라고 한 번도 생각해 보지 않았습니다." 2009년, 아들은 아버지의 선거 운동을 뛰기 위해 학교를 한 학기 휴학하고 버지니아주를 돌아다니며 밴조를 연주했다. 그렇지만 2010년 이후 아버지의 주지사 선거 패배 및 아버지와 어머니의 이혼이 이어지자 거스는 변하기 시작했다. 거스는 대학을 떠나 이곳저곳 여행했는데, '목소리'에 응답하는 행위였다. 집으로 돌아온 거스는 흐트러지고 망상에 빠진 모습이었다. 어느 정신과 의사는 양극성장애 진단을 내리고 약물 요법에다 심리 치료도 처방했다. 거스의 아버지는 입원한 아들을 보고 너무나 놀랐고 처음으로 아들이 아프다는 사실을 깨달았다. "아들이 말했습니다. '괜찮아요, 아빠. 난 여기 있어야 해요. 적어도 의사들이 제대로 된 약 처방법을 알아낼 때까지.'" 2011년 6월, 거스는 아버지와 함께 밀버러의 농장으로 갔다. 그러나 망상은 계속됐고 자살 이야기도 계속 나왔다.

"그때부터 밀고 당기기가 시작됐습니다. 나는 아들이 학교로 돌아가길 바랐고 약을 계속 먹어야 한다는 사실도 알았습니다. 그렇지만 거스는 약이 창의성을, 불꽃을 앗아간다고 느꼈습니다." 깊이 사랑하고 신뢰하던 아버지와 아들은 천천히 갈등하는 사이로 변했다. 아버지의 희망은 아들의 질환과 맞섰다. 사실 부자의 달라진 관계는 필시 거스 내면의 갈등을 반영했다. 초반에는 거스도 목소리가 질환의 일부임을 인식했으나 자기 내면의 뭔가가 잘못됐다는 점을 부인하고픈 마음이 점점 커졌다. 디즈 의원은 아들을 두 번 입원시켰는데, 한 번은 아들의 동의를 받았으나 다른 한 번은 아니었다. "거스는 모두를 따돌렸습니다. 사실 의사, 상담사는 아들이 어떤 문제를 겪고 있는지 전혀 몰랐죠." 이후 9개월 동안 계속 화를 내고 불신하긴 했어도 거스는 약물 요법과 심리 치료로 천천히 나아지는 것 같았다.

거스는 2013년 가을 학기에 학교로 돌아갔다. 그렇지만 곧 약을 끊었다. 그의 페이스북 포스트에는 다양한 편집 망상이 나타났다. 거스는 선생님과 다른 학생들의 질문에도 단답형으로 대답했다. 11월이 되자 거스는 밀버러의 농장으로 돌아와 아버지와 새어머니가 아일랜드를 여행하는 동안 혼자 지냈다. 11월 15일에 농장으로 온 디즈 의원은 아들의 정신증이 심각한 상태임을 확인했다. 일기를 읽어보니 아들은 본인이 신과 같은 존재가 됐다고 여기고 있을 뿐 아니라 가족의 엽총도 챙겼다. 디즈 의원은 엽총을 분해해서 농장 이곳저곳에 부품을 숨겨놨다. 그러나 그는 거스가 22구경 소총과 탄약을 가지고 있는 줄은 몰랐다. 아들이 자살할까 걱정한 디즈 의원은 아들을 입원시키기 위해 긴급 양육권을 받았다.

거스는 바스 지역 병원에 갔고 4시간 후 지역 정신 보건 위기 개입 기관에서 온 사회복지사가 거스를 평가했다. 많은 카운티가 그렇듯 이곳 지역 병원에도 정신과가 없었다. 사회복지사는 거스의 입원이 결정 났으나 주의 여러 병원에 전화를 돌려봐도 빈 병상을 찾지 못했다고 전했다. 버지니아주 법에 따르면 긴급 양육권은 6시간 이후 만료된다. 디즈 의원은 어떤 대안도 없이 정신증 증상에다 자살 위험까지 있는 아들과 농장으로 돌아왔다.

11월 19일 화요일, 디즈는 아침 일찍 일어났다. 샤워하고 동물에게 먹이를 주고 거스를 만나 대안을 궁리할 참이었다. 말에게 먹이를 주고 있는데 거스가 나타났다. 디즈는 당시 상황을 이렇게 설명했다. "내가 말했습니다. '안녕, 아들. 잘 잤니?' 아들은 대답했죠. '네.' 나는 몸을 돌렸는데…… 아들이 바짝 붙어 있었습니다." 거스는 아버지를 칼로 13번 찔렀다. 그다음 농장으로 돌아가 22구경 소총으로 자살했다.

이 비극에서 살아남은 디즈 의원은 자신과 아들의 사연을 전하며 정신 건강 관리 개혁에 나섰다. 그리고 정신과 환자 평가를 위해 긴급 양육권 기간을 늘리는 법안을 버지니아주에서 통과시켰다. 정신과 병상을 계산하는 전자 기록 체계도 만들었다. 거스와 아버지가 응급실에 앉아 기다린 그날, 이용 가능한 병상이 남아 있었을 수도 있으나 사회복지사가 제때 확인할 수 없었다는 사실이 추가 조사로 밝혀졌다. 디즈 의원은 여전히 다음의 의문을 품고 있다. "만일 내 아들이 당뇨병성혼수나 심혈관허탈 같은 다른 의학적 질환으로 고충을 겪었다면 응급실에서 아무 조치 없이 집으로 보내졌을까요?"

그의 질문은 정확했다. 당뇨병성혼수나 심혈관허탈이었다면 거스는 치료를 받고 생명을 구했을 것이다. 그런 결과를 낼 수 있는 치료법이 거스의 정신 질환에도 있지만, 결과는 비극이었다. 이 장에서는 거스가 왜 '병상 없음' 상황을 겪었는지 살펴볼 것인데, 그 전에 맥락을 살펴야 한다.

거스가 병을 앓은 과정을 알아보려면 병의 진행 단계를 먼저 알아야 한다. 1단계는 위험 기간으로 어떤 증상이든 나타나기 전이다. 2단계는 첫 삽화로 향하는 긴 경사로 같은 기간으로, 전구증상이라고 부르기도 한다. 이 단계에서 거스는 '목소리'를 들었을 수도 있고 이상한 생각에 사로잡혔을 수도 있으나 그래도 아버지의 선거 운동을 따라다니거나 학교에 갈 정도는 된다. 3단계에서는 첫 급성 삽화가 나타나는데 거스가 '목소리'를 따라 학교를 그만둔 시기나, 조지아에 폭설이 쏟아졌을 때 발작을 일으킨 로저의 경우가 이 단계에 해당한다. 거스와 로저 둘 다 질환이 4단계로 진행했다. 이렇게 되면 만성적이고 광범위한 정신증에 가차 없이 휘둘리며 기능 손상을 입게 된다.

여러 매체에서는 거스의 비극을 응급 상황에서 아버지가 필요한 조치를 다 취했으나 빈 병상을 찾지 못한 사건으로 다뤘다. 애초에 그들이 병상으로 몰리게 된 원인 자체는 기사에 잘 드러나지 않았다. 이상적인 상황이라면 거스가 병을 앓는 초기 단계부터 위기를 방지하기 위해 누군가 도움을 줬을 것이다. 그렇지만 초기 개입에 실패하면서, 거스는 가장 나쁜 방식으로 치료 받았다. 바로 비자의적으로 외과 응급실에 실려 간 것인데, 이런 경우 치료 결과가 대체로 끔찍하다. 게다가 병원에 간다고 해도 그곳이 필요한 도움을 줄 장소가 아닐 수 있다.

이와 같은 상황은 건강을 선제적으로 관리하는 시스템이 아니라 위기 대응을 중심으로 세워진 질병 치료 시스템에서 어떤 문제가 생기는지 보여준다. 정신 건강 관리가 처한 구조적 위기는, 개개인이 위기에 처하면 그때그때 치료를 제공하고자 애쓴 결과이기도 하다. 심근경색이 한 번씩 올 때마다 심장병 관리를 한다고 생각해 보라. 그것이 우리의 시스템이다. 지금의 상황을 빠짐없이 이해하려면 먼저 병상 문제를 살펴야 한다. 위기 중심의 질병 치료 시스템에서는 가장 비싸고 가장 바람직하지 않은 개입이 이뤄지는 일이 너무 잦다. 바로 입원이다.

입원

질환의 1단계와 2단계 동안 치료를 받지 못하는 상황에서, 매해 정신증이나 심한 우울증을 겪는 사람 수백만 명에게는 단기 입원이 목숨을 구해주는 수단이다. 그래서 거스의 사례는 또 다른 비극을 보여주는 셈이다. 입원 치료가 아주 중요한데 병상이 부족하다니. 이는 충격적인 상황이기도 하거니와 관리 시스템에 심각한 문제가 있다는 뜻이다. 다른 급성 질환으로 병원에 가는 상황과는 달리 정신 질환으로 입원 치료가 필요한 경우 가용 병상이 몇 개 없을 수 있고 더군다나 어린이라면 주 안에 병상이 하나도 없을 수 있다.[1]

병상이 왜 부족할까? 탈시설화가 법으로 규정되면서 오늘날까지도 정신과 입원은 여전히 급여 지원이 안 된다. 알다시피 연방 정부는 1963년의 지역 정신 건강법으로 지역 정신 보건 시스템을 증진하면서 환자의 입원을 줄이고자 했다. 1965년에는 정신 질환 시설에 입소한 환자에게 급여를 지원하지 않는 규정이 메디케이드 법안에 생기면서, 병상을 16개 이상 갖춘 시설에는 환자에 대한 의료 급여 지급이 금지됐고 지금도 그러하다.[2] 이 정책은 자발적 입원을 제한하는 일련의 법원 결정과 함께 효력을 발휘했다.[3] 그렇게 연방 정부 정책으로 주립 시설 병상 90퍼센트가 사라졌는데 공공 정신 보건 시설에는 이를 대체하는 병상이 없었다. 간단히 말해서 1960년대 시설 문제를 과도하게 뜯어고친 나머지 공적으로 비용을 지급하는 정신과 병동이 너무나 부족해졌다. 그렇게 치료에 빈틈이 생겨났다.

종합 병원에는 소위 분산 병상이 있지만, 보통 비용 문제로 쉽게 선택할 수 없다. 정신과 병상은 종합 병원에서 급여 지원이 적은 병상으로 0.1제곱미터당 수입이 정형외과 센터나 심장 치료실의 4분의 1에 그친다.[4] 그리고 환자가 목을 매달지도 모르는 위험이 있으니 법적 규정에 따라 뾰족한 부분이나 돌출된 부분이 없는 공간을 제공해야 한다. 병원이 정신과 병동 수도꼭지, 화장실, 문손잡이, 천장 타일, 화재 스프링클러를 수리하느라 매해 20억 달러라는 국가적 비용이 든다. 병원 입장으로는 내과 혹은 외과 환자 가까이에 자살 충동이 있는 정신증 환자를 뒀다가 법적 책임 문제가 생길 수 있고 환자를 치료해도 경제적 이득을 거의 얻지 못한다.

이렇게 줄어든 병원 수용 능력이 어떤 결과를 초래하는지는 응급실에서 볼 수 있다. 응급실은 원래 입원 치료로 통하는 관문이었으나 지금은 정신과 환자를 자주 받아야 하는 곳이 됐다. 거스 같은 환자들이 응급실에서 며칠 동안 대기하는 상황이 점점 늘고 있다. 미국 응급의학회에 따르면 응급실 90퍼센트가 정신과 환자를 받는데, 나머지 과와 비교하면 대기 시간이 평균 3배나 길다.[5] 정신과 환자는 몇 시간이 아니라 며칠 단위로 대기하며, 응급실 과밀화의 원인이자 결과로 꼽혔다.[6]

병상 부족

거스 같은 사람을 위한 가용 병상은 몇 개나 있을까? 24시간 언제고 치료 가능한 병상에는 대략 17만 명의 환자가 있다.[7] 1970년대 이래로 병상 수가 77.4퍼센트 감소했다는 이야기다. 그때 인구가 지금의 3분의 1도 안 됐다는 사실도 고려해야 한다. 가장 많이 줄어든 병상은 공공 병상으로, 사보험이 없거나 가난한 사람의 병상이 없어졌다는 뜻이다.[8] 현재는 10만 명당 12.6개의 병상이 있는데, 1950년대 중반에는 10만 명당 337개의 병상이 있었으니 95퍼센트 넘게 감소한 것이다. 2016년의 조사에 따르면 4개 주(애리조나, 아이오와, 미네소타, 버몬트)에서는 주립 병원 병상이 10만 명당 5개도 안 남아 있다.[9] 그렇다면 적절한 병상 수는 얼마일까? OECD 국가들을 보면 선진국 대부분에서 병상 수는 평균 71개다.[10] 보건 정책 전문가들은 미국의 경우 10만 명당 병상이 40개에서 60개가 필요하다고 대체로 평가하는데, 적어도 현재의 공공 병상 수가 4배로 늘어나야 한다.[11]

시설	병상	비율	인구 10만 명당 병상 수
주 및 카운티 정신 병원	39,907	23%	12.6
사립 정신 병원	28,461	17%	9
정신과 병동이 있는 종합 병원	31,453	18%	9.9
재향 군인 병원	7,010	4%	2.2
거주 치료 시설	42,930	25%	13.5
그 외 전문 입원/거주 치료 제공	20,439	12%	6.4
전체	170,200	100%	53.6

표 4-1. 2014년 미국 내 병원 및 거주 치료 시설의 입원 환자 수. 정신건강프로그램책임자전미연합 (National Association of State Mental Health Program Directors)의 「1970년부터 2014년까지 미국 및 각 주의 정신과 입원 수용 능력의 동향」에 제시된 자료.[12]

주립 병원의 병상이 95퍼센트 감소했다는 사실이 눈길을 끌긴 하나 현실은 더 복잡하다. 주립 병원의 병상 감소는 정신 질환자를 위한 사립 병원 시설이 63퍼센트 증가하면서 상쇄됐다. 지역 병원에서 입원 치료를 받는 사람도 많다.[13] 그렇지만 평균 입원 기간인 6일은 정신증 관리를 목적으로 입원하는 환자에게 보통 2주에서 4주의 입원이 필요하다는 점을 고려하면 너무 짧다. 실제로 정신과 병상의 전체 개수(17만 200개)를 보면, 10만 명당 병상 개수는 50개를 넘는다. 이는 전문가가 제안한 범위 안에 포함된다. 그렇지만 이런 병상에 누가 접근할 수 있는지, 얼마나 오래 입원할 수 있는지 따져야 한다.

21세기의 입원 치료

프리몬트 병원은 급성 치료를 제공하는 전형적인 사립 병원이다. 필라델피아 외곽 지역 킹 오브 프러시아에 본사를 둔 회사 유니버설 헬스 서비스 소유로, 이 회사 웹사이트 소개를 보면 37개 주에서 대략 400곳의 행동 건강 시설을 운영하며 매해 350만 명의 행동 건강 환자를 맡고 있다.[14] 19세기 후반 외진 지역에 지어졌던 수용 시설과 달리, 프리몬트 병원은 캘리포니아주 프리몬트 시내 한복판에 있다. 나무가 줄지어 심어진 넓은 거리에는 큰 종합 병원과 사람들로 붐비는 고급 쇼핑몰이 있다. 프리몬트 병원은 눈에 잘 안 띄는 옅은 벽돌색 건물로, 앞쪽에는 작고 밝은 느낌의 외래 환자 센터가 있고 뒤쪽에는 수영장이 있다. 병실 각각은 밖에서 문을 잠글 수 있다. 캘리포니아의 경치 좋은 명소에서 병실 이름을 따왔는데, 어울린다는 느낌은 받지 못했다. 섀스타(캘리포니아의 화산 — 옮긴이), 세쿼이아(캘리포니아의 국립공원 — 옮긴이), 몬터레이(캘리포니아의 해안 — 옮긴이). 노인 병실은 레드우드(캘리포니아의 국립공원 — 옮긴이)라고 불린다. 병원 내부 직원은 보통 수술복 차림이다. 환자들은 외출복 차림이지만 허리띠나 보석류, 날카로운 물건, 구두끈 같은 물건은 가지고 있지 않으며 환자 다수에게 가장 고통을 줄 물건인 스마트폰도 가지고 있지 않다.

병실은 널찍하고 깨끗하며 안전한 공간이다. 뼈대가 단단한 침대가 있고 책장처럼 생긴 개인 소지품 보관용 장롱도 있다. 병실마다 그 이름을 딴 멋진 경치 사진을 전시해 뒀다. 마음을 달래주는 섀스타 산의 일출 이미지를 담은 금속판이나 몬터레이 해안의 일몰 사진이 벽에 단단히 고정돼 있다. 격리실이 따로 있기는 해도 직원에 따르면 격리나 기계적 구속이 필요한 상황은 거의 없다. 외과나 내과 병원과는 달리 이곳 환자들은 침대에 누워 있지 않는다. 집단 모임이 있고 신체 단련 활동도 있으며 식사는 잠자는 곳 말고 다른 데서 한다. 끊임없이 호출음이 울리며 부산스러운 외과 병동과는 달리, 정신과 병동은 조용하고 심지어 평화롭기까지 하다. 정신과 병상은 보통 사정이 급하니 여유가 없을 텐데, 프리몬트 병원 같은 사립 시설은 놀랍게도 전체 수용 능력에서 15퍼센트 여유를 두고 운영한다.

병원 의료국장 비카스 두부리Vikas Duvvuri 박사는 프리몬트에서 입원 환자를 치료하는 방식을 설명했다. "거의 모든 환자가 '5150'로 옵니다." '5150'이란 캘리포니아주의 입원 명령을 뜻하는 코드다. 자기 자신이나 타인을 해칠 수 있다고 판단된 사람들을 72시간 동안 강제로 입원시키는 것이다. "네, 모두 강제 입원입니다. 그렇다고 환자들이 입원을 원치 않는 것은 아닙니다. 실제로 도움을 구하고 입원을 원한 환자도 있습니다." 나는 회의적이었다. 그런데 두부리 박사는 누구든 이 병원에 입원하려면 지급보증이 필요하다고 했다. 보험 회사가 '의학적 필요성'에 근거해 환자 입원을 허가해야 비용이 처리된다는 것이다. 의학적 필요성은 입원 명령으로 입증될 텐데, 박사 말로는 보험 회사를 설득할 때 '5150' 코드마저도 충분하지 않은 경우가 있단다.

이 입원 병동에서 가장 놀라운 점은 입원이 아니라 퇴원 과정이었다. 퇴원은 의학적 결정이 아니라, 보험 회사의 재량에 달려 있다. 환자 대부분에게 퇴원이란 '서비스 절벽'을 의미한다. 퇴원하면 서비스가 이어지지 않는 것이다. 사실 입원의 주된 목표는 환자들이 약물 요법을 받으며 안정을 찾는 것인데, 퇴원 후에는 약물 요법마저도 계속 이어지기 어렵다. "우리 병원 조제실은 법적으로 외래 환자에게 약을 처방할 수 없습니다. 그래서 환자가 퇴원하면 지역 약국에서 처방받을 수 있도록 처방전을 함께 줍니다. 그렇지만 외래 환자 약국의 보험이 우리가 처방한 약을 받아주지 않을 수 있습니다." 이다음 두부리 박사가 한 말에 나는 놀라지 않았다. "우리 환자 3분의 1은 재입원 사례로, 지난 6개월 동안 퇴원한 환자들입니다. 절반 넘는 환자가 입원 경험이 있습니다."

이런 상황에서 입원이란 기차 여행에서 환승이 확실히 되는지 알 수 없는 정차역과 같다. 그리고 프리몬트 병원 같은 곳은 보험, 즉 병원 비용을 처리해 주는 보험에 가입한 사람들이 간다. 메디케이드는 있어도 병원 치료를 지원하지 않는 카운티에 사는 사람(기억하자, 메디케이드는 정신 병원 입원 치료에는 비용을 지급하지 않는다)이나 보험이 없는 사람에게 프리몬트 병원 같은 곳은 완전히 무리다. 불행하게도 이 나라 중증 정신 질환자 다수가 그렇다. 그들에게는 병상이 너무나 부족하고 치료도 파편화된 공공 정신 보건 시스템만이 희망이다. 그런데 사적 시스템에서도 '관리 의료'는 '관리 비용'을 의미한다. 입원과 퇴원 결정은 의학이 아니라 비용 차원에서 결정되며 환자와 가족은 수십억 달러 규모의 시장 관리 상품으로 여겨진다.

내가 혹은 사랑하는 사람에게 병상이 필요할 때 자리가 있을까? 사보험이 있고, 입원 명령이 떨어졌고, 의학적 필요성이 입증된 경우는 그렇다. 메디케이드가 있다면, 어디에 사는지 언제 아픈지에 따라 다르다. 이 나라에는 아동 병상이 없는 지역이 많다. 그리고 이 나라 모든 지역에서 보험이 있든 없든 입원 치료는 위기 개입에 집중할 뿐 장기 관리와 연동하는 중대한 부분에는 손을 놨다. 그 결과 거스 같은 급성 정신 질환자들은 집으로 보내지고 응급실은 유치장이 되며 지속적 관리를 위한 적절한 계획 없이 조기 퇴원하는 환자가 너무 많다. 몇 주 내로 이들은 위기에 처해 또 입원해야 하는데 의학적 필요성이 입증될 경우만 가능하다.

우리 시스템이 초래한 이 암울한 결과는 문제를 초기에, 1단계 혹은 2단계에 맡지 않은 대가다. 심지어 3단계 혹은 4단계에도 병상이 꼭 병원에 있어야 할 필요는 없다. 모두를 위해 더 좋은 쪽으로 바꿔 나갈 수 있다. '휴식 지원' 센터 혹은 '스텝 다운step-down' 센터라고 하는 다양한 전원 시설이 있는데 이런 곳들은 다른 병원에 자리가 나지 않은 환자를 받는다. 보통 비영리 기관에서 운영하는 이런 시설은 병상이 16개 미만일 때가 흔하고 환자에게 주거 치료를 제공한다. 투약 관리를 훈련받은 동료 지원가 혹은 사회복지사 직원이 환자가 퇴원하면 생활을 꾸려나가도록 도와준다. 거주 기간은 보통 4주 혹은 그 이하로 짧으며 입원 치료와 독립적인 생활 사이의 다리 역할을 하거나 때로 입원을 대체하는 역할도 한다. 이 같은 저강도 관리 시설은 수용 시설 모델보다 선호도가 높을 수 있고, 지역에 위치해 가족과 연계되기 때문에 대형 주립 병원 혹은 현재 대부분의 사립 병원이 놓치고 있는 치료 연속성을 제공할 수 있다.

샌프란시스코에 자리한 프로그레스 재단을 다시 짚어보자. 이들은 30년이 넘도록 위기 거주 치료 센터를 운영해 왔다. 나는 처음에 재단 건물을 찾아내지 못했다. 각각의 센터 건물이 동네 깊숙이 자리하고 있었고, 센터 거주인이 정신과에서 온 사람들이라는 흔적이나 외적 징표는 없었다. 센터마다 환자별로 직원 2.5명이 배치되며 지역 병원 응급실이나 병원에서 나와 자발적으로 온 클라이언트는 평균 2주 동안 머무를 수 있다. 위기 거주 치료 센터에 들어가려면 클라이언트는 자기 자신이나 타인에게 해를 입히지 않겠다는 '안전 계약'을 해야 한다. 센터 내부 생활은 놀라울 만큼 조용하고 규칙적이며, 확실히 대학 기숙사보다 짜임새 있고 공동주택보다 더 친화적이다. 모든 사람이 아침 7시에 일어나 환자는 요리와 청소를, 직원은 약물 관리와 모임 운영을 맡는다. 환자가 90일 거주 프로그램으로 옮겨가거나 가족에게 돌아가거나 독립을 계획하거나 그 종류와는 상관없이 다음 단계로 나아가도록 일 대 일 지원이 이뤄진다.

이런 센터 가운데 1곳에서 만난 사람이 마거릿이다. 마거릿은 대학 이후 힘든 상황을 겪었다. 바리스타로 일했으나 도시에서 혼자 살면서 점점 고립됐다. 샌프란시스코의 비싼 집세 탓에 범죄율이 높은 동네 끄트머리에 있는 원룸 아파트에서 살아야 했다. 외롭다 보니 자꾸 깊은 생각에 빠지고 자기를 의심하게 됐다. 마거릿은 어느새 주말에 폭식을 했고, 체중이 늘어났는데도 관리가 안 돼 당황했다. 심지어 소셜 미디어를 통해 연결된 옛 친구들도 피했고 자살 명소로 알려진 골든게이트교에 집착하게 됐다. 결국 어느 날 밤 마거릿은 다리를 향해 나섰다. 그는 '뭔가 확실한 일을 하자'라고 결심했다. 걷다 보니 아파트에서 세 블록 떨어진 병원 근처까지 왔다. 마거릿은 자기도 모르게 응급실에 가서 간호사에게 자살하고 싶다는 이야기를 꺼냈다. 정신과 레지던트의 검사를 받고 위기 거주 센터로 가게 된 마거릿은 일주일 후 나를 만났다.

"이곳은 내 삶을 구원했어요. 정말 그렇게 믿고 있습니다. 내 문제가 사라졌다는 뜻이 아닙니다. 난 여전히 최악이에요. 그렇지만 이곳 사람들은 우리 모두 최악이라는 점을 상기해 줬어요. 그렇다고 죽을 일은 아닙니다. 사실은 살 만하다는 거죠."

우리는 정신 질환자에게 어떤 도움이 필요한지 폭넓게 따져보면서, 병원의 입원 수용 능력과 치료 접근성을 고민해야 한다. 장기적 도움을 받기 위해 주립 병원 같은 '수용 시설'이 필요한 사람도 있다. 거스 같은 상황이라면 프리몬트 병원과 비슷한 단기 집중 치료 병실이 생명을 구할 때도 있다. 마거릿을 비롯한 많은 사람은 위기 거주 치료에서 좋은 결과를 얻는다. 병원 병상만이 해결책은 아니다. 폭넓은 치료 선택지를 준비하고 이런 자원들을 각자 사정이 다른 사람들에게 적절하게 제공해야 한다.

횡수용화 transinstitutionalization

주립 병원이 문을 닫게 된 사정이며 사립 병원이 보험 없는 사람의 필요에는 부응하지 못한다는 소식은 맥이 빠지는 이야기다. 한편, 정신 질환자들을 받을 수십만 개의 병상이 있는 새로운 시설이 있긴 하다. 이 새로운 시설의 건설 붐이 전국적으로 일어났다. 그런데 이 시설은 병원도 보건 시설도 아니다. 지난 30년 동안 구치소와 교도소가 사실상 정신 병원을 대체했다.[15]

구치소는 재판을 아직 받지 않은 사람들을 수감하는 곳이다. 최근 구치소를 가본 적 없는 사람이라면, 지역 구치소가 정신 질환 치료를 받아야 할 사람들을 맡는 시설이 됐다는 사실에 놀랄 것이다. 샌프란시스코 카운티 구치소는 정신 건강 관리 시스템이 멋대로 작동하는 불편한 이미지 그 자체였다. 들어갈 때 금속 탐지기는 필수였고 신원 조사도 받은 다음, 나는 구치소 행동건강서비스팀으로 일하는 직원들을 만났다. 팀에는 구치소에서 상근하는 정신과 의사가 2명 있었다. 두 사람 다 샌프란시스코의 캘리포니아 대학 교수진이다. 우리가 천천히 걷는 동안 옆에는 간호사가 의료품 카트를 밀며 거대한 방들을 지나갔다. 방에는 1명이 있거나, 때로는 4명도 있었다. 쇠창살은 어디에나 있었고 사생활은 어디에도 없었다.

구치소의 정신과 의사 가운데 1명인 제이크 이젠버그 Jake Izenberg 박사는 그 전해에 샌프란시스코의 캘리포니아 대학 정신 의학과 수련을 마쳤다. 박사가 정신 의학을 선택한 이유는 현장이 심리학과 뇌 과학뿐 아니라 정치, 법, 사회, 철학까지도 관련이 있다는 특징 때문이기도 했다. 수련을 마친 이후에는 공공 분야에서 일하면서 중증 정신 질환이나 물질남용장애, 노숙처럼 복합적 사회 문제를 겪는 환자들을 치료하고 싶었다. "이런 사람들은 대체로 구치소에 있습니다. 솔직히 말하자면 여기서 제가 맡은 일자리는 없어지는 편이 나을 겁니다. 이상적인 상황이면 이런 환자들은 이곳에 있지 않을 테니까요. 구치소는 치유를 위한 공간이 아닙니다. 그렇긴 하지만 관심을 받지 못한 사람들에게 손을 내미는 기회가 되기도 하죠."

구치소의 또 다른 구역을 걸었다. 2층 감옥이 중심 부분을 반원 모양으로 둘러싸고 있어 구치소 직원이 계속 감시할 수 있는 곳이었다. 이젠버그 박사는 이 구치소에 행동건강서비스팀이 필요한 이유를 설명했다. "이곳에 감금된 사람은 약 1300명입니다. 그중 75퍼센트가 일주일이 지나면 떠납니다. 그렇지만 수 자체는 크게 변하지 않습니다." 박사는 의료품 카트를 가리켰다. "오늘은 200명분의 항정신병약과 200명분의 항우울제를 챙겼습니다." 의료품 카트와 간호사의 모습은 방에 쇠창살이 있다는 점을 제외하면 병원과 유사해 혼란스러웠다. "기록에 오른 사람은 모두 예진 간호사의 검진을 받습니다. 정신 질환 병력이 있거나 확실한 증상이 있는 사람이면 누구나 우리 팀에 맡겨집니다. 제 추정에 따르면 이곳에 있는 사람 5명 가운데 1명은 중증 정신 질환을 앓고 있습니다. 그렇지만 메타암페타민 때문에 정신증 증상을 보이는 사람도 있습니다. 조현병을 앓고 있는 것처럼 보이지만 며칠 지나면 증상이 싹 사라집니다."

이젠버그 박사에게 구치소의 어떤 점을 세상에 알리고 싶은지 물었다. "문제는 정신 건강 치료의 부재 이상입니다. 물론 치료 부재도 아주 큰 문제지만 그것은 빙산의 일각입니다. 이 나라에는 사회 안전망이 없습니다. 대신 우리는 경찰과 사법 제도를 이용하죠. 특히 유색인 집단의 경우에." 통계는 분명 박사의 관찰을 뒷받침한다. 미국 전역에서 남성이고 아프리카계 미국인이거나 노숙 상태면 수감 위험이 커진다.[16]

앨라배마주 모빌의 메트로 구치소장 트레이 올리버Trey Oliver는 최근 **PBS 뉴스아워**에서 감옥의 어려운 상황에 관해 심금을 울리는 말을 했다. "앨라배마주가 하나뿐인 지역 병원을 폐쇄하자, 정신 질환자 수가 즉시 2배로 늘어났습니다. 이제 우리는 같은 장소에서 같은 혐의로 같은 경찰관에게 체포되는 정신 질환자를 3번, 4번, 5번 보게 될 겁니다. 우리가 피할 수 있는 문제가 아닙니다. …… 정신 질환자가 그런 병원에 수용돼 있던 시절에는 다들 그들을 걱정했습니다. 자, 모두에게 알릴 소식이 있습니다. 정신 질환자들은 이제 이 나라 전역의 카운티 구치소에 수용돼 있습니다."[17]

구치소에 수감된 사람은 교도소와는 달리 대부분 징역을 살지 않는다. 그들은 선고를 기다리고 있다. 예를 들어 캘리포니아주에서 카운티 구치소 수감자 75퍼센트(4만 4000명 이상이다)는 형을 살지 않으며 유죄 판결을 받지도 않는다.[18] 보석금을 낼 형편이 되는 사람은 구치소 밖에서 공판을 기다리지만, 빈곤한 사람은 대체로 정신 질환을 앓든 아니든 구치소에서 시간을 보낸다. 비폭력 범죄면 평균 3개월, 폭력 범죄면 평균 7개월이다. 이론적으로는 유죄 판결이 나기 전까지 무죄지만 사실상 이들은 치료가 아니라 처벌을 위한 공간에서 시간을 보내고 있다. 정신증 증상이 있거나 분열 상태에 놓인 사람은 '격리 수용'되는데, 매일 23시간씩 혼자 지낸다. 증상이 덜한 사람들은 쇠창살 뒤에서 무력감과 삶의 불확실성을 견딘다. 공판 전 억류자 자살률은 일반 인구의 10배가 넘는다.[19]

그런데 문제는 구치소와 교도소가 사실상 정신 병원이 된 데서 끝나지 않는다. 주립 정신 병원도 사실상 구치소 및 교도소가 돼가고 있다. 주립 병원이 95퍼센트 감소했다는 자료에서 범죄로 기소되거나 유죄 선고를 받은 환자들이 남은 병상 대부분을[20] 차지하고 있다는 사실은 거의 간과된다. 유죄 선고를 받은 환자는 몇 년에서 몇십 년에 걸쳐 입원할 것이다. 폐쇄 병동에서 생활하며 그룹 활동에 참석하고 치료를 받으며 지내겠지만, 폭력이나 성범죄를 저지른 까닭에 사회로 복귀할 것 같지는 않다.

재판 관련 환자가 공공 병원의 병상을 너무 많이 차지하고 있는데다, 구치소와 교도소에 소위 '머시 부킹'(정신 질환을 심하게 앓는다는 확실한 근거가 있는 사람의 경우 당사자의 보호를 위해 감금하는 법적 관행 — 옮긴이)으로 감금되는 정신 질환자도 점점 늘어나고 있다. 병상이 없는 상황 속에서 치료받아야 하는 사람에게는 다른 대안이 없을지도 모른다. 정말 아이러니하게도, 어느 관할구역의 부모들은 정신 질환을 앓는 자식이 정신 건강 치료를 받으려면 범죄를 저질러야 한다는 말을 들었다고 한다.[21] 전《워싱턴 포스트》기자 피트 이어리Pete Earley의 퓰리처상 후보작『크레이지 Crazy』에 이런 상황이 잘 설명돼 있다. 책에는 급성 정신증 치료를 위해 아들이 폭력적이라고 거짓말하는 상황이 나온다.

주립 병원 이송을 기다리며 구치소에 머무는 사람들도 있다. 예를 들어 중증 정신 질환자 다수는 재판받을 능력이 없다고 판명난다. 그들이 기능을 되찾을 때까지 혹은 특정 시간이 지나도 기능을 되찾을 수 없다고 밝혀질 때까지 형사 사건을 진행할 수 없다는 뜻이다. 능력이 없다고 판명 나면, 특히 중죄로 기소된 사람들은 주립 병원의 병상이 날 때까지 몇 개월 동안 구치소에서 기다릴 수 있다.[22]

2014년 주별 조사에 따르면 교도소와 구치소에 중증 정신 질환을 앓는 수감자가 35만 6268명 있고, 주립 정신 병원에는 대략 3만 5000명의 중증 정신 질환자가 있다.[23] 주립 정신 병원에 있는 정신 질환자의 약 10배에 달하는 인원이 미국 사법 시스템에 있다는 말이다. 어떤 정신 보건 시설이든 그 인원의 2배가 구치소에서 산다(24시간 정신 보건 시설에 환자 17만 명이 있다는 사실을 기억하자). 아직 남아 있는 주립 병원보다 교도소와 구치소에 더 많은 중증 정신 질환자가 있는 주는 50개 주 가운데 44개 주로, 물질남용으로 수감된 사람 수는 포함하지 않았다. 이제 로스앤젤레스 카운티 구치소와 시카고 쿡 카운티 구치소는 전국에서 가장 큰 정신 건강 관리 시설이다. 도시나 카운티에는 종합 정신 건강 병동을 마련한 구치소도 많다. 2015년 쿡 카운티 구치소는 정신과 의사를 소장으로 뽑았다.[24]

놀랍지도 않은 사실이지만, 정신 질환자는 사법 제도 속에서 잘 지내지 못한다.[25] 그들은 보석금을 마련하기 어렵고 새로 기소될 수 있으며 같은 범죄로 체포된 비#정신 질환자와 비교해 구치소에 머무르는 기간이 4배에서 8배나 더 길다. 과거에 수감된 중증 정신 질환자에서 상습범이 차지하는 비율은 1년 기준 53퍼센트로 전체 집단의 평균보다 2배 가까이 높다. 정신 질환이 없는 가석방자의 경우 30퍼센트다.[26] 당연한 말이지만 구치소와 교도소는 치료가 아니라 처벌을 위한 공간이다.

새크라멘토의 경찰국장 대니얼 한Daniel Hahn에게 경찰은 왜 조현 병 환자를 구치소로 데려가냐고, 당뇨병 환자는 응급실로 가지 않 냐고 질문해 봤다. 한은 아주 실용적인 설명을 했다. 시간 때문이 다. 누군가를 응급실에 보내려면 시간이 4배 이상 필요하다. 구치 소는 가깝고 빠르고 쉽다. 머시 부킹은 구치소에서 치료받기 위해 경범죄를 이용하는 행위로, 합리적인 대안이 없어서 그렇다. 사실 정신 질환자는 비정신 질환자와 비교하면 경미한 사건에도 구치소 로 가게 될 확률이 4배나 된다. 국장의 설명에 따르면, 정신증 증상 을 보이는 개인이 난동을 부리거나 범죄 경력이 있으면 구치소로 연행된다. 당연히 중증 정신 질환자 다수는 범죄 경력을 가지고 있 고 마약 범죄를 저지르기도 하며 정신증으로 인해 풍기 문란죄를 저질러 체포된 적 있다. 애초에 그들이 저지른 중독이나 정신증 관 련 범죄 행동조차 방치된 행동장애의 일부였다.

그렇다고 경찰이 길모퉁이 정신과 의사가 된 건 아니다. 그들 또 한 '로드 러너'다. 2019년의 한 연구는 경찰이 정신 질환자에 대처 하고 그들을 이송하느라 쓰는 시간을 기록했다.[27] 법 집행관이 쓰 는 전체 시간의 21퍼센트였다. 2017년에는 이동 거리가 총 870만 킬로미터였는데, 적도를 217번 돌았다는 뜻이다. 이런 이동과 기다림에 드는 총비용은 9억 1800만 달러다. 약 10억 달러에 가까운 비용으로 급성 뇌장애가 있는 사람을 치료할 더 좋은 방법이 있을 것이다.

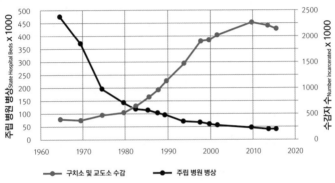

횡수용화Transinstituutionalization **1965-2016**

표 4-1. 1965년부터 2016년까지의 주립 병원 병상 수의 변화와 구치소 및 교도소 수감자 수의 변화.[28] 주립 병원 병상 수는 정신건강프로그램책임자전미연합(National Association of State Mental Health Program Directors)이 출처. 수감자 자료의 출처는 사법통계국(Bureau of Justice Statistics)으로, 주 및 연방 구치소와 교도소가 포함돼 있다.[29] 사법통계국 자료가 1980년 이전에는 교도소만 대상으로 하고 있어서, 1965년에서 1975년 사이의 수감자 수는 과거의 교도소 수감 비율에 근거해 추정했다.

어쩌다 병원이 교도소가 되고 교도소가 병원이 되는 상황에 이르렀을까? 먼저, 과거 30년 동안 미국은 재활이 아니라 수감으로 어려운 상황에 맞서고자 했다. 병원보다 교도소에 더 많이 투자했다. 주립 병원이 문을 닫는 동안 교도소는 더 많이 생겼다.[30] 2014년, 뉴욕 대학 로스쿨 교수이자 비영리 단체 '평등한 정의 구현'의 이

사인 브라이언 스티븐슨Bryan Stevenson은 『월터가 나에게 가르쳐 준 것Just Mercy』에 이렇게 썼다. "미국은 1990년에서 2005년까지 교도소가 열흘에 하나씩 문을 열었다."

탈시설화, 정확히 횡시설화(시설에서 또 다른 시설로의 이동)라고 부를 상황이 벌어졌다. 정신 질환자의 병원 접근을 제한하는 정책은 사법 시스템으로 들어가는 길을 만들어냈다. 단순히 주립 병원의 병상이 사라진 것만이 문제가 아니다. 환자는 장기 치료와 하나도 연계되지 않은 채 병원과 구치소를 나와 짧은 노숙 상태를 거쳐 다시 수감된다. 진출로로 빠져나가듯 돌이킬 수 없는 길을 가는 것이다. 분명 누구에게도 좋지 않은 상황이다. 의료 시설은 범죄자에게 적합한 공간이 아니며 보안관이나 구치소 소장이 정신 건강 시설을 운영하고 싶을 리도 없다. 무엇보다도 정신 질환자가 제대로 치료받을 수 없다. 지난 19세기에 배웠어야 하는 교훈이다. 160년 전 피넬과 투크와 딕스처럼 정신 질환자들을 감옥에서 빼내 병원으로 옮기면서 현대적 정신 건강 관리를 시작한 사람들이 작금의 현실을 알면 경악할 것이다.

그렇긴 해도 현재의 체계라면 감옥은 위험한 폭풍이 닥치는 가운데 가장 안전한 항구 같은 공간일 수 있다. 미국에서 사형수가 가장 많이 있는 곳이자 캘리포니아의 가장 오래된 주립 교도소인 샌 퀜틴의 어느 법의학 정신과 의사가 내게 고통스러운 이야기를 들려줬다. "샌 퀜틴에서 만난 어느 정신과 환자는 출소를 앞두고 불안해서 울고 있었습니다. 지역사회에서는 같은 수준의 지원을 받지 못하고, 감옥처럼 관리된 사회적 환경에서 지내지 못할 것이니까요." 우리 사회의 정신 건강 관리가 처한 궁극의 위기를 가장 잘 표현하고 있는 이야기일지도 모르겠다.

더 나은 길을 찾아서

현재 미국의 체계에 낙담하기란 쉬운 일이다. 그렇지만 대안이 있음을 기억하자. 전환이란, 정신 질환이나 물질남용을 겪는 비폭력 범죄자를 사법 제도가 아니라 행동 건강 관리 시설로 옮기는 일이다. 플로리다주 마이애미데이드 카운티의 판사 스티븐 레이프먼 Steven Leifman은 수감을 줄이고자 정신 보건 법정에서 이 방식을 개척했다.[31] 환자가 치료받을 수 있도록 준비를 하고 치료 서비스와 연결해 주는 작업을 중시하는 이 프로그램은 마이애미데이드 카운티 교도소에서 매해 4000명을 전환한다.[32] 최근 카운티는 교도소 1곳을 닫으며 매해 1200만 달러를 아끼게 됐다.[33] 행동 건강 서비스가 이용 가능한 상황이면 환자는 전환을 통해 처벌이 아니라 회복의 길을 갈 수 있다. 그렇지만 사법 체계가 치료를 심사하는 역할을 계속 맡아야 한다. 그리고 선고를 기다리며 구치소에서 지내는 일을 항상 피할 수 있지도 않다. 미국에서 여성 수감자의 약 절반이 싱글맘이다.[34] 1명뿐인 보호자가 수감된 아이가 25만 명이라는 뜻이다. 일주일, 혹은 주말만이라도 구치소에서 선고를 기다리는 상황은 돌봄을 대신 제공할 사회적 연결망이 없는 가족에게 재앙일 수 있다.

다행히 혁신적 대안들도 있다.[35] 그중 하나를 살펴보기 위해 나는 애리조나주 매리코파 카운티의 크라이시스 나우Crisis Now 서비스를 찾았다.[36] 피닉스시 및 주변 교외까지 맡는 크라이시스 나우는 경찰이나 판사나 구치소와 관계없이 구축한 혁신적 위기 대응 모델이자 치료 연속성을 구현하는 모델이다. 이곳은 비행의 안전을 챙기는 '항공 교통 관제소'처럼 전화에 대응한다. 크라이시스 나우 상담 전화는 988번인데(911이 아니다), 간호사와 사회복지사와 동료 지원가로 구성된 정신건강위기팀으로 연결된다. 위기에 처한 사람이 입원할 필요가 있다면 팀은 인계 시간이 10분 이내인 정신과 응급 시설로 간다.

크라이시스 나우를 이끈 사람 가운데 1명인 데이비드 커빙턴David Covington은 응급 상황에 대비해 위기팀이 탑승하는 차량은 원격 의료 지원을 받아야 하며, 폭력적인 상황이 벌어질 경우를 대비해 경찰서와의 직통전화도 있어야 한다고 설명했다. 그렇지만 걸려 온 전화 가운데 경찰 개입이 필요한 경우는 4퍼센트에 지나지 않는다. 경찰 개입이 많은 관심을 끌긴 하나 예외적일 뿐 일반적이지 않다. 커빙턴은 상황을 이렇게 바라보면 최악의 비극을 일부 방지할 수 있다는 사실을 짚어줬다. "기억하세요. 경찰의 총격으로 인한 사망자의 25퍼센트가 정신 질환자입니다. 다수는 소위 '경찰에 의한 자살'(자살을 원하는 사람이 경찰을 자극해 자신을 죽이도록 하는 경우 — 옮긴이) 사건이죠." 위기 대응을 비무장화한다면 이런 비극을 일부 방지할 수 있다.

경찰과 정신 질환과 폭력이 한데 합쳐지면 인종차별과 과잉 대응에 방치까지 많은 문제가 생긴다. 이 복잡한 지형을 살펴볼 때 몇 가지 기억해야 할 수치가 있다. 중증 정신 질환자는 비정신 질환자와 비교해서 경찰 총격에 연루될 가능성이 16배나 높다. 정신 건강 위기는 경찰에게도 위험한 상황을 초래한다. 《워싱턴 포스트》사설에 따르면 1970년대 이래로 중증 질환자에 의해 경찰 115명이 목숨을 잃었다.[37] 더 큰 위험은 '경찰에 의한 자살'이 벌어지는 상황이다.[38] 그런 비극을 겪은 경찰은 외상후 스트레스장애와 우울증, 알코올중독에 시달리는 일이 흔하다. 경찰 지원 단체 블루 헬프Blue H.E.L.P에 따르면 2019년에 경찰 228명이 자살했다. 같은 해, FBI의 보고에 따르면 근무 중에 목숨을 잃은 경찰은 89명이었다.[39]

치료받지 않은 정신증 환자나 자살 경향성이 있는 사람을 도울 더 나은 방법이 필요하다. 질환을 앓는 개인과 무장한 경찰 모두의 위험을 줄이는 길 말이다. 매리코파 카운티의 크라이시스 나우 서비스를 보면 현실에서 더 좋은 길을 찾은 것 같다. 경찰국에서는 정신 질환자에 대응하고 그들의 이송하던 경찰관 37명을 공공 안전을 챙기는 자리로 이동시켰다. 지역 병원은 3년 만에 응급실의 정신과 대기가 급감해 3700만 달러를 아꼈다.[40] 피닉스시의 크라이시스 나우 직원에 따르면 구치소 내 중증 정신 질환 이환율은 구치소 밖과 같다고 한다.

중증 정신 질환자의 수감은 해결할 수 있는 문제다. 구치소와 교도소를 정신 건강 시설로 이용할 필요는 없다. 시설에서 시설로 이동하는 상황은 누구에게도 좋지 않다. 그렇지만 우리는 변화를 위한 의지를 아직 끌어내지 못하고 있다. 오늘날 치료가 필요한 35만 명 이상의 중증 정신 질환자가 증상 때문에 처벌받고 있다.[41] 지금의 우리가 전두엽 절제술 시절의 수용 시설을 마음 아프게 돌아보듯, 우리 자손들은 우리가 정신 질환자의 대량 수감을 어찌 용인했는지 의아하게 여길 것이다. 1841년 에이브러햄 링컨Abraham Lincoln이 메리 스피드Mary Speed에게 우울증은 "운이 나쁜 일이지 결점이 아니다"라고 편지를 써서 보낸 후 150년이나 흘러버렸다. 정말 그렇다.

노숙

그런데 탈시설화는 노숙이라는 또 다른 재앙도 낳았다. 미국에서는 노숙 문제를 알기 위해 멀리 떠나지 않아도 된다. 캘리포니아주에는 이 나라의 노숙인 50퍼센트가 있으니 보지 않을 수가 없다. 나는 샌프란시스코만 부근의 앨러미다 카운티에 살고 있다. 앨러미다 카운티의 주요 도시이자 인구 43만 명인 오클랜드는 판도라나 모자이크 같은, 요즘 유행에 어울리는 테크 회사들을 자랑스럽게 내미는 곳이기도 하거니와 카이저 같은 대형 건강 보험 회사의 본사가 있는 곳이기도 하다. 그렇지만 오늘날 오클랜드에는 약 8000명이 텐트나 다리 아래서 생활하고 있는데, 그 수가 2년마다 약 50퍼센트씩 증가하고 있다.[42]

샌프란시스코와 로스앤젤레스는 주거비가 비싼 데다 연중 대부분 기후가 온화해 이 도시들로 흘러든 사람 일부는 결국 경계의 삶을 산다. 그런데 현실은 떠돌이와 부적응자가 노숙인이라고 여기는 우리의 편견보다 훨씬 복잡하다. 차에서 생활하는 노숙인 가족도 있다. 쉼터를 왔다 갔다 하는 노숙인도 있다. 다리 아래나 야영지에서 오래 사는 노숙인도 있다. 이런 노숙은 그 자체로 고통스럽고 위험하며 건강에 좋지 않다. 이 상황에 정신 질환이 더해지면 정신 질환이 원인이든 결과든 간에 현대의 비극이 벌어진다. 오클랜드의 노숙 상황은 다면적이지만, 만성 정신 질환과 장기간의 거리 생활이 합쳐지면 가장 어려운 사례가 된다.

두에인은 5년 전 어머니가 죽은 뒤로 노숙 생활을 해왔다. 그의 '집'은 오클랜드 시내 마틴 루터 킹 거리에 있는 공터 가장자리다. 두에인은 옷을 담은 상자며 철끈으로 묶은 쓰레기 봉지 6개, 재활용 제품이 넘쳐나는 쇼핑 카트로 약 5제곱미터의 인도를 둘러치고 그 안에서 산다. 캠프 한쪽은 부엌으로, 콜먼 스토브와 오래된 수프 캔을 닮은 냄비가 있다. 나는 앨러미다 카운티 노숙인건강관리 팀과 함께 두에인을 만났다. 팀에는 정신과 의사와 간호사와 몇 년 동안 두에인을 알고 지낸 사회복지사가 있었다. 그들의 목표는 두에인이 근처 진료소를 방문해서 약물 요법을 받는 것이 전부였다. 두에인과 함께 있는 동안, 6미터 밖에 떨어지지 않은 거리에서 지나가는 차들은 우리를 보지 못하거나 우리에게 시선을 주지 않았다. 그들이 왜 그러겠는가? 두에인은 이 길가 한쪽 인도를 무단으로 점유하는 50대 중년 남성일 뿐이다. 그리고 이런 거리가 1킬로미터가량 계속 이어진다.

오클랜드 노숙인 70퍼센트가 그렇듯[43] 두에인은 아프리카계 미국인이다. 이는 중요한 사실인데, 도시 인구의 25퍼센트, 카운티 인구의 11퍼센트만이 아프리카계 미국인이기 때문이다. 이 도시에서 많은 경우 노숙은 레드라이닝(특정 지역에 대한 주거 차별 — 옮긴이)과 분리 정책의 유산이다. 레드라이닝은 20세기 초중반 사이에 은행이 아프리카계 미국인들에게 대출을 거절하면서 그들을 주택 소유주가 아니라 세입자로 남게 한 일이다. 아프리카계 미국인들은 이런 인종차별적 관행으로 인해, 특히 젠트리피케이션 현상으로 집세가 오르면 힘들어졌다. 오클랜드가 첨단 기술 회사며 실리콘밸리의 상류층 세입자를 끌어들이면서 집의 가격과 집세가 급등했다. 여러 세대에 걸쳐 오클랜드에 살며 노동자 거주 구역에서 충실히 집세를 내왔던 많은 아프리카계 미국인 가족이 이 경제 호황의 희생자가 됐다. 백인 집주인들이 현금을 거둬들인 바로 그때, 그들은 노숙 상태가 됐다.

중증 정신 질환을 겪는 집단의 경우 노숙인이 되는 경로는 다양하다. 그들은 도시의 요양 시설에 머문다. 이곳은 장애인에게 사회 보장 장애연금으로 세를 받고 식사와 침실을 제공하는 장기 생활 공동체다. 크고 오래된 집 여러 채가 중증 정신 질환자 수만 명에게 중요한 쉼터가 돼줬다. 이런 인가받은 시설이 그들에겐 안전하게 살 거처였다.[44] 그렇지만 부동산 가격과 재산세가 오르는 상황은 요양 시설 소유주들에게 더는 경제적으로 환영할 일이 아니었다. 샌프란시스코에서는 2012년 이래로 이런 시설 3분의 1이 문을 닫았다. 로스앤젤레스에서는 매해 병상 200개가 사라지고 있다.[45] 이곳 오클랜드도 시설이 줄면서, 중증 정신 질환자와 노숙인을 구분하는 사회적 안전망의 마지막 선이 사라졌다.

이제 50대 중반인 두에인은 조현병으로 여러 번 입원했다. 한때는 몇 년 동안 지역 주유소에서 일했다. 약물 요법으로 치료받으며 어머니와 사는 동안에는 머릿속 어딘가에서 들려오는 목소리를 통제할 수 있었다. 그렇지만 몇 년 전 어머니가 세상을 떠나니 돌봐주는 사람이 사라졌다. 두에인은 시선 교환조차 못 했으나 그래도 우리가 그날의 계획을 질문하니 주의 깊게 들었다. 두에인에게서는 오줌 냄새와 담배 냄새가 났다. 한쪽 뺨에는 희끗희끗한 수염 사이로 긴 흉터가 나 있었다. 그는 커피를 마시는 동안 부들부들 떨었다. 두에인은 그 목소리에 관해 중얼거린다. 더 안전한 거처를 찾고 싶으나 시에서 지은 시설로는 가고 싶지 않다고 자신의 '잡동사니'를 챙겨갈 수 없기 때문이라고 했다. 우리가 그곳을 떠날 때, 두에인은 핏발선 눈으로 우리를 힐끗 본다. 빙긋 웃자 빠진 이가 드러난다. "복 받으실 겁니다, 복 받으실 겁니다."

두에인은 혼자가 아니다. 그의 친척들이 길 건너 텐트에서 살고 있다. 사실 마틴 루터 킹 거리의 이 구역 사람들은 대부분 오클랜드에서 자랐고 서로 오랫동안 알았다. 이들은 하나의 공동체로, 누가 자리를 지키고 있는지 지켜보는 사이이므로 화장실을 한 번에 1명씩 이용할 수 있고, 모퉁이의 성 빈센트 드 폴 자선회에서 음식을 구할 수 있다. 두에인의 친척이 두에인에게 지급되는 생활 보조금을 챙겨준다. 그래서 담배와 수프를 구할 돈이 있다. 얼마 전 그들은 캠프 앞에 고철 장벽을 함께 세웠다. 지나가는 차에서 담배꽁초나 때로는 성냥이 날아오기 때문이다. 이곳에는 두에인처럼 오랫동안 이 구역에서 살아온 사람들이 있다. 이들 다수는 그동안

이 구역에서 몇 블록 이상 나가본 적 없다.

오클랜드 시장 리비 샤프Libby Schaaf는 여러 비영리 단체와 힘을 모아 노숙인들이 텐트 캠프와 지하도에서 안전한 곳으로 옮겨가도록 애썼다. 담을 둘러친 공동체를 위해 시는 임시방편으로 전기와 이동식 화장실을 제공하고 일주일에 세 번씩 샤워 트럭을 불렀다. 진료소가 붙어 있는 개조 호텔도 있다. 시는 장기간 거주할 수 있는 선택지를 늘려왔다. 그렇지만 두에인을 비롯한 많은 사람은 거처를 옮기지 않는다. 다른 선택지가 있는데도 거리에서 계속 사는 이유는 무엇일까? 자신의 물건이나 반려동물을 두고 떠나기 싫은 사람이 있다. 실내에서 살면 안전하지 않으리라고 생각하는 사람도 있다. 그리고 두에인처럼 거리 생활이 아무리 험하다고 해도 친숙한 곳을 떠나기 싫은 사람도 있다.

정확한 수치는 구하기 힘들지만, 미국 주택도시개발부에 따르면 미국에서는 언제든 노숙하는 사람이 55만 3000명으로 추산된다.[46] 그중 약 25퍼센트가 중증 정신 질환을 겪고 있으니,[47] 계산해 보면 중증 정신 질환자 13만 8000명이 두에인처럼 노숙 생활을 한다는 뜻이다. 구치소와 교도소에 있는 인원의 절반쯤 되는 수로, 24시간 거주 시설에 머무르는 환자 수에 가깝다. 이는 정신 건강 최악의 위기다. 중증 정신 질환자 13만 8000명이 본인이 원래 살던 동네에서 머릿속 목소리로 괴로워하며 적대적 외부 세계에 취약한 상태로 난민처럼 지내고 있다. 노숙 생활을 하거나 구치소에 있는 인원은 집 내부에 격리됐거나 값싼 호텔 구석에서 사는 수많은 정신 질환자 집단과는 달리 통계에서 다뤄지지 않는다. 그들은 정신 건강 관리 밖에 있을 뿐 아니라 의학적 치료도 받지 않는다. 그러다 외상과 약물 과용 혹은 급성 신진대사 위기로 응급실에 실려 온다.

탈시설화 이후 수십 년이 지난 지금, 우리는 이 모든 상황을 정상으로 받아들이게 됐다. 그렇지만 다른 병이라도 그럴까? 이것이 디즈 의원이 던진 질문이었다. 당뇨병이나 심장병이 있는 미국인 수백만 명이 25세가 되기 전에 장애 상태가 된다면, '병실 없음'이 가능할까? 치료를 제공할 여력이 없다는 이유로 환자들이 노숙이나 수감 상태에 처하도록 둘 것인가? 이 가혹한 현실은 숫자를 보면 명백하게 드러난다. 정신증을 앓고 있고, 건강 관리 시설에 빨리 가야 하는 청년은 언제를 기준으로 하든 구치소에 있을 확률이 약 50퍼센트고 노숙 생활을 할 확률이 25퍼센트며 병원이나 24시간 거주 시설에 있을 확률이 25퍼센트다.

이런 청년들은 치료할 수 있는 질환을 앓고 있다. 대부분 오늘날의 치료를 적절히 조합하면 회복할 수 있으며 회복할 것이다. 수용 능력 부족이 문제의 아주 큰 부분을 차지한다. 그렇다면 다른 부분은? 환자들이 효과적인 치료법에 접근할 가능성이 떨어진다는 점이다.

5장   질적 차이 건너기

미국에서 정신 질환이나 물질사용장애를 겪는 환자들에게 제공하는
의료의 표준은 …… 종종 효과가 떨어지고 환자 중심의 치료가 아니
며 시기가 안 맞고 불공평하며 안전하지 못할 때도 있다. 근본적인 재
구성이 필요하다.

－ 미국 의학연구소Institute of Medicine,
"정신 질환 및 물질남용장애 치료의 질을 개선하기 위해"[1]

중학생 에이미는 처음으로 거식증 진단을 받았다. 유년 시절 에이
미는 '완벽한 아이'로, 학교 안에서나 밖에서나 뛰어났다. 에이미
는 바이올린 연주로 또래들과 겨뤄 주에서 열린 대회에서 결승까
지 올랐고 12살에 중국어를 다 뗐다. 에이미의 부모는 그런 성취를
자랑스럽게 여겼고 딸의 야망을 북돋웠으나 사실 에이미가 '행복
한 아이'기를 바랐다. 그들은 에이미의 강한 욕구와 성공에 좀 혼
란스러웠다.

에이미의 달리기는 거식증을 알린 첫 신호였다. 에이미는 5킬로
미터 달리기 대회에 나가기 위해 훈련하기로 마음먹고 곧 하루에
16킬로미터씩 달렸다. 때로는 해뜨기 전에 일어났고 비를 맞으며
달리기도 했다. 에이미가 그간 열심히 한 학교 숙제며 다른 활동이
이제 달리기 훈련으로 지장받았다. 그렇지만 달리기로 변한 에이

미의 몸이 더 눈에 띄었다. 원래 마른 체격에 12살치고 덜 큰 편이
었는데 몸을 너무 열심히 쓰다 보니 성장이 아예 멈춘 것 같았다.
에이미는 특별한 음식을 달라고 했고 식사를 조금만 하면서 학교
숙제를 확인하듯 열량을 계산했다.

강도 높은 운동과 식이 제한을 밀고 가면서 에이미는 자기 자신
을 통제할 수 없었다. 그저 더 열심히 노력하자고 스스로 다그칠 뿐
이었다. 부끄럽고 겁이 나도 부모에게 이런 감정을 털어놓지 못했
다. 부모와 선생님은 점점 더 에이미를 걱정했지만 역시 입을 다물
었다. 에이미는 제 세계가 얼마나 '불완전'하게 변했는지 숨기기 위
해 가능한 한 모든 일을 다 했다. 그러다 결국 학교에서 쓰러지고
말았다. 에이미는 선생님과 부모가 몇 주 동안 자신의 건강을 걱정
했다는 사실을 그제야 깨달았다. 몸무게는 30킬로그램밖에 나가
지 않았고 피부는 얇아지고 늘어났으며 눈은 생기를 잃었다. 에이
미는 응급실에 가서 정맥 주사로 약을 투여받았다. 거식증 조카를
뒀던 응급실 간호사는 튜브로 영양을 공급하자고 했지만, 에이미
와 부모에게 그 방법은 너무나 극단적으로 다가왔다. 그들은 소아
과 의사에게 전할 의뢰서를 챙겨서 퇴원했다.

소아과 의사는 우선 에이미의 건강 상태를 확인했다. 혈청 전해
질은 비정상이었고 몸무게는 성장 도표 백분위의 맨 앞쪽 수치보
다도 낮았다. 소아과 의사는 거식증이라고 추정했으나 의학적 치
료 이상은 해줄 수 없었다. 에이미에게는 세 가지 선택지가 있었다.
애틀랜타주에 있는 3시간 거리의 소아 정신과 의사. 혹은 같은 시
에 있는 식이장애 외래 센터. 아니면 6시간 거리에 있는 식이장애

전문 거주 치료 센터. 소아 정신과 의사는 시간당 300달러를 청구했고 보험은 되지 않았다. 식이장애 센터는 새 환자를 받지 않고 있었다. 가장 좋은 선택지는 거주 치료 센터 같았다. 실제로 웹사이트를 보니 그곳은 이상적인 치료 공간처럼 보였다. 그곳에서는 개인 및 그룹 치료를 제공하며 승마 치료도 가능했다. 치료 결과가 어떤지 자료는 공개하지 않았으나 성공적으로 회복한다고 주장하고 있었다. 학기가 끝났으므로 에이미는 6월 음악 캠프에 가는 대신 센터에 갈 수 있었다. 부모들은 에이미를 잃을까 봐 겁을 냈던 만큼 이제 계획을, 희망찬 해결책을 세울 수 있었다. 그들은 마치 캠프에 데려가듯 에이미를 치료 센터로 데려갔다. 에이미가 부모에게 작별 인사를 할 때, 예진 간호사가 에이미의 부모를 안심시켰다. "따님은 회복될 겁니다." 에이미의 부모는 센터가 에이미의 문제를 파악한 것 같아 마음이 편해졌으나 가격을 보고 놀랐다. 그들은 에이미가 그곳에서 30일 머무르는 동안 3만 달러를 내라고 했다. 에이미의 부모는 둘 다 학교 선생님으로 일했고 좋은 보험에 가입돼 있었다. 그러나 보험 회사는 그 시설이 '계약되지 않은' 곳이므로 비용을 승인할 수 없다고 했다. 부모는 포기하지 않고 에이미의 대학 자금을 썼다. 에이미가 바라던 꿈의 학교인 프린스턴 대학을 적어도 1년 다닐 수 있는 돈과 맞먹는 금액이었다.

에이미는 30일 동안 센터에서 지낸 뒤 훨씬 좋아졌다. 에이미는 자신이 무능하다고 느끼거나 낮은 자존감에 관해서, 자기 행동을 통제하지 못할까 봐 두렵다는 이야기를 털어놓을 수 있었다. 그룹 모임에서 에이미는 비슷한 문제를 겪고 있는 다른 소녀들을 만났다. 에이미는 혼자가 아니라는 기분에 안심했으나 그들을 따라잡을 수 없다는 느낌이 사라지지 않았다. 에이미는 체중이 늘지 않았고 열량 계산이나 운동 훈련을 그만두지도 않았다. 센터는 치료를 1달 동안 더 받으라고 권하면서 이번에는 저용량 항우울제를 처방하겠다고 했다. 그해 여름이 끝나자 프린스턴 대학을 2년 다닐 비용이 사라졌다.

9월이 됐으나 에이미는 학교에 다닐 수 없는 상태였고 가족 모두 절망에 빠지기 시작했다. 집으로 돌아온 에이미는 쓸쓸하게 지냈고 집중력을 잃었다. 여름 동안 에이미의 부모는 센터 근처에 단기로 집을 빌려 잠시 지내다가 직장에 복귀했는데, 저축이 바닥난 것도 문제였지만 앞으로 어떻게 해야 할지 알 수 없었다. 그들이 가입한 보험은 에이미의 약물 치료 비용을 일부 보전해주고 에이미가 튜브로 영양을 공급받는다면 비용을 대주겠지만 장기 치료는 포함되지 않았다. 사실 부모는 센터의 치료가 그렇게 도움이 됐는지 확신할 수 없었다. 에이미의 거식증은 중독의 일종 같았지만, 회복될 기미는 보이지 않았다.

앞선 장에서 우리는 병원 수용 능력 부족을 살펴봤다. 실제로 미국의 정신 건강 관리 개혁에 관한 논의는 주로 접근성 문제를 다뤘다. 더 많은 제공자, 더 많은 치료. 그렇지만 접근성을 높여도 충분하지 않다. 지금은 그 어느 때보다도 제공자가 많고 치료도 많이 이뤄지고 있으나 결과가 더 좋지는 않다. 왜일까? 치료 결과가 더 좋아지려면 접근성뿐만 아니라 치료의 질적 개선도 필요하다. 정신 질환 치료가 위기에 처한 상황에서 질은 양만큼이나 중요하다.

도움을 찾아서

에이미의 부모처럼, 정신 질환 치료가 필요한 많은 사람이 처음에 어떻게 임상가를 찾을지 몰라 당황한다. 나는 그들의 기분을 안다. 내 딸 라라는 오벌린에서 대학 첫 학기를 마친 다음 홀쭉해진 모습에 지친 상태로 애틀랜타에 돌아왔다. 나는 딸이 돌아와서 기뻤을 뿐 거식증으로 죽을 만큼 고생한 딸의 사정은 전혀 몰랐다. 사실 나중에 알았는데 딸은 그 무렵 1년 넘게 체중과 외모에 집착하며 고통에 시달렸다. 에이미가 그랬듯 딸은 완벽주의를 지향했고 완벽하지 않은 제 모습이 수치스러워 이 사실을 알리지 않았다. 1년 동안 괴로워하다 위기를 맞이하자 그제야 도움을 요청했다. 대학에 몸담은 정신 의학과 교수로서 나는 딸이 심한 정신 질환을 앓고 있다는 사실을 눈치채야 했지만 그러지 못했다. 이제 적어도 라라가 도움을 구한 만큼 어디서 좋은 치료를 받을 수 있을지 알아내야 했다. 그렇지만 대학에는 식이장애 전문 치료나 프로그램이 없었고, 나는 에이미의 부모가 찾은 기관보다 더 나은 센터를 찾아내지 못했다. 다행히 언제나 문제 해결사였던 라라는 훌륭한 치료사가 있는 집중 외래 프로그램을 찾아냈고 성공적인 회복을 향해 기나긴 길을 걷기 시작했다. 그렇지만 치료의 세계가 미로처럼 너무 복잡해 업계 전문가인 나조차도 길을 찾기 어려웠다.

첫 번째 문제는 전문가 유형이 너무나 다양하다는 것이다. 사회 복지사, 결혼 및 가족 상담가, 임상 심리사, 정신과 의사. 이들 모두 자신을 치료사라고 부른다. 전문가 선택이 정말 중요한데, 그에 따라 받는 치료가 대체로 달라지기 때문이다. 불안장애가 있는 아동이나 우울증이 있는 성인은 어느 문을 열고 들어가냐에 따라 다른 진단, 다른 치료를 받을 것이고 결과도 다를 것이다. 암이나 천식, 심장병과는 달리 정신 질환 치료는 가장 흔한 정신 질환이라 해도 문제를 다루는 다양한 치료 제공자를 다룬 통계가 거의 없다.

명칭	학위	수련 기간	미국 내 수	인구 만 명당 수
소아 정신과 의사	의학 박사	6년 근무	8,090	2.5
정신과 의사	의학 박사	4년 근무	33,650	10.3
임상 심리사	박사/심리학 박사	2년(1년 대학원)	91,440	28.1
공인 임상 사회복지사	사회복지학 석사/박사	2년	239,410	73.6
정신과 임상 간호사	공인 등록[RN]/석사/박사	별도 지정 기간 없음	10,450	3.2
결혼 및 가족 치료사	석사/박사	2년	53,080	16.3
공인 정신 건강 상담사	석사/박사	2년	140,760	43.3
학교 상담사	학사	주마다 다름	116,080	35.6
총합			692,960	213.2

표 5-1. 정신 건강 분야 종사자, 출처는 보건자원및서비스행정국(HRSA), 2020년 12월 15일.[2]

미국에 정신 건강 분야 제공자가 충분하지 않다는 말을 자주 듣지만, 숫자만 봐서는 치료자가 부족한 현실을 파악하기 어렵다. 약 70만 명의 제공자가 있으며 사회복지사, 결혼 및 가족 치료사, 공인 상담사처럼 전통적인 심리 치료 전문가가 절반을 넘는다. 정신 건강 치료사는 비교적 많다고 할 수 있는데, 예를 들어 미국 내 물리 치료사는 20만 9000명이고[3] 치위생사는 20만 명이다. 정신과 의사는 전체 종사자의 5퍼센트고 소아 정신과 의사는 약 1퍼센트밖에 안 된다. 보잘것없어 보이겠지만 사실 정신과 의사는 다른 어떤 의학 분야의 전문가보다 많다(내과와 소아과 제외). 그리고 미국 내 정신과 의사 비율은 전 세계 대부분의 나라보다 크다. 전 세계 인구 45퍼센트가 인구 10만 명당 정신과 의사가 1명 이하인 나라에서 사는 반면, 미국은 10만 명당 정신과 의사가 12명을 훌쩍 넘는다.[4]

그렇다면 임상가를 만나는 일이 왜 그렇게 힘들까? 미국 내 정신 건강 분야 종사자 수는 비율로만 따지면 인구 1000명당 전문가 2명이다. 사실 중중 정신 질환자 성인이 1420만 명이니, 이론적으로만 보면 치료가 필요한 사람 20명 당 치료사 1명이 있다. 그렇다면 문제는 무엇일까? 종사자의 불평등한 분포도가 문제다.[5] 정신 건강 서비스의 지역별 차이를 보면 국제적 수준만큼이나 격차가 심하다.

정신과 의사 수를 보면 아이다호주는 10만 명당 5.2명이고 매사추세츠주는 10만 명당 24.7명이다.[6] 미국은 심리 치료사가 정신과 의사보다 3배 많은데, 이들의 지역별 격차는 훨씬 심하다. 미시시피주는 10만 명당 7.9명인 한편 매사추세츠주는 10만 명당 76명이다. 심지어 정신 건강 종사자에서 가장 큰 집단을 차지하는 임상 사회복지사도 지역별 격차가 비슷하다. 몬태나주는 10만 명당 22명인데 메인주는 10만 명당 186명이다.

주 내부 분포를 보면 그 안에서도 격차가 있음을 알 수 있다.[7] 시골 지역과 도시 지역은 접근성에서 심각한 차이를 보인다. 도시 내부에서도 저소득 지역과 고소득 지역이 다르다. 최근 조사에 따르면 미국 내 카운티 56퍼센트에 정신과 의사가 없으며, 64퍼센트는 정신 건강 제공자가 부족한 상태고, 70퍼센트는 소아 정신과 의사가 없다. 내가 가장 당황한 부분은 간호사의 부족이었다. 200만 명이 넘는 간호사가 보통 지역사회 의료 근간을 형성하는데, 정신과 임상 간호사는 나라 전체에서 약 1만 명으로 희귀하다.[8]

그렇지만 정신 건강 전문가가 많은 지역이라고 해도 정말 도움이 절실한 상황에서 전문가를 찾는 사람은 상대적으로 얼마 안 된다. 임상 심리사의 월별 사례 담당률을 다룬 어느 조사에 따르면 임상 심리사 40퍼센트가 중증 정신 질환 환자를 맡지 않는다고 했다.[9] 전체 심리학 수련 프로그램에서 중증 정신 질환자 상담 프로그램이 절반밖에 안 되는 현실을 반영한 결과일 것이다. 약물을 처방하는 정신과 의사가 1차적으로 중증 정신 질환자를 담당할 것 같지만, 중증 정신 질환자를 1달에 10명도 진료하지 않는 의사가 4분의 1이다.[10] 놀랍게도 정신과 의사 57퍼센트는 메디케이드를 받지 않으며 45퍼센트는 사보험을 받지 않는다.[11] 그리고 임상 심리사나 사회복지사 같은 여러 비의학계 제공자는 공보험이나 사보험으로부터 적절한 보험 급여를 받지 못해 환자에게서 치료비를 직접 받는다. 그 결과 전문적인 정신 건강 치료는 행위별 수가제 사업이 돼 보통 직업 없고 가난한 중증 정신 질환자를 맡지 않는다.

질적 치료를 구하는 사람 누구나 접근성 문제보다 높은 세 가지 장벽을 마주하게 된다. 먼저 환자가 필요로 하는 치료법을 치료 종사자가 훈련하지 않은 경우가 있다. 두 번째로 치료가 심하게 파편화된 상황도 문제다. 여러 제공자가 여러 가지 정신 건강 치료법을 제공하는 가운데 정신 건강 치료와 물질남용 치료는 거의 통합돼 있지 않고 행동 건강 분야는 나머지 의료 분야와 분리돼 있다. 마지막으로 책임 문제가 있다. 정신 건강 제공자는 치료 결과를 거의 측정하지 않기 때문이다. 그런데 측정 없이는 치료의 질을 개선할 수 없다. 훈련, 통합, 책임성, 이 세 가지 문제 모두 해결책이 있다. 접근성 문제도 그렇고, 우리는 무엇을 해야 할지 알고 있다.

명성 중심의 치료

그냥 치료사 말고 증상에 효과 있는 치료법을 제공하는 치료사를 찾는 일이 얼마나 어려운지 에이미의 가족도, 나도 알게 됐다. 2000년대 초반 머나 와이스먼Myrna Weissman은 과학적 근거가 있는 치료법을 쓰는 치료사가 거의 없는 이유를 알고자 했다.[12] 와이스먼 박사는 컬럼비아 대학의 국보급 학자이자 사회복지사고, 역학자다. 그는 우울증 치료용 대인 관계 심리 치료를 개발했고 우울증이 세대에 걸쳐 어떻게 전달되는지 연구했다. 또한 우울과 불안의 심화 과정을 관찰하는 여러 방법을 개발했다. 1980년대에 와이스먼이 제럴드 클러먼Gerald Klerman과 개발한 대인 관계 치료Interpersonal therapy, IPT는 정신 분석에서 탈피한 혁신적 치료법이었다. 대인 관계 치료는 12주에서 16주 정도 진행하는 구조적 우울증 치료법으로, 환자는 유년 시절의 갈등을 탐색하는 대신 증상이 나타난 당시 상황이 어떠했는지 파고든다. 예를 들어 어떤 우울한 사람은 치료를 통해 자기혐오와 무력감의 근본 원인이 배우자에게 분노를 표현하지 못한 탓이었다는 사실을 알게 된다. 주목할 만한 점은 이 치료가 우울증 치료에 효과적이었다는 것이다. 그런데 와이스먼은 효과적인 심리 치료를 개발했는데도 아무도 이 기법을 쓰지 않아 당혹스러웠다. 실제로 심리 치료 현장을 둘러보니, 강한 과학적 근거에 기반한 치료법은 거의 쓰이지 않고 있었다.

와이스먼은 애초에 훈련이 부족하다는 점을 문제의 원인으로 짐작했다. 그는 전국의 사회복지사, 임상 심리사, 정신과 의사에게 제공되는 임상 훈련 프로그램 221개를 살펴봤다. 그 결과, 프로그램들은 각각 치료 과정의 일부 측면만을 다룬다는 사실이 드러났다. 정신 약리학과 약물 관리는 의학 학위가 필요한 정신과 프로그램에서 가르친다. 인지 검사는 학습 장애와 치매를 평가하는 임상 심리사들이 배운다. 심리 치료 훈련은 정신 질환자 치료를 배우는 어느 임상 프로그램에나 있을 것이라고 다들 생각할 텐데, 여기서 와이스먼은 간단한 질문 하나를 던진다. 과학적으로 입증된(혹은 박사의 표현에 따르면 '증거 기반'의) 심리 치료들, 예를 들어 행동 치료나 인지 행동 치료, 변증법적 행동 치료, 표준화된 가족 치료, 대인 관계 심리 치료, 다중 체계적 치료, 부모 훈련 같은 치료법을 학생들이 전문가 지도하에 배우는 경우는 얼마나 될까? 이는 과학적으로 고안된 연구에서 효과가 입증된 구체적 기술을 갈고닦아야 하는 치료법들이다. 기술 숙달이 필요한 이 같은 개입은 심리적 문제로 정의된 상태를 해결할 때 효과가 있다고 무작위 임상 시험에서 입증됐다. 분명, 프로그램들은 이런 입증된 도구를 제공하고 있긴 했다.

그런데 정신과 훈련 프로그램에서는 90퍼센트 이상이 이 같은 훈련을 받았으나, 임상 심리학 박사 과정과 사회복지학 석사 과정에서는 60퍼센트 이상이 과학 기반 치료법을 하나도 훈련받지 않았다는 사실이 밝혀졌다.[13] 여기서 다시 짚어두자면, 정신과 의사는 전체 정신 건강 분야 종사자의 5퍼센트를 차지하고, 사회복지사와 임상 심리사는 약 50퍼센트다. 나머지 종사자들은 이 세 그룹보다도 훈련을 덜 받는다. 거식증이나 강박장애 같은 정신 질환에서 어떤 심리 치료법이 효과가 있다고 입증되더라도, 그 치료법을 훈련받은 치료사는 전국에 수백 명밖에 없을지도 모른다.

정신 건강 전문가가 과학적 치료법을 제공하는 훈련을 받지 않는다면 어떤 훈련을 받을까? 어떤 치료법이든 전문가 지도하에 훈련하는 프로그램은 거의 없다. 학생들은 대체로 유년기 갈등을 탐색하는 정신 역동 심리 치료를 배운다. 예를 들어 센터에서 에이미를 맡은 치료사는 에이미와 함께 부모를 향한 숨은 분노며 최근 겪게 된 사춘기의 변화로 인한 불안을 탐색했는데, 해결되지 않은 오이디푸스 콤플렉스를 염두에 뒀을 것이다. 또 학생들은 내담자를 지지하는 치료를 배운다. 내담자의 말에 공감하며 들어준다는 점에서는 도움이 될 수 있으나 중증 정신 질환자 치료에 도움이 된다는 강력한 과학적 근거는 없다. 심리 치료를 가르치는 사람들 대부분은 본인이 훈련했던 시절의 내용을 전달한다. 그러나 대체로 과학적 증거가 아니라 카리스마 있는 소수 임상의에 맞춘 내용이었다. 증거 중심 치료와는 대조적이라는 맥락에서, 이를 '명성 중심 치료'라고 부르겠다.

이 같은 단절을 거시적으로 살피기 위해, 유방암을 예로 들어보자. 이 질병을 다루는 전문가 90퍼센트가 의학적 수련을 받지 못했고, 비의학적 훈련을 받은 임상가의 60퍼센트가 실제로 효과가 있는, 몇 안 되는 치료법을 배우지도 못했다고 하면 다들 어떤 반응을 보일까? 잔인한 농담처럼 들릴 것이다. 이들이 올해 유방암으로 진단받을 여성 25만 명을 치료할 수 있을 것 같지는 않다. 정신 건강 관리의 세계에 온 것을 환영한다. 병의 치료는 진료해 주는 사람에 성공 여부가 달려 있다. 제공자 대부분은 환자가 어떤 상황인지와는 상관없이, 자기 자신이 편하게 느끼는 치료를 할 것이다. 심리 치료를 감독하는 기관이 없어 문제는 더 복잡해진다. 치료의 질적 통제는 자격증을 책임지는 관리 위원회에 달려 있다.

어쩌다 이런 상황이 됐을까? 20세기 중반, 정신 의학은 깊은 심리적 갈등을 캐내는 프로이트적 정신 분석에서 벗어나 방향을 틀었다. 그런데 그런 치료적 대화를 향한 갈증이 더욱 심해지고 말았다. 정신 의학은 의학적 접근에서도 멀어졌고 의학적 접근은 뇌 과학 분야에서 신경학으로 남았다. 정신 의학과 신경학은 처칠식으로 말한다면, 공통 기관organ에 의해 갈라진 두 학문이다(조지 버나드 쇼가 "영국과 미국은 공통 언어에 의해 갈라진 두 나라다England and America are two countries separated by a common language"라고 말했고, 처칠이

이를 변형 인용해 유명해졌다 — 옮긴이). 다른 학문이 나타나 의학적 영향력을 놓고 정신 분석과 경쟁하는 일은 시간문제일 뿐이었다. 결국에 정신 분석 치료에는 의학 전문 지식이 필요하지 않게 됐다. 그리고 20세기 중반 정신 분석에서 다양한 형식의 심리 치료가 파생됐고 임상 심리사와 사회복지사와 상담사 같은 비의학적 전문가가 치료 수요를 받아낼 만큼 늘어났다. 종사자 수가 기하급수적으로 늘어나는 한편 사회복지사를 비롯한 치료사가 받는 훈련은 줄어들어, 훈련 경험이 거의 없을 임상의들 아래에서 인턴으로 현장을 체험하는 여름 교육 과정이 전부였다. 그동안 정신과 의사들은 의학적 뿌리로 돌아가 약학에 집중하며 심리 치료법을 '치료사'의 세계에 남겨놨다. 이런 분리 속에서 외과 및 의과 하위 분야라면 필요할 질적 통제가 이뤄지지 않게 됐다. 상황은 현 상태를 유지하는 쪽으로 돌아갔고 명성 중심 진료가 현장을 지배했다.

양질의 훈련을 통한 양질의 치료

치료의 질적 개선에는 여러 가지 어려운 문제가 있지만, 그래도 훈련 부족은 해결할 수 있는 문제다. 영국에서는 심리 치료 접근성 향상IAPT 프로그램을 진행했다. 매해 환자 약 60만 명에게 불안 및 우울증을 다루는 양질의 심리 치료를 제공하기 위해 7000명이 넘는 치료사가 훈련받았다.[14] 그 결과 환자 절반 이상이 완전 관해에 이르렀다.

심리 치료 접근성 향상 프로그램의 창시자 데이비드 클라크David Clark는 첫인상만으로 대변화를 이끈 사람처럼 보이지 않았다. 각진 얼굴과 놀라울 만큼 하얀 생머리를 가진 클라크는, 검은 폴로 셔츠의 단추를 목까지 잠그고 단어를 조심스럽게 발음하는 모습이 옥스퍼드 교수다웠다. 약학으로 학문 인생을 시작한 그는 약물이 최적의 치료법일 수 있다고 믿었으나 환상은 깨졌다. 한편으로는 옥스퍼드 대학에서 진행한 연구를 통해 새로운 심리 치료법이 엄격한 임상 연구에서 강력한 효과를 낸다는 사실을 알았다. 하지만 클라크는 문제가 있었다고 설명했다. "이런 강력한 치료법들은 우아한 학계에 갇혀 있었습니다. 이런 치료법을 현실 세계에서 환자를 위해 쓰는 사람은 아무도 없었습니다."

영국 또한 미국처럼 우울증이나 불안에 시달리는 사람들은 대부분 1차 치료 제공자에게 도움을 구했다. 그러나 이 제공자들은 시간도 부족하고 심리 치료 훈련을 받지도 않은 상태였다. 그러다 보니 유일한 치료법은 약물 요법이었다. 클라크는 이런 상황을 바로잡기 위해서 영국 상원 의원이자 경제학자인 리처드 레이어드 Richard Layard와 힘을 모아 인지 행동 치료를 비롯해 여러 증거 중심 치료법을 현실에서 더 쉽게 쓸 수 있도록 접근성을 높이는 프로그램을 만들었다.[15] 클라크 교수에 따르면 심리 치료 접근성 향상 프로그램에는 세 가지 중요한 요소가 있다.

먼저, 2008년에 시작된 심리 치료 접근성 향상 프로그램은 치료사들을 두 집단으로 나눠 훈련했다. 대학을 갓 졸업한 학생들은 강도가 낮은 치료를 제공하도록 훈련받았고, 정신 건강 전문가들은 심각한 문제를 다루도록 훈련받았다. 2017년까지 심리 치료 접근성 향상 프로그램은 감독자 지도하에 수준 높은 치료법을 익힌 새로운 치료사 집단을 양성했다.[16] 그 이전에도 인지 행동 치료사가 많았다고 볼 수도 있겠지만 클라크와 레이어드는 모두를 숙련도 높은 전문 인력으로 키워야 한다고 주장했다. 나중에 심리 치료 접근성 향상 프로그램은 인지 행동 치료 말고도 우울증에 쓰는 행동 활성화 치료, 외상후 스트레스장애 및 사회불안장애에 쓰는 맞춤형 심리 치료 교육도 도입했다.

두 번째로 클라크는 치료사와 환자의 상호작용 관련 자료를 전부 모으고자 했다. 심리 치료 접근성 향상 프로그램은 환자의 의뢰와 치료 참석, 치료 결과 자료를 수집하는 자체 자료 시스템을 구축했다. 환자가 치료사를 찾으면서 치료 관련 데이터를 제공하는 경우가 98퍼센트 이상이다. 데이터는 환자와 치료사가 직접 만나기 전에 수집하며, 환자와 치료사와 감독자에다 감독 위원회까지 치료 결과를 확인할 수 있도록 시각화 처리도 한다. 치료 결과는 단순히 환자가 치료에 얼마나 참여했는지, 증상이 얼마나 달라졌는지만을 평가하지 않는다. 심리 치료 접근성 향상 프로그램 팀은 직장 복귀나 사회 적응 같은 기능적 결과도 확인했다. 매달 영국 전역 200개 이상의 곳에서 결과를 담은 공공 보고서를 내도록 했다. 또, 높은 수준의 피드백을 제공했다. 이것은 정신 건강 관리 분야에서 전통적으로 피해온 일이다.

세 번째로 심리 치료 접근성 향상 프로그램은 규모를 확대하려고 노력했다. 2017년에 이 프로그램을 찾은 환자는 58만 명을 넘었다. 1년 기준으로 영국 인구의 1퍼센트보다 더 많은 수가 온 것이다. 심리 치료 접근성 향상 프로그램은 어쩌면 이 정도 규모에 도달한 유일한 정신 건강 혁신 사업으로, 가시적 변화도 내기 시작했다. 환자당 대략 1000달러로 인상적인 결과를 얻어낸 것이다.[17] 치료 후 51퍼센트가 회복하고, 66퍼센트가 신뢰할 만한 개선을 보여줬으며, 6퍼센트가 악화했다. 인구 차원에서 보면 고용은 늘었고 자살은 줄었다. 2019년 영국의 자살자 수는 5691명으로 10만 명당 11명이 사망한 셈인데,[18] 2000년대의 자살률에서 15퍼센트가 감소했다.[19] 인구 10만 명당 14.2명이 사망하고, 같은 기간 자살률이 33퍼센트 증가한 미국과 대조적이다. 물론 심리 치료 접근성 향상 프로그램만이 영국에서 자살률이 감소한 원인이라고 할 수는 없다. 이 프로그램이 시행된 2008년 이전에도 자살률은 줄어들고 있었다.

영국에는 국가 차원의 건강 관리 시스템이 있으니 자료의 표준을 세우고 규모를 키우는 일이 더 쉬울 수 있다. 그렇지만 심리 치료 접근성 향상 프로그램에서 내 관심을 끈 대목은 새로운 인력 훈련에 집중했다는 사실이다. 공적 도움이 절실한 모든 세대에 선생님을 보내는 미국의 '티치 포 아메리카Teach for America'와도 닮았다. 프로그램 자체는 '접근성 향상'이라는 이름이지만 치료의 질을 향상하고 양질의 심리 치료를 대규모로 제공할 수 있음을 증명한 혁신적 모델이다. 똑같은 방식으로 미국 젊은 세대를 훈련해 정신증, 기분 및 불안장애 혹은 거식증 첫 삽화를 겪은 환자에게 증거 중심 심리 치료를 제공하게 하면 어떨까. 실제로 국가 차원에서 정신 건강 시스템을 운영 중인 미국 보훈부는 이런 프로그램을 시작해 놀라운 결과를 냈다.[20] 심리 치료 접근성 향상 프로그램은 여러 가지 어려운 공공 보건 문제에서 심리 치료를 약물 요법처럼 정확하게 제공하는 모델이 현실에서 실행될 수 있음을 입증했다.

파편화와 지연

훈련은 다루기 쉬운 문제다. 그간 해결이 어려운 문제는 치료 조정이었다. 다른 대부분의 의학 분야와 비교해 볼 때, 정신 건강 관리는 심하게 파편화돼 있다. 정신 질환 치료와 물질남용 치료를 동시에 받아야 하는 환자가 흔한데, 제공자도 다르고 기록도 분리되는 등 시스템 자체가 나눠져 있다. 그리고 두 치료 모두 나머지 건강 관리와 분리돼 있다. 정신 질환 치료 분야 안에서도 약물 요법과 심리 치료와 신경 기술과 재활 치료 모두 회복에 중요하나 포괄적 혹은 일관적 치료 계획으로 통합되는 일은 거의 없다. 이런 상황은 언제나 내게 거대한 수수께끼였다. 마치 가장 좋은 한 가지 개입이 존재하기라도 하는 것처럼 약물 대 심리 치료 혹은 약물 대 신경 기술(예를 들어 국소 경두개 자기 자극) 같은 논쟁이 끝도 없이 이어졌다. 학계 논쟁으로는 흥미롭겠지만 에이미 같은 사람을 위해서는 어떤 치료가 가장 좋은지 따지는 대신 치료를 어떻게 합치면 회복할 수 있는지 따져야 한다.

사실 치료 조정에 관한 과학적 증거는 거의 없다. 보통 약물 요법이 충분하지 않으면 제공자는 다른 약을 추가한다. 심리 치료가 효과를 보이지 않으면 심리학자와 사회복지사는 횟수를 늘릴 수 있다. 제공자로서는 이해가 가는 처방이지만 환자에게도 이 방식이 최선일까? 약물 요법과 심리 치료의 결합은 왜 표준 치료가 아닐까? 오늘날 결합 치료는 '단계적 치료'라고 불리는데, 환자가 한 가지 방식으로 치료받기 시작했다 해도 다음 단계에서는 다른 치료법을 결합하고 최적화한다. 실제로 결합 치료를 살핀 연구도 있는데[21] 연구는 약물 요법과 심리 치료를 같이 쓰면 각각 쓰는 것보다 더 좋은 결과가 나오리라는 생각에 부응한다. 그렇지만 대부분의 연구는 식품의약국의 접근 방식을 따른다. 한 번에 하나의 약을 검증하며 현장에서 흔히 쓰이는 방법으로는 시험하지 않는 방식 말이다. 우울증과 불안을 겪는 사람들 대부분이 결합 치료에 더 잘 반응할 것 같다면 왜 이 방식을 선택하지 않을까?

답은 치료의 파편화에 있다. 앞에서 언급했듯 미국에서는 각각의 정신 건강 제공자가 협업하지 못하기도 하거니와 기분장애와 불안장애를 겪는 환자는 정신 건강 전문가 말고 1차 치료 제공자를 찾을 가능성이 크다. 정신 건강 전문가의 유형과는 상관없이 일단 전문가 진료를 받아야 한다는 생각 자체를 못 하는 사람이 많다. 앞서 살펴봤듯 보험이나 메디케이드를 받아주는 전문가를 찾지 못할 수도 있다. 항우울제와 항불안제 처방은 1차 진료의가 80퍼센트를 맡고 있는데 이들은 보통 전문의가 아니라 일반 의사다.[22] 정신 질환 진단을 받은 아동의 경우 절반가량이 소아과 의사에게 흥분제만 처방받는다. 일반 의사나 소아과 의사는 정신 질환자를 위한 약물 요법 이상의 치료를 제공하도록 훈련받지 않았고, 그럴 자원도 없다.

전문 치료가 아니라 1차 진료를 찾는 추세는, 부분적으로 자원이 모자란 상황을 반영한다. 1차 진료의를 대상으로 한 조사에서 3분의 2는 정신 질환 치료를 받아야 하는 환자가 있어도 전문 치료를 찾아줄 수 없었다고 보고했다.[23] 정신 질환 치료는 나머지 의료 분야와 정반대 방향으로 가고 있다. 질병 대부분이 1차 진료에서 전문 진료로 점차 옮겨간 것과는 달리, 우울 및 양극성장애 문제를 겪는 환자는 정신과 의사 대신 1차 진료의를 찾게 됐다.[24]

가족들은 1차 진료 이상의 치료를 받으려고 시도하면, 치료의 파편화 문제를 바로 깨닫게 된다. 실제로 에이미의 가족은 정신 질환자 치료 체계가 어떻게 돌아가는지 살펴야 했을 뿐 아니라 치료 체계를 통합해야 했다. 그들은 정신 건강 제공자와 1차 진료 제공자가 자동으로 진료 기록이며 치료 계획을 공유하지 않는다는 사실에 놀랐다. 그래도 물질남용장애 치료까지 찾을 필요는 없었으니 운이 좋았다. 그랬다면 정보가 하나도 공유되지 않는 또 다른 치료의 평행 우주를 마주했을 것이다. 그들은 에이미를 위해 항해사가 될 준비는 돼 있었으나 치료를 조정하는 코디네이터 역할까지 해야 하는지는 몰랐다.

전문 치료가 다른 치료와 통합되지 않는 상황도 문제지만, 일련의 증상이 나타나도 치료를 받기까지 놀라우리만큼 오랜 시간이 걸리는 상황도 흔하다. 미국 병존 질환 조사에 따르면, 우울증의 경우 치료 시작까지 6년에서 8년이 걸리고 불안장애의 경우는 9년에서 23년이 걸린다.[25] 이 같은 장기간의 지연은 확실히 여러 요인을 반영한다. 접근성이 떨어지는 상황도 있지만, 질환 자체가 느리게 진행되기도 하고 환자가 치료를 미루기도 한다. 전문가를 찾아간 다 해도 첫 진료를 받으려고 대기 명단에 이름을 올린 다음 몇 주에서 몇 달을 기다려야 할 것이다. 1차 진료의 경우 몇 달까지 걸리지 않고 며칠이면 진료를 받을 수 있으니 정신 질환 치료를 제공할 가능성이 가장 클 수밖에 없다. "지연된 정의는 정의가 아니다"라는 표현처럼 지연된 치료는 흔히 받아들일 수 없는 결과로 이어지니, 이는 결국 비극이다. 정신 질환에서 치료 시작을 늦추면 결과가 나빠질 가능성이 크다는 뜻이다.

협력 진료 — 파편화를 수정하기

치료 조정은 어렵지 않다. 약 30년 전, 시애틀의 워싱턴 대학 임상의들은 우울증과 당뇨병 혹은 고혈압 환자를 위해 간단한 절차를 시행하기 시작했다. 우울증 환자는 모두 정신과 의사와 상담하고 전문의의 보고서가 1차 진료 제공자에게 전달되도록 했다. 결과는 좋지 않았다. 환자는 치료를 끝까지 마무리하지 못했고 치료받으러 온 환자라도 후속 절차를 따르지 않았으며, 1차 진료 제공자에게 전달된 정신과 의사의 보고서는 대체로 무시됐다. 워싱턴 대학팀은 환자의 일반적인 정신 건강 상태를 고려하면 뭔가를 더 해야 한다고 깨달았다. 카이저 퍼머넌트 워싱턴 보건 연구소의 정신과 의사 그레고리 사이먼Gregory Simon은 연구를 처음 시작한 팀에 몸 담았었다. "결과를 개선하려면 1차 진료 체계를 다시 짤 필요가 있 었습니다. 우울증 환자를 책임질 사람이 필요했습니다."[26] 이 병은, 환자가 자신의 진료를 조정하기 위해 써야 할 바로 그 기술을 **빼앗** 기 때문이다.

협력 진료라고 불리는 이 새로운 시스템에 따르면, 우울증이나 불안으로 1차 진료를 찾는 환자는 치료 코디네이터나 간호사 혹은 사회복지사에게 배정된다.[27] 이들은 정신과 자문의와 협력해 약물 요법과 심리 치료와 재활 서비스를 통합한다. 1차 진료 팀과 치료 코디네이터와 정신과 의사는 매주 만나 경과를 평가한다. 사이먼 박사는 이렇게 설명한다. "당연히 1차 진료 현장에 정신 건강 전문 지식을 지닌 사람이 있으면 매우 좋습니다. 그런데 협력 진료에는 …… 끈질기게 매달릴 줄 아는 사람을 배치해야 합니다. 도움을 요 청하지 않을 수도 있고 틈 사이로 떨어질지도 모르는 사람들을 맡 아야 하니까요. 코디네이터 업무는 치료를 통합하고 결과를 개선 하는 일입니다."

이후 전국적으로 우울증 혹은 불안을 겪는 사람을 대상으로, 대 조군을 신중하게 통제한 임상 시험이 수십 차례 진행돼 협력 진료 의 효과를 확인했다.[28] 협력 진료는 1차 진료나 전문의 진료를 각 각 진행하는 것보다 일관되게 결과가 더 좋았다. 임상 시험에서 나 타난 협력 진료의 전체적 효과는, 위약과 비교해서 약물이 보인 증 상의 개선 정도와 비슷했다. 그래서 어느 전문가는 이런 질문을 던 지기까지 했다. "협력 진료만큼 효과적인 약을 이제껏 못 쓴 것일까요?"[29]

해결책을 개발하는 일과 해결책을 현장에서 시행하는 일 사이의 지연을 집행의 간극이라고 하는데, 이는 보건학에서 유명한 문제다.[30] 연구자들은 (비타민 C가 있는) 레몬이나 라임이 괴혈병을 치료한다는 사실을 처음 안 것은 1601년이지만 1795년이 돼서야 영국 해군 병사들에게 규칙적으로 공급되기 시작했다는 사실을 자주 지적한다. 지금 시대에 집행의 간극이 194년보다는 줄어들었을 것이라고 여길지 모르나, 아주 성공적인 치료 모델이라 해도 현장에서 채택되기까지 약 20년 정도 걸린다. 물론 예외도 존재한다. 소아마비와 코로나19 백신은 즉시 채택됐으며 HIV 치료제도 빠르게 활용됐다. 협력 진료는 다양한 의료 시스템에서 증명 과정을 거쳤다. 그러나 강력한 과학적 증거가 있는데도 의료 현장은 대체로 심하게 파편화된 상태를 이어갔다.

나는 2017년이야말로 전환점이 될 줄 알았다. 메디케어 및 메디케이드서비스센터CMS가 협력 치료 비용을 승인한 것이다. 국립정신보건연구원 동료들과 나는 수년간 협력 치료를 옹호해 왔다. 증거는 확실하고, 환자에게 정말 필요하고, 비용 문제도 승인이 났으니 이제 파편화 문제가 해결되리라 믿은 것이다. 다음은 비용 승인과 관련해 《뉴잉글랜드 저널 오브 메디슨》에 실린 글이다. "증거에 따르면 …… 협력 치료가 나중에 전체 보건 지출 비용을 줄일 수 있으며, 치료의 질이나 임상 결과에서 나타나는 인종적 민족적 격차를 줄일 수 있다. 그러므로 광범위한 집행이 …… 메디케어 수익자 수백만 명을 위해 결과를 상당 부분 개선할 것이며, 메디케어 프로그램에 드는 비용도 아껴줄 것이다."[31]

　그러나 협력 진료가 집행되려면 1차 진료 현장의 업무 흐름을 재조직해야 했고 인력도 구해야 했지만 그런 인력이 없었다. 협력 진료를 장려하는 적절한 정책이 생기면 이런 문제는 해결할 수 있다. 그렇지만 여전히 미국 내 많은 현장에서 이 부분은 비어 있다. 사이먼 박사는 말했다. "효과적인 의료 시스템이 있으면 효과적인 정책을 더 쉽게 채택할 수 있습니다. 협력 치료가 진행되려면 팀에 또 다른 선수가 필요합니다. 미국 보건은 여전히 행위별 수가제 방식입니다. 특히 1차 진료에는 수익이 얼마 남지 않습니다. 대부분의 1차 진료 현장은, 심지어 원격 의료 방식을 도입한 곳이라고 해도 인원 추가가 여전히 만만찮은 일입니다."[32]

　그래도 어떤 방식이 효과가 있는지 알고 있으니 좋은 소식이긴 하다. 심리 치료 접근성 향상 프로그램이 부적합한 훈련에 대응했듯 협력 진료는 진료 파편화를 줄이고 질을 높이며 더 나은 결과를 낼 수 있다. 여러 대형 병원이 통합 및 원격 치료를 위해 디지털 수단을 활용해 이 방식을 채택하고 있다. 그렇지만 협력 치료는 여전히 널리 퍼지지 않은 상태로, 소아과에 통합되지도 않았고 더 복잡한 정신 건강 문제에 적용되지도 않았다.

책무성의 부재

훈련은 부적합하고, 치료는 파편화되고 지연된다. 우리는 훈련을 개선하고 치료를 조정할 수 있으며 접근성 문제도 고칠 수 있다. 그러나 치료의 질을 높이는 진짜 비결은 책무성이다. 치료 결과를 측정하고 그로부터 배워야 책무성을 얻을 수 있다. 측정이 부재하면 자신감이 바로 능력을 앞지르게 된다.

혈압 모니터 확인 없이 고혈압을 관리하거나 혈당 측정 없이 당뇨병을 치료하는 상황을 상상해 보라. 혈당 같은 생체 지표는 치료 최적화에 꼭 필요하다. 그렇지만 증상이나 결과의 객관적 측정은 한 번도 정신 건강 관리에 포함되지 않았다. 물론 고통에 생체 지표가 없듯 우울증이나 정신증에도 생체 지표가 없다. 그렇지만 증상의 정도를 수량화하는 일에는 생체 지표가 필요하지 않다. 직장 복귀나 독립적인 생활 같은 회복 목표를 얼마나 달성했는지 경과를 평가하는 일처럼 훨씬 중요한 작업에도 마찬가지다. 미국에서 증상 개선을 관찰하기 위해 환자에게 정기적으로 척도 검사를 시행하는 의사는 18퍼센트 밖에 안 되고 임상 심리사는 11퍼센트 밖에 안 된다.[33] 측정이 부재한 가운데, 임상가들은 구체적 결과에 책임을 지지 않았다. 다른 의료 분야에서 보험 회사들은 급여를 지급하기 전에 표준을 지키도록 강제한다. 책무성을 강제하는 것이다. 그렇지만 정신 건강 치료의 경우 대부분은 비용이 소비자의 주머니에서 직접 나가니 치료의 질을 감독할 수단이 부족하다.

섭식장애에 가족 중심 치료가 중요하고 우울증에 인지 행동 치료가 중요하듯, 심리 치료는 정신 건강 관리에서 핵심적이다. 그렇지만 여타 형식의 의료와는 달리 심리 혹은 심리 사회(재활) 치료는 미국에서 규제 대상이 아니다. 식품의약국은 약물, 의학 기기, 식품 안전을 관리하나 심리 혹은 심리 사회 치료를 감독한 적은 한 번도 없었다. 코크란Cochrone(근거 중심 의학을 지향하는 의료계 네트워크 — 옮긴이)처럼, 정신 건강 관리 분야에도 '근거 중심 진료'를 정의하기 위해 학술 문헌을 검토하는 여러 전문가 그룹이 있다. 세계보건기구WHO에서는 연구자의 연구실 밖에서 적어도 2건의 임상 시험을 시행했을 때 효과를 입증한 여러 치료법을 확인해 줬다.[34] 개인의 자격증을 평가하는 관리 위원회들도 있다. 그렇지만 환자에게 제공된 심리 치료나 심리 사회 치료의 질에 책임 혹은 책무를 지는 기관, 단체, 개인은 미국에 없다. 여러 정신건강장애에서 이런 치료들의 효능을 다룬 탄탄한 문헌들이 있긴 하지만 어떤 임상가가 특정 치료법을 환자에게 제공하고 있다고 말할 때 그 치료법이 임상 시험에서 연구된 똑같은 치료법인지 어느 누가 확인할 수 있을까? 투명성이 보장되지 않고 질적 측정이 부재하고 감독하는 기관도 없는데, 알 수 있을 리가 없다.

정신 건강 관리에서 질을 측정하지 않긴 해도 측정 도구가 아예 없는 것은 아니다. 실제로 정신 건강 치료의 질을 측정하는 도구를 살핀 2015년의 연구에 따르면 여러 시스템에서 쓰는 측정 도구를 다 합했을 때 510종에 달했다.[35] 이렇게 측정 도구가 많아도 정작 현장에서는 쓰이지 않는다. 의료의 질을 평가하는 황금 기준gold standard은 '의료 효과 측정 자료 및 정보Health Effectiveness Data and

Information Set, HEDIS'로 국립품질관리위원회에서 세운 평가 도구다.[36] 항목은 92개이며 이 중 22개는 행동 건강과 관련 있다.[37] 우울증 진단을 받은 환자를 확인하고, 경과를 관찰하며, 약물 복용 및 치료 조정을 살피는 항목이 있고 또 당뇨병이나 심혈관계 질환 같은 합병증이 있는지 알아보는 항목도 있다. 모두 의료에서 중요한 요소다. 그렇지만 항정신병약을 복용하는 아동과 청소년의 심리 사회 치료를 제외하면 중증 정신 질환자 회복에 효과가 있다고 입증된 비의학적 치료는 거의 다루지 않는다. 환자가 병원 밖에서 생활하고, 직장에 복귀하고, 주거 시설을 찾도록 도와주는 개입 말이다. 우울증 관해나 반응을 살피는 항목이 최근에 추가되기 전까지는 결과 측정 항목이 없었다. 그리고 강박장애, 섭식장애, 경계성성격장애, 외상후 스트레스장애 치료에는 평가 기준이 없다.

우울증과 조현병 치료에는 국립품질관리위원회가 세운 황금 기준이 있다.[38] 이 기준으로 보면 현재 상황은 어떨까? 그리 좋지 않다. 항정신병약 복용자가 당뇨병 검사를 얼마나 받았는지 확인하는 항목은 합격권(100점 중에 81.7점)이지만,[39] 스물두 가지 항목 중 어느 것도 3분의 2(67퍼센트)를 넘지 못했다. 정말 기운 빠지는 소식은 지난 10년 동안 점수가 오르지 않았다는 것이다.

예를 들어 자료를 가장 오랫동안 모은 정신 건강 측정 항목 중 하나는 병원 퇴원 후 7일 동안 후속 치료를 얼마나 받았는지 평가하는 것이다. 2019년까지는 전체 순응률이 50퍼센트 아래였다.[40] 같은 기간 심혈관계 항목 순응률을 보면 70퍼센트에 가까웠다가 85퍼센트까지 올랐고 메디케이드 대상자는 90퍼센트까지 올랐다.

심혈관계 항목 순응률은 심장 발작 입원 후 6개월 동안 베타 차단제를 지속해서 복용하는지를 통해 측정한다.[41] 이 두 사례는 지금 상황이 어떤지 전형적으로 보여주고 있다. 행동 건강(정신 건강 및 물질남용) 치료의 질 평가 점수는 평균 50퍼센트에 가까운데, 심혈관계 질환과 당뇨 치료의 경우 점수가 75퍼센트거나 그 이상이다. 더 큰 걱정거리는 2005년 이후 심혈관계 질환과 당뇨 치료는 점점 좋아지는 데 반해 정신 건강 관리는 개선됐다는 증거가 거의 없거나 아예 없다는 것이다.

이 수치들은 무엇을 의미할까. 보통 입원 기간이 너무 짧아 약물 요법을 쓸지 심리 사회적 치료를 받을지 결정하기 어려운 상태에서 막 퇴원한 환자가 7일 동안 어떤 후속 치료도 받지 않을 가능성이 50퍼센트라는 뜻이다. 이 기간에는 증상이 재발하거나 환자가 약을 과다 복용하거나 자살을 시도할 가능성이 아주 크다. 바로 그런 이유로 7일 내로 후속 치료를 받는지가 최초의 질 측정 항목 가운데 하나로 선정됐다. 병원에서 막 퇴원한 후의 며칠은 급성 정신증을 앓거나 자살 시도를 한 사람에게 말 그대로 죽음의 계곡이 될 수 있다. 그렇지만 이런 중요한 치료를 환자에게 제공하지 못할 때가 많다.

거기다 상황은 나빠지고 있다. 응급실 내원 후 30일 동안 후속 치료를 받은 정도를 평가하면 점수가 60퍼센트 아래다.[42] 자살 시도로 응급실을 찾은 이후의 후속 치료를 다룬 신중한 연구에서도 비슷한 결과가 나왔다.[43] 이런 낮은 점수는 문제가 된다. 자살로 사망하는 5명 중 1명은 그 전해에 자살 시도로 응급실을 찾았다.[44]

자살률을 긴급히 낮춰야 하는 만큼 자살 시도 이후 후속 치료의
질을 개선하는 일이 시급하다. 질의 개선은 측정과 함께 시작한다.

평가 중심 치료 — 책무성 확보하기

물론 의료 효과 측정 자료 및 정보에서 정신 건강 관리의 경우 다
른 이유로 점수가 낮게 나올 수 있다. 치료가 제공된다 해도 자료
수집과 보고가 이뤄지지 않기 때문이다. 나머지 의료 분야에서는
치료의 질을 전자 건강 기록이나 표준화된 형식의 자료를 교환하
는 시스템을 통해 감독한다. 제공자와 환자는 의사와 환자 관계에
멋대로 끼어든다고 싫어할지 모르나, 전자 기록은 이제 진료의 공
통 언어다. 정신 건강 관리의 경우 제공자가 전자 건강 기록을 도입
하는 속도가 느리다는 문제가 있다. 2016년, 미국 병원 97퍼센트
와 임상의 74퍼센트가 전자 건강 기록을 채택했다.[45] 그렇지만 정
신 건강 제공자는 30퍼센트만이 표준화된 형식으로 자료를 모으
고 있다. 왜 이렇게 정신 건강 분야에서만 도입이 느릴까? 이 질문
에 대한 답은 이제 다들 익숙할 것이다. 표준화된 보고가 필요한
보험이나 메디케이드를 받지 않으면서 행위별 수가제를 따르는 제
공자가 많기 때문이다.

　지난 10년 동안 측정 기반 관리의 필요성이 널리 알려졌다.[46] 여
러 병원에서는 측정 기반 관리를 위해, 진료 시작 전에 환자가 의
료 서비스를 측정하는 표준화된 질문에 답하도록 했다. 환자는 대

기실에서 태블릿을 이용하거나 인터넷을 통해 질문 양식에 답한다. 병원 측에서는 이런 측정 과정을 통해 병의 진행 상태를 살피고, 상태가 호전되지 않은 사람을 알아내 추가 조치가 필요하다고 표지한다. 측정 그 자체가 제공자뿐만 아니라 환자에게도 피드백을 주면서 치료 효과를 낼 수 있다고 보는 사람도 있다.[47]

그런데 결과를 측정하든 치료 조정자를 추가하든 미국 의료의 변화를 이야기하려면 이제는 비용 문제를 다뤄야 한다. 이 나라에서 의료는 산업이다. 어떤 개혁을 시도하든 투자를 받아야 하고 수익을 내야 한다. 그런데 공보험과 사보험 분야에서 돈의 움직임을 살펴보면,[48] 근본적인 변화가 발생하고 있다. 상황은 내원 혹은 수술 건당 급여를 지급하는 양적 기반 방식을 벗어나 결과에 따라 지급하는 가치 기반 방식으로 옮겨가는 중이다. 급여가 결과와 결부되면 측정 기반 관리가 표준이 될 것이다. 가치 중심 지급 체계는 이미 노스캐롤라이나주를 비롯한 일부 주에서 시행 중으로,[49] 오래 걸리겠지만 책무성 문제 해결로 이어지리라 기대한다. 제공자가 보험을 통해 급여를 받고자 하는 한에서는 그렇다. 보험을 받지 않는 제공자에게 측정 기반 관리는 여전히 어려워 보이고 책무성 문제도 해결되지 않은 상태다.

중요한 것을 측정하기

50년도 더 이전에 사회학자 윌리엄 브루스 캐머런William Bruce Cameron 이 말했다. "셀 수 있다고 해서 다 중요하지는 않고, 중요하다고 해서 다 셀 수 있지는 않다."[50] 본인이 환자의 변화를 가져오고 있다고 느끼는 정신 건강 관리 제공자라면 치료 성공이란 증거 중심 치료와 질 측정과는 상관없다고 말할 것이다. 자기중심적인 클라이언트가 공감 능력을 키우게 해주거나 부부가 아이의 죽음을 극복하게 해주는 증거 중심 진료 같은 것은 존재하지 않는다. 질 측정은 치료적 동맹이나 개인의 성장을 하나도 계산하지 못할 수도 있다. 거의 모든 치료사는 내담자와의 작업을 과학보다는 예술에 가까운 인본주의적 노력으로 간주한다. 그들의 주장은 이러하다. 치료사와 내담자가 맺는 특별한 관계를 정해진 항목으로 평가하고 점수를 내는 일은 치료사에게 가장 만족스러운 부분을 파괴할 뿐 아니라 내담자에게 가장 유용한 것도 깎아내리게 된다는 것이다.

이런 관점도 존중한다. 사실 이런 부분은 정신 건강 관리의 예외적 측면으로, 의학의 여느 정량적 분야들과 아주 다르다. 또 이런 측면 때문에 우리는 정신적으로 고통받는 사람들을 도와야 한다는 신념을 품고 치료에 뛰어든다. 그저 이야기를 들어주고 상황을 탐색하며 견디는 과정도 치료일 수 있다. 알고리즘이 없고, 치료 과정을 안내하는 표준적 설명도 없고, 말로 표현하기 어려운 비정량적 과정이지만 변화를 불러올 수 있다.

이런 인본주의적 접근이 효과가 있다면 기존 시각을 바꿀 이유가 없다. 그렇지만 증거를 보면, 슬프게도 책임 있는 노력이 필요하다. 효과가 입증된 표준 치료 시대에, 손에 망치가 있다는 이유로 모든 것을 못처럼 두들기는 방식을 그냥 둬야 할까? 치료사들이 열정을 좇는 상황이 그렇다. 늘어나는 사망률과 장애율을 보면서 심리 치료가 "과학이 아니라 예술에 가깝다"라고, 좋은 마음으로 주장해도 될까?

나는 더 많은 점수 혹은 측정만이 정신 건강 위기의 해답이라고 생각하지 않는다. 지난 20년 동안 의학 치료가 걸어온 불행한 여정은 반면교사다. 1990년대 후반 이전, 즉 전자 건강 기록과 관리 진료의 시대 이전에 의사들은 대체로 독립적이었고 진료 시간 및 수술에 따라 책정된 급여를 받으면서 진료를 시행했다. 상대적으로 자율성을 누린 것이다. 지난 20년 동안 책무성이 요구되며 자율성은 밀려났고, 급여는 성과를 따르게 됐다.[51] 의사들은 치료 대신 기록에 매달리면서 환자 말고 컴퓨터에 더 많은 시간을 쓰게 됐다. 나는 오늘날 의학에 측정은 덜 필요하고 환자 및 가족과의 접촉이 더 필요하다고 생각한다. 정신 건강 관리 개혁가들은 이 같은 최근의 역사에서 교훈을 얻을 수 있다. 측정은 결과 개선을 위해 필요하다. 그러나 치료가 문서 양식을 채우는 일로 변질되지 않아야 하며 치료는 환자의 요구를 채워주는 방향으로 나아가야 한다. 분명 치료를 개선할 수 있고 더 나은 결과가 나올 수 있다. 이 예외적인 분야에서도 우리는 좋은 부분들을 안고 갈 수 있다.

깊은 틈을 넘어서

에이미 이야기로 돌아가자. 2006년, 에이미는 자신의 미래에 절망했고 부모는 거주 치료에 회의적 태도를 품게 됐다. 그들은 다른 치료를 찾기로 마음먹었다. 화학 교사인 에이미의 아버지는 거식증 관련 문헌을 찾았는데, 다중적 무작위 임상 시험으로 섭식장애의 가족 치료 효과를 입증한 논문이었다. 가족 중심 치료는 거주 센터의 치료와 달리 부모의 집중적인 참여가 필요했다. 그리고 식사와 운동의 규칙적 패턴을 잡아주는 명확한 지침이 있다는 점에서 승마 및 예술 치료와 대조적이었다. 체중과 활동 이상의 많은 것을 주기적으로 확인하는 측정 기반 치료이기도 했다. 논문의 신중하게 고안된 임상 시험 결과가 에이미의 아버지에게 참으로 좋은 인상을 남겼다. 가족 치료의 효과로 적어도 청소년 50퍼센트가 회복했다. 이 연구들은 스탠퍼드 대학, 컬럼비아 대학, 런던의 킹스 칼리지에서 이뤄졌다. 그렇다면 이 치료법을 훈련한 치료사를 어디에서 찾을 수 있을까?

운 좋게도 스탠퍼드 대학에서 훈련한 치료사가 에이미의 소아과 의사에게 처음 추천받았던 애틀랜타 외래 센터 프로그램을 막 맡게 됐다. 애틀랜타 센터에서 새 환자를 받고 있다는 사실을 알게 되자, 에이미의 어머니가 휴직하고 에이미와 함께 그곳으로 가기로 했다. 에이미는 그곳에서 집중 외래 치료를 받았다. 보험은 일부 비용만 지급하겠지만, 가족은 2차 주택 담보대출을 받는다면 생활비와 에이미의 치료비를 댈 수 있으리라고 봤다. 에이미는 새 거주지에서 9학년으로 학교에 가게 됐다.

에이미는 가족 중심 치료사 수전을 좋아했는데, 수전 본인도 한때 거식증으로 고생했다. 그는 에이미와 부모가 완전히 잃었던 희망을 줬다. 질환을 극복하려면 용기가 필요하다고 강조하기도 했다. 이듬해 에이미는 체중을 회복했고 보다 독립적으로 변했다. 10학년이 되자 고향으로 돌아갔고 스카이프로 수전에게 계속 치료를 받았다.

에이미는 프린스턴 대학에 가지 못했으나 집과 가까운 주립 대학에 갔다. 에이미는 여전히 완벽주의자였고 충동적이었다. 그렇지만 이런 특징이 훗날 인생의 자산이 돼 20대에 금융계 간부로 성장했다. 에이미는 절망이 아니라 기쁨을 품고 달리기를 계속했다. 음식은 삶의 중요한 부분이 됐고 이제 에이미는 식당 소개 웹사이트에 음식 비평가로 블로그를 작성한다.

12년 후, 에이미와 부모는 안도한다. 거식증에 걸린 소녀들 가운데 약 10퍼센트는 대사성허탈이나 자살로 사망한다. 에이미의 가족은 저축한 돈을 다 썼고 10년 동안 갚아야 할 빚이 생겼으나 딸이 살아남았다. 몇 년 뒤 그들은 에이미의 병으로 자책하는 일을 그만뒀다. 그들에게 에이미는 성공적인 어른으로 자라기 위해 엄청난 어려움을 극복한 영웅이었다.

그렇지만 딸의 치료에는 좋은 마음을 가지기가 어렵다. 그 거주 센터에서 착취당했다는 기분을 지울 수가 없다. 수익을 중시하는 센터는 다른 주에 신규 체인을 개설하며 사업을 키워나갔으나 정작 그곳에서 시행하는 값비싼 종합 치료 결과를 밝히지는 않았다.

급한 상황에서 에이미를 진료해 준 소아과 의사는 있었어도 좋은 심리 치료법을 안내하거나 찾도록 도와준 사람은 아무도 없었다. 에이미의 부모는 가족 중심 치료에 명확한 증거가 있는데도[52] 왜 거식증 치료법으로 폭넓게 보급되지 않는지 의아해 한다. 그들이 만난 사람 중에는 효과적 치료를 한 번도 찾지 못한 부모도 있다. 그들은 질문을 던진다. 에이미가 백혈병이었다면 똑같은 어려움을 겪었을까?

부족한 치료 자원이 접근성을 떨어뜨리는 것만큼이나, 질 낮은 치료 또한 회복하리라는 희망을 저 멀리 닿지 않는 곳으로 밀어낸다. 에이미는 운 좋게 효과적 치료를 찾았다. 그렇지만 자원이 부족한 사람들은 비극적 결과를 맞이하는 상황이 잦다. 안 그래도 고통에 시달리는 정신 질환자는 부적합한 훈련을 받은 종사자, 파편화되고 지연되는 의료 서비스, 질 낮은 치료, 책무성 문제를 피하려고 효과를 측정하지 않는 상황과 마주해야 하니 더 괴로울 수밖에 없다. 사망과 장애 통계들은 이런 상황을 뒷받침한다. 매일이고 매년이고 이 나라 어디서나 정신 질환자들은 치료받지 못하고 있다. 치료를 받는다고 해도, 이 장을 시작하며 인용한 미국 의학연구소의 글처럼 '종종 효과가 떨어지고 환자 중심 치료가 아니며 시기가 안 맞고 불공평하며 안전하지 못한' 치료를 받는다.

6장   정밀 의학

> 과학의 목적은 무한한 지혜의 문을 여는 것이 아니라 무한한 실수에
> 제한을 거는 것이다.
>
> — 베르톨트 브레히트Bertolt Brecht, 『갈릴레오의 삶Life of Galileo』[1]

9살 생일을 맞이한 딜런은 그동안 정신 건강 전문가 8명을 만났고 일곱 가지 진단을 받았다. 주의력결핍과잉행동장애, 양극성장애, 아스퍼거증후군, 자폐스펙트럼, 파괴적기분조절부전장애, 불안장애, 반항성장애. 딜런의 부모는 아들이 일곱 가지 진단을 받았을 뿐 아니라 아홉 가지 치료도 받았다고 지적했다. 좌절했다는 표현만으로는 이들의 마음을 다 담아낼 수 없다. "우리가 어떤 문제와 씨름하고 있는지 아무도 모르는 것 같습니다. 전문가들이 선의를 지녔다는 것은 알겠지만, 그들은 문제를 전혀 알지 못합니다."

마이클과 수전은 생후 일주일 된 아기 딜런을 입양했다. 딜런은 오랫동안 기다린 끝에 얻은 첫 아이이자 외동아이였다. 아기를 재우는 문제며 초반 수유 문제가 힘들긴 했어도 딜런은 그들의 기도에 답하는 존재 같았다. 아이는 1살 생일에 걸었고 2살에는 갑자기 문장 단위로 말했다. 언어와 운동 기능 상태에 비춰 보건대 딜런은 조숙했다. 그러던 중 딜런의 유아기가 왔다. 딜런은 '자기 방식'을 고집했다. 밥 먹을 때나 잠잘 때 정해진 규칙, 친구들이 놀러

오면 장난감을 같이 가지고 논다는 규칙에 저항했다.

어떻게 보면 이 끔찍한 2살 시기는 끝나지 않았다. 나이가 들수록 딜런은 수집가가 됐다. 작은 종이가 시작점이었다. 딜런은 포스트잇 메모지를 좋아했다. 색깔이 중요했고, 모양이 핵심이었다. 딜런은 방에 종이들을 쌓아놓고 장난감 상자에 잔뜩 보관하면서 자동차나 트럭 장난감과는 따로 뒀다. 아무도 그것들을 만질 수 없었다. 보관 상태가 조금이라도 달라지면 바로 분노 발작이 닥쳤다. 분노 발작은 2살 때부터 3살, 4살, 그 이후로도 계속 들려오는 후렴과도 같았다. 마이클은 회고한다. "언제고 '내 거, 내 거, 내 거'라는 말을 들어야 했죠." 수전은 딱 잘라 말했다. "우리는 너무나 지쳤습니다. 이렇게 힘든 일인지 아무도 알려주지 않았어요. 때로 우리끼리 아들은 아기이자 폭군이라고 농담도 했습니다."

이들이 아이에게 정말 심각한 문제가 있을지도 모른다고 처음으로 걱정한 계기는, 유치원 교사가 딜런이 분노 발작을 일으킬 때 머리를 흔들기도 하고 좌절한 나머지 자기 팔을 깨문다고 알린 일이었다. 교사는 딜런이 '긴장이 지나친' 상태 같다고 했다. 또 가만히 앉아 있지 못한다는 이야기도 전했는데, 마이클과 수전 또한 '에너지 넘치는' 딜런의 모습을 알고 있었다. 교사는 정신 건강 상담사를 추천했고 그렇게 긴 진단 목록부터 흥분제와 항정신병약, 놀이 치료와 가족 상담에 이르는 여정을 시작했다. 딜런이 9살이 되기까지, 부모는 사회복지사와 발달 심리학자와 소아 정신과 의사와 소아 신경과 의사와 정신 약리학자를 만났다. 마이클은 이 여정을 '어린이 정신 건강 학교를 졸업하는 일'이라고 묘사했다. 그렇지만 수전은 그리 후하게 평가하지 않았다. "시각 장애인과 코끼리 우화 같은 상황이었습니다. 코끼리가 내 아들이고 그 아이가 여전히 분노 발작을 보인다는 점만 제외하면."

더 좋은 치료법이 딜런 같은 아이들에게는 왜 더 좋은 결과를 제공하지 못했을까? 앞서 접근성과 질의 문제를 살펴봤다. 또 다른 난제는, 개개인의 상태에 알맞는 치료를 제공하는 일이다. 정신과 진단은 미흡한 치료 안내서다. 여러 증상이 겹치며 진단명 또한 오랜 시간에 걸쳐 여러 번 바뀌었다. 그렇다고는 해도 딜런 같은 9살 아이가 일곱 가지 진단을 받고 아홉 가지 치료를 받았다니, 분명 개선할 부분이 있을 것이다. 공평하게 말하면 환자에게 맞는 치료를 정확히 제공하는 일은 모든 의학 분야에서 문제다. 간질부터 암까지 모든 증후군에는 다양한 변이가 있을 수 있다. 임상 과학자들은 해결책으로 정밀 과학을 제시했다. 정밀 과학은 더 좋은 결과를 얻으려면 진단이 더 좋아야 한다는 전제를 따른다.

예를 들어 의사들은 더는 종양의 위치로 암을 진단하지 않는다. 유방암, 뇌암, 폐암 같은 용어는 모두 악성 종양의 위치를 가리키는 예전 어휘이다. 오늘날에는 이런 표현이 역효과를 낳았다고 본다. 유방암은 여러 유형이 있는데 위치가 아니라 분자 차원의 원인에 따라 분류된다. 사실상 오늘날 암은 세포 분열을 조절하는 유전자에 특정 변이가 일어나 생기는 분자적 질병으로 여겨진다. 한때 유방암이었던 병은 이제 인간표피성장인자수용체HER2 양성, 에스트로겐수용체ER 음성, 프로게스테론수용체PR 음성인 샘암종으로 진단할 수 있다. 분자적 지표는 중요하다. 인간표피성장인자수용체 2를 표적으로 삼는 치료는, 분자 차원 변이가 있는 종양 다섯 가지 가운데 하나에만 효과가 있다. 정밀 의학은 개인별 위험 요인과 치료 반응을 잘 알아낼 수 있는 구체적 진단 범주를 제공한다. 과학자들이 분자 차원의 표적이 있는 아형을 밝히지 않고 유방암 치료법을 계속 연구했다면 아마 암의 치료 결과는 그리 개선되지 않았을 것이다. 이제 암 전문의는 병변을 생검하고 유전자 분석을 시행해 변이를 알아낸다. 그렇게 치료 반응을 예측한다.

정신 질환에서는 그런 병변을 발견한 적 없고 과학자들은 어디를 살펴야 할지 몰라 뇌 생검을 꺼렸다. 이는 당연했다. 그 결과 정신 건강 분야 치료법은 의학적 치료와 심리적 치료 모두 과거의 부정확한 진단명에 발목이 잡혔다. 다른 의학 분야는 1990년대에 유전학을 진단에 도입해 발전했으나, 정신 의학은 그때 그대로다.

환자는 진단을 근거 삼아 어떤 치료를 받을지 선택하므로 진단은 정확해야 한다. 그뿐만 아니라, 정확한 진단은 새 치료법 개발에 필수다. 종류가 다른 생물학적 장애들을 지닌 사람을 대상으로 새 치료법을 시험해 보면 결과는 대수롭지 않거나 부정적이다. 운 좋게 발견한 약물과 수십 년 전에 만든 심리 치료에서 거의 벗어나지 못하는 현 상황이 그리 놀랍지는 않다. 정신 건강 치료법의 발전을 원한다면 진단 시스템을 바꿔야 한다. 더 좋은 결과를 내려면 정확한 표적을 알아내야 한다.

우리는 정신 건강의 위기 해결에 효과적인 정책 대부분을 알고 있다. 이제 지식과 현장 사이 틈을 좁히는 일이 필요하다. 그런데 진단은 현장에서는 잘 안다고 자신감 있게 나서는 분야긴 한데 사실은 알려진 내용이 거의 없다. 이 분야는 더 잘하려면 더 잘 알아야 한다. 이 장에서는 진단의 개선을 꾀하는 연구를 살펴볼 것이다.

정신 질환 진단 및 통계 편람

정신 질환 진단은 환자가 보고하는 증상과 임상의가 관찰한 징후만을 근거로 삼는다. 의학적 검사나 생체 지표는 따로 없고, 의학적 원인을 배제하기 위해 검사하는 경우는 있다. 우울증의 경우 부신 질환을, 불안의 경우 갑상샘 질환을, 정신증의 경우 뇌자가면역증후군을 의심할 수 있다. 생물 정신 의학자들은 의학적 원인 배제를 위한 검사 말고 정신 질환 자체를 다루는 의학적 검사를 50년 동안 찾아내려고 했으나 임상적으로 유용한 진단 검사는 여전히 존재하지 않는다.[2] 예를 들어 우울증은 내분비계 질환이나 면역 문제가 원인으로 거론됐다. 코르티솔, 사이토카인, 부신 호르몬 모두 우울증 유발 요인으로 여겨졌다. 그런데 우울증 환자는 이런 요인들이 비정상적일 수 있으나 진단 검사나 생체 지표로는 전혀 유용하지 않다. 각각의 요인은 내분비계 질환이나 면역 질환을 겪는 사람에게 우울증 증상을 일으킬 수 있지만, 다른 질환이 없는 상황에서 그런 요인이 우울증을 유발한다고 말할 수는 없다.

　정확히 하자면, 우울증이나 불안, 정신증에서 생물학적 원인이 발견된다면 그런 병은 더 이상 정신 의학적 진단에 포함되지 않을 것이다. 그런데 현재 미국 정신의학협회APA에서 펴낸 정신 질환 진단 및 통계 편람DSM 제5판에는 265개의 진단 범주가 있다. 진단 범주를 임상적 합의에 근거해 정하는 분야에 공통 언어를 제공하는 정신 질환 진단 및 통계 편람 같은 설명서는 매우 중요하다. 내가 현장에서 일하던 때는 제3판이 나오기 전이었다. 그 시절은 바벨 탑에서 지내는 기분이었다. 영국 정신과 의사들이 조울증이라고 부르는 병을 미국에서는 조현병이라고 불렀고, 아무도 우울증을 어떻게 정의할지 합의하지 못했다. 1980년에 나온 제3판이 하나의 언어로 쓰인 공통 사전으로 연구 및 진료의 토대가 됐다. 질환의 원인이나 치료 반응을 추정하지는 않았으며 단순히 징후 및 증상을 보고 분류하는 내용이었다.

진단은 언제나 정신 건강에서 논쟁적인 주제였다. 존스홉킨스대학의 아돌프 마이어Adolf Meyer 교수처럼 미국 정신 의학의 토대를 닦은 일부 학자들은 표준 진단이라는 개념 자체에 반대했다. 1918년에 마이어 교수는 이런 주장을 했다. "나는 구체적인 사실을 전달하는 개인에 관해 말하고 싶습니다. 우리는 명확한 입증 과정을 통해 어떤 조치를 취할 수 있습니다. …… 개인이 전달하는 사실이 여러 가진지 아니면 하나밖에 안 되는지는 입증의 문제이지 법으로 정할 일이 아닙니다."[3] 2차 세계대전까지 정신과 진료는 거의 주립 병원 시스템에서 이뤄졌다. 환자들은 (선천성 지적 결핍이나 인지 저하증 같은) 기질적 뇌증후군 환자와 (조현병과 우울증 같은) 기능적 정신 질환자로 나뉘었고, 이들이 비이성적이고 비논리적 존재라고 '입증'하는 작업이 진행됐다. 진단은 치료에 별 영향력이 없었다. 의사나 환자도 진단에 관심을 거의 기울이지 않았다.

돌아보면 미국 정신 의학의 역사에서 2차 세계대전은 일종의 변곡점이었다. 전쟁이 벌어진 시기에 신경 정신과 문제로 입원한 사례는 약 100만 건이었다. 그런데 주립 병원에 입원한 시민들과는 양상이 달랐다. 원래 평범했던 사람이라도 힘든 전투며 고통스러운 전쟁 환경을 접하자 여러 가지 정서적 '반응'과 심인성 '반응', 이상 행동을 보였는데 이는 극단적 상황에 대한 순응으로 보였다. 군 정신과 의사 로이 R. 그린커Roy R. Grinker와 존 P. 스피겔John P. Spiegel은 고전 『스트레스를 받는 인간Men Under Stress』에서 "공포에 시달리고, 말을 못 하고, 몸을 떠는" 군인들을 언급하며 급성 정신증을 겪는 환자들과 이들이 아주 유사하다고 했다.[4] 그렇지만 주립 병원의 정신증 환자와는 달리 급성 정신증 증상의 군인들은 심리적 개입에 반응을 보였다. 특히 공감적 대화 치료와 티오펜탈 나트륨이 효과 있었다. 티오펜탈 나트륨은 일명 '자백제'로, 일종의 최면 상태를 유도해 군인들이 전투로 인한 외상을 다시 체험하도록 하는 약이었다. 군인 환자는 이런 개입 이후 60퍼센트가 2일에서 5일 이내로 근무에 복귀했다.[5]

그런데 당시에는 이 같은 반응성장애에 관한 설명서도, 효과적 치료 안내서도 존재하지 않았다. 이 틈을 메우기 위해 군은 위원회를 발족하고 당시 준장이자 정신 의학과 책임자였던 윌리엄 메닝거William Menninger를 회장으로 선출해(훗날 캔자스주 토페카의 메닝거 클리닉을 공동 설립한다) 군대를 괴롭히는 신경 정신과 질환을 연구하도록 했다. 그 결과 등장한 문서가 육군성 기술 기관지 메디컬 203, 간단히 메디컬 203이됐다.[6] 일련의 정신 신경증을 분류한 문서로, 환경적 혹은 사회적 요인과 관련지어 정신 의학적 증후군을 설명했다. 개인의 성격을 중시한 이 문서는 개념적으로 정신 분석학의 자장 아래 있었다.

전쟁이 끝나자 국가는 참전 군인이 겪는 심리적 문제를 우선 해결 과제로 삼았다. 귀국 군인이 정신 의학 질환을 겪는다는 보고를 받고 우려한 트루먼 대통령은, 1946년 정신 보건법에 서명하고 "예방과 진단과 진료에 더 효과적 방법을 개발하도록" 국립정신보건연구원을 세웠다.[7] 진단 표준이 없는 상황 속에서 정신 신경증적 반응을 다루면서 사회 환경적 원인을 강조한 메디컬 203은 일반인 진단에도 채택됐다. 1952년, 미국 정신의학협회는 메디컬 203을 기초 삼아 정신 질환 진단 및 통계 편람 초판을 만들었다.[8] 메디컬 203의 분류 체계는 환자를 두 그룹으로 나눈다. 뇌조직장애(감염, 유전적 장애, 외상 상처)와 심인성 원인이 있는 장애(정신증적, 정신 신경증적 장애 및 성격장애)다.

정신 질환 진단 및 통계 편람은 초판 이후 개정판이 이어 나왔다. 질환은 치료 반응이나 원인이 아니라 증상을 기준으로 정의됐다. 위원회가 투표를 거쳐 진단명을 추가하거나 제외했는데, 위원회 구성원은 주로 미국인 백인 남성 정신과 의사였다. 개정판에는 사회 규범의 변화나 새 연구 결과가 반영됐다. 1968년에 제2판이, 1980년에 제3판이, 1994년에 제4판이, 가장 최신판인 제5판이 2012년에 나왔다. 개정판이 나올 때마다 진단 범주가 늘었는데, 이는 현장 치료사에게 확장적 업무 사전이 되고자 하는 시도였다.

그렇지만 업계가 커지면서 정신 질환 진단 및 통계 편람은 사전

이상이 됐다. 임상의들은 이 책을 성서처럼 읽었고, 학생들은 백과사전처럼 이용했으며, 연구자들은 성배처럼 다뤘다. 정신 질환 진단 및 통계 편람은 미국 정신의학협회의 주 수입원이다. 마이어가 '법' 혹은 분류보다 '입증' 혹은 설명을 간청한 사실은 잊혔다. 정신 질환 진단 및 통계 편람은 분류 기준을 제공한다. 그렇지만 마이어가 100년 전에 주장했듯, 인간의 상태는 건강부터 장애까지 연속돼 있다.

정신 질환 진단 및 통계 편람은 공통 언어를 창조했으나 그 언어의 많은 부분이 과학적으로 입증되지 못했다.[9] 심지어 임상의가 진단명에 동의한다 해도 진단명이 틀릴 수 있다. 알고 보니 유방암처럼 서로 관련이 없어 하나의 진단명으로 묶을 수 없는 장애를 모았을 수도 있다. 혹은 증후군의 생물학적 토대를 간과해 증상은 달라도 같은 질환에 같은 치료가 필요한 환자를 알아보지 못할 수 있다. 현실에서 환자는 정신 질환 진단 및 통계 편람이 제공하는 진단 범주에 딱 들어맞지 않았고 많은 아동과 여러 성인이 몇 가지 진단명을 동시에 충족했다. 그리고 유전학과 뇌 영상 분야의 새로운 연구는 정신 질환 진단 및 통계 편람 진단 범주에 생물학적 토대가 거의 없다는 사실을 밝혔다. 정신 질환 진단 및 통계 편람의 진단 범주가 존재하지 않는 장애들을 그냥 만들어낼 수 있다는 점이 가장 우려되는 일이었다. 동성애는 1973년까지 정신 질환으로 간주됐다. 딜런이 진단받은 여러 장애 중 하나인 아스퍼거증후군은 1994년에는 자폐의 한 형태였으나 2012년에는 자폐 자체가 자폐스펙트럼장애로 변하면서 사라졌다. 아동의 양극성장애는

10년 사이 명칭이 더 복잡한 '파괴적기분조절부전장애'가 일부 대체했다.

　정신 질환 진단 및 통계 편람의 많은 진단 범주가 이질적인데 심지어 증상 차원에서도 그렇다. 예를 들어 3장의 소피아가 진단받은 주요 우울장애의 경우 아홉 가지 특징 중에서 다섯 가지를 충족하면 된다. 주요 우울장애 진단을 받은 환자 2명이 아홉 가지 특징 가운데 한 가지 특징만 공유하는 상황도 있을 수 있다는 말이다. 같은 진단명 아래 227개의 증상 조합이 존재하는 것이다. 엎친 데 덮친 격으로, 정신 질환 진단 및 통계 편람으로 인해 객관적 진단 검사가 제대로 발달하지 못했다. 혈액 검사의 생체 지표나 영상 생체 지표가 주요 우울장애 기준을 충족하는 집단의 절반에게만 나타나면 연구자들은 검사가 진단에 맞지 않는다며 검사를 폐기했다. 진단이 현실에 맞지 않으니 진단을 폐기하는 쪽이 맞지 않을까. 분명 환자를 위하는 일은 아니었다.

　그런데 정신 질환 진단 및 통계 편람에는 더 해로운 측면이 있다. 증상에 근거해 진단 체계를 만들면, 사람들은 증상 완화 치료에 집중할 것이다. 심장병을 예로 들자면, '가슴 통증'을 진단하는 방식으로 접근하는 경우 치료가 진통제 처방으로 끝날 수 있다. 불안과 우울증과 정신증을 다루는 약물 요법은 가슴 통증에 진통제를 처방하는 치료와 비슷할지도 모른다. 단기적으로는 도움이 되겠지만 핵심 문제를 다루는 일은 아니다.

　증상보다 더 근본적인 부분을 어떻게 알아낼 수 있을까? 미래로 가는 길을 제시하는 두 분야인 유전체학과 뇌 과학을 살펴보겠다.

어느 쪽도 핵심을 밝혀낸 것은 아니다. 그러나 이 분야들은 정신 질환 진단 방식을 바라보는 새로운 관점을 제공한다.

유전체학, 정밀함으로 가는 길

대부분의 의학에서 정밀 과학은 유전체학으로 시작한다. DNA의 개체 변이(같은 종의 유전자 정보를 지닌 개체들 사이에 형질 차이가 나는 것 — 옮긴이)를 살피면, 암뿐만 아니라 심장 질환이나 대사 질환 같은 여러 질병의 위험도나 아형을 구분할 수 있다. 20년 전, 전문가들은 유전체학이 정신 질환 진단을 해체하리라는 예상에 1표 던졌을 것이다. 당시에는 정신 질환의 유전 가능성이 관심 대상이었다. 부모가 자식에게 기질을 물려줄 가능성 혹은 일란성 쌍둥이가 기질을 공유할 가능성이 유전적 원인의 최고 지표였다. 양극성장애 혹은 조현병의 유전 가능성은 암이나 당뇨병, 고혈압의 유전 가능성을 능가했다. DNA를 공유하는 일란성 쌍둥이는 조현병 일치율이 50퍼센트로 일반 인구보다는 50배, 이란성 쌍둥이보다는 10배 높았다.[10] 유전체학이 개인별 위험도나 아형을 밝혀내지 못할 리 없었다. 사물의 본질을 중시한 플라톤처럼, 우리는 현대 과학의 DNA 염기 서열 분석으로 정신 질환 핵심에 다가갈 수 있었다. 그런데 알고 보니 정신 질환의 유전체학은 훨씬 복잡했다.[11] 정신 질환과 연관된 유전 변이를 찾지 못해서가 아니라 너무 많이 찾아서 문제였다. 조현병의 경우 DNA에 이백 가지 이상의 변

이가 확인됐다.[12]

소위 흔한 유전 변이가 있다. 적어도 일반 인구의 5퍼센트에서 발견할 수 있는 단일 염기 변화single base change는 30억 개 문자로 구성된 텍스트에 생긴 불가피한 오자다. 흔한 변이 대부분은 정신 질환과 관련이 없을 법한 영역에 있다. 이런 변이 각각이 조현병의 위험에 조금씩 원인을 제공한다. 그렇지만 이런 변이 가운데 그 어떤 변이도 진단으로 이어지지는 않으며, 대부분 단백질을 지정하는 영역 바깥에 존재한다. 암이나 희귀성 질환에서 발견된 변이와는 달리 정신 질환과 관련 있는 유전적 변이 중 인과관계가 인정된 것은 없다. 기껏해야 위험 요인일 수는 있다. 과학자들은 이제 유전체 촬영을 해 변이 개수를 센다. 개인의 전체 위험도를 가리키는 다유전자 위험 점수를 계산하기 위해서다. 그렇지만 이런 방식이 뚜렷하게 드러나는 가족력보다 더 유용한지는 확실하지 않다. 조현병이나 양극성장애 가족력이 있는 사람들은 그 질환을 겪을 위험이 훨씬 크다.

한 가지 놀라운 결과는 조현병의 여러 유전적 위험 인자가 양극성장애 환자에게도 나타난다는 것이다. 알고 보니 자연은 정신 의학 표준 교과서를 하나도 참고하지 않은 것일까. 혹은 정신 질환 유전체가 일군의 증상과 구체적으로 연결되지는 않아도 전반적으로 뇌발달장애가 생길 위험을 낳는다고 봐야 한다. 그렇지만 현재 과학 수준으로는 진단이나 치료, 응용 분야에 임상적으로 사용할 만한 것을 정신 의학 유전체에서 하나라도 찾아내기 어렵다. 다른 의학 분야에서는 엄청난 활약을 보였지만 말이다. 유전적 위험은 중요하다.

그러나 가난이나 생활 스트레스 같은 사회적 결정 요인이 결과에 더 중요할 때가 잦고, 우리가 바꿔나갈 수 있는 부분이 분명 더 크다.

공정하게 말하면 연구는 아직 끝나지 않았다. 정신 질환 유전체학에 냉정한 평가를 내리긴 했으나, 한 가지 예외가 자폐 유전체학이다.[13] 조현병 유전체학이 효과 크기가 작은 변이 수백 가지로 애먹고 있다면, 자폐 유전체학은 진짜 유전적 병변을 여러 가지 밝혀냈다. DNA의 긴 가닥이 사라지거나 중복된 경우가 있다. 중요 구역의 단일 염기에 이상이 있는 경우도 있다. 자폐스펙트럼장애인 모두 증상의 원인이 되는 유전적 병변을 가진 것은 아니다. 그러나 자폐 유전학의 세계적 전문가 매슈 스테이트Matthew State는 임상 연구소에 오는 아동들을 근거로 약 30퍼센트는 유전체적 변화가 있을 것이고 이 중 대부분이 흔한 유전 변이라고 추정한다. 예상치 못한 발견 한 가지는 이런 변화 중 대부분이 '새로운' 것으로, 부모 중 어느 한쪽의 유전체에서 유전되지 않고 대체로 생식세포(정자나 난자)의 분열 과정에서 무작위로 생겨났다는 점이었다.

유전체 촬영이 딜런에게 도움이 될까? 딜런이 자폐증의 한 종류를 앓고 있다고 생각한 소아 신경과 의사는 유전체 촬영을 권했다. 마이클과 수전은 딜런의 생물학적 부모에 대해 잘 몰랐으므로 이는 좋은 생각 같았다. 17살이었던 딜런의 생모가 심한 마약 중독자였다는 사실을 전해 듣긴 했다. 그래서 몇 가지 궁금한 사항이 생겼지만, 답을 찾을 수는 없었다. 아마도 유전체 검사는 도움이 될 것이다. 슬프게도 검사 결과 19개의 흔한 변이가 확인됐다. 몇몇 변이는 '위험 요인'으로 분류됐으나 그 어떤 것도 원인이 아니었고 치료로 이어지지도 않았다.

낫적혈구나 낭성섬유증처럼 단일 유전자 이상으로 생기는 질환과는 달리, 자폐는 조현병과 양극성장애처럼 질환과 관련된 유전자가 많이 발견되고 있다. 이 유전자 대부분이 뇌 발달을 변화시키는 원인으로 보인다. 사실 정신 의학 유전체학에서 얻은 가장 중요한 통찰은 돌연변이의 발견이 아니라 정신 질환을 바라보는 새로운 관점이다. 이런 질환들은 뇌발달장애와 점점 비슷해 보인다.[14] 뇌의 성장에는 유전체 상당 부분이 필요하다. 그렇게 많은 돌연변이 혹은 변이가 자폐나 조현병 같은 증후군을 야기할 수 있고 우울증이나 불안과 관련된 흔한 질환의 위험을 제공할 잠재적 가능성이 있다는 사실은 놀랍지 않다. 그렇게 생긴 장애는 증상이 성장의 어느 시점에서 생겼느냐에 따라 유형이 결정될 수 있다. 3살 전에 나타난 자폐, 6살까지 나타난 주의력결핍과잉행동장애, 25살까지 나타난 조현병과 양극성장애. 이런 유전율이 높은 장애와는 사뭇 다르게, 우울증과 불안의 경우 유년 시절 부정적 사건에 의해 결정될 수도 있다.

부정적 사건이 유전체 부호를 바꾸지는 못하나, 분명 후성 유전체 부호를 바꿀 수는 있다.[15] 유전체 부호가 DNA의 텍스트라면, 후성 유전체 부호란 텍스트 내용의 발현 혹은 억제를 담당하는 DNA에 형광펜으로 표시한 부분이다. 후성 유전체학은 경험이 텍스트를 변화시키는 메커니즘을 연구한다. 정신 질환은 경험이 유전만큼 중요한 분야로, 후성 유전체학이 유전체학보다 훨씬 더 중요하다는 사실이 밝혀지리라 본다.

영상, 정밀함으로 가는 길

암은 더 이상 병변 위치에 따라 정의되지 않으며 유전적 질병으로 고려할 수 있다. 이와 달리 뇌장애는 사실상 위치에 의존한다. 신경학적 뇌장애의 경우 분명 위치가 중요하다. 우뇌에서 생긴 뇌졸중은 같은 크기의 병변이 좌뇌에 생긴 경우와는 완전히 다른 증상을 유발한다. 신경학적으로 발병 위치는 발병 시점이나 대상만큼 중요하다.

정신장애에는 식별 가능한 뇌 병변이 없다. 심장병에 거칠게 비유하자면 정신장애는 병변을 동반하는 경색이 아니라 부정맥에 가깝다. 과학자들이 주의력결핍과잉행동장애나 강박장애, 우울증, 조현병을 뇌장애로 논의하는 맥락은 회로에 문제가 있다는 뜻이다. A 부위에서 B 부위로의 전도 혹은 정보 흐름이 비정상적인 경우로, 뇌의 연결 지도를 보여주는 영상 연구를 통해 알 수 있다.[16]

지난 20년 동안 DNA 염기 서열 분석 혁명이 유전체 변이를 밝히는 사이 뇌 영상 분야는 뇌 배선도를 그리고 뉴런 연결의 개인 간 변이를 밝혀내며 획기적 성과를 거뒀다. 신경 과학자들은 어떤 뇌 영역이 활성화 상태인지 또 휴지 상태인지 관찰해 뉴런들의 연결 지도인 커넥톰connectome을 작성했다. 이는 사후 해부학 연구를 통해서 이미 어느 정도 알고 있던 내용이기는 했다. 그렇지만 살아 있는 뇌는 큰 놀라움을 선사했다. 예를 들어 과거에는 발견되지 않았던 회로가 지난 몇 년 사이 큰 관심을 받았다. 디폴트 모드 네트워크default mode network라고 불리는 이 회로는 뇌의 중심선에 자리한 일군의 구조물로, 해부학적으로 연결돼 있지 않지만 서로 연동해서 움직이는데 특히 뇌가 업무를 수행하지 않을 때 그렇다.[17] '백일몽' 회로라고도 불리는 이 회로는 인간의 의식 혹은 동기에 핵심 역할을 한다고 여겨진다. 놀랍게도 디폴트 모드 네트워크의 개인간 변이를 살펴보면, 이 회로가 정신 질환에서 중요한 여러 기능적 회로 가운데 하나라는 생각이 든다. 이렇게 회로 중심으로 접근한다면, 증상 개수를 세는 방식보다 더 정확하게 진단 범주를 정할 수 있을까?

회로망과 구조물이 동의어가 아니라는 사실을 잊어서는 안 된다. 딜런의 소아 신경과 의사는 유전체 촬영에다 자기 공명 영상MRI 촬영도 하자고 했다. 자기 공명 영상은 딜런의 뇌를 정밀하게 찍은 사진을 제공했으나 사진에는 비정상적인 부분도 유익한 내용도 없었다. 놀랍게도 정신 질환도 그렇고 중증 자폐증마저도 해당 환자의 뇌 구조를 살펴보면 특별한 데가 없다. 심지어 극도로 비정상적인 행동을 보여도 말이다. 반대로 초기 신경 손상을 입은 어린이의 경우 아주 건강하게 행동한다고 해도 뇌에 심한 구조적 이상이 생겼을 수 있다. 자기 공명 영상 같은 구조 연구는 정신 질환 진단에는 유용하지 않은데, 신체 구조 지도는 뇌 영역 사이의 연결만큼 중요하지는 않기 때문일 것이다.

그렇지만 커넥톰을 기능성 자기 공명 영상fMRI으로 가늠할 수는 있다. 기능성 자기 공명 영상은 뇌의 활동성과 연결성 정보를 제공해 업무 기능 관련 영역이나 디폴트 모드 네트워크처럼 휴식 관련 영역을 알려준다. 딜런의 신경과 의사는 주의력결핍과잉행동장애 어린이는 주의와 관련된 뇌 영역의 연결도가 감소하고 과민한 아이들은 좌절 처리 및 행동 억제에 중요한 뇌 영역 조절에 결핍이 있다는 논문을 읽은 적 있었다. 그렇지만 그는 이런 것들이 연구 결과일 뿐이고 진단이나 치료 선택에는 아직 유용하지 않다고 결론 내렸다. 이는 정확한 판단이었다.

아동의 경우 영상은 아직 진단 생체 지표를 찾지 못했으나, 우울증을 겪는 성인 대상 연구는 전망이 밝아보인다.[18] 휴식하는 동안의 뇌 연결도 영상 연구에 따르면, 정신 질환 진단 및 통계 편람에서 제시한 주요 우울장애에는 뇌의 특징 혹은 생물형이 뚜렷하게 다른 네 가지 장애가 속한다. 생물형 I에서는 전두엽과 편도체 사이 연결도 감소가 나타난다. 편도체는 공포를 비롯해 감정을 담당하는 부위다. 생물형 II에서는 전측대상피질과 안와전두피질의 연결도 감소가 나타나는데, 이 부분 또한 동기 및 의사 결정을 돕는 디폴트 모드 네트워크에 속한다. 생물형 III은 시상과 전두선조 회로의 연결도 변화를 보여주는데 전두선조 회로는 보상 처리 및 활동 개시에 관여한다. 생물형 IV는 생물형 I과 III의 특징이 결합한 모습을 보여준다. 이런 아형들은 임상적 특징이나 중증도만으로는 밝혀질 수 없고 여러 증상의 특성과 관련 있다. 생물형이 다르면 불안 및 쾌감 상실 정도가 다르며 뇌 연결도에 관한 이 같은 연구는 임상적 증상보다 더 정밀하다.

예비 연구에서 생물형은 치료 반응과도 상관관계를 보였다.[19] 생물형 I의 약 80퍼센트가 경두개 자기 자극술에 반응했다. 나머지 세 생물형은 반응률이 50퍼센트 이하로 떨어졌다. 뇌 연결도와 외상후 스트레스장애를 살핀 비슷한 연구에서 기능성 자기 공명 영상은 심리 치료에 반응하지 않을 특정 환자군을 정확히 예측했다. 비슷한 생물형이 조현병 환자에도 나타났다. 최근 들어 가격이 더 싸고 측정도 더 쉬운 뇌파 검사EEG로도 뇌 정보를 얻을 수 있게 됐다.[20] 이 분야 연구는 아동이 활용할 수 있을 만큼 개발되지는 않았으므로 딜런은 이득을 볼 수 없었다. 그렇지만 측정과 함께 영상을 이용하는 연구는 훗날 더 정확한 진단 범주를 제공할 것이고 성인뿐만 아니라 아동의 치료 선택도 개선될 것이다.

아마도 뇌 과학 혁명이 불러온 변화라고 말할 수 있는 한 가지는 개념 변화다. 한때 정신 질환을 "화학적 불균형"으로 여겼는데, 이제는 "연결의" 불균형 혹은 뇌회로장애로 간주한다.[21] 사실 뇌 회로에 생긴 이상을 밝히는 증거가 늘 일관적이거나 구체적이지는 않다. 그리고 전자 공학에서 빌려온 회로 개념은 뇌가 실제로 소통하는 방식을 부정확하게 비유할 수 있다. 그렇지만 이 같은 뇌 중심 접근은, 치료 목표로 뇌 가소성이나 회로 변화에 주력할 수 있다는 장점이 있다. 이런 목표는 약물 요법, 심리 치료, 경험, 혹은 이런 여러 요소를 조합해 달성할 수 있다.

덧붙여 뇌 과학 혁명은 정신과 의사의 진료 방식까지는 아니라도 사고방식은 바꾼 것 같다. 뇌 촬영이 모든 진단 검사에 포함되지는 않았다. 그러나 세로토닌이나 도파민만 보는 좁은 시각에서 벗어나 뇌 연결망의 활동성 변화 차원에서 정신장애를 바라보게 됐다. 유방암과는 달리 정밀한 분자 진단에 필요한 생체 지표를 확인하기 위해 굳이 생검을 할 필요는 없을 수 있다. 대신 뇌파 검사 같은 뇌 측정으로 구한 신호(오늘날 심전도 검사가 표준적인 1차 의료 검사이듯, 뇌파 검사도 언젠가 모든 1차 의료에서 이뤄질지 모른다), 인지 검사(기본적인 뇌 기능 측정), 임상적 신호와 증상, 디지털 측정(다음 장에서 살펴볼 내용이다), 사회적·환경적 맥락 평가를 합쳐서 활용할 수 있다.

진단이 필요한가?

이 모든 내용에는 진단이 중요하다는 가정이 깔려 있다. 여러 사람이 이 가정에 이의를 제기하며, 진단 범주가 정확하든 아니든 진단 자체가 회복에 방해가 된다고 주장할 것이다. 이들의 주장에 따르면 인간의 고통에 딱지를 붙이는 행위는 그릇된 정보 전달을 넘어서 정상적 변이를 병적으로 만들고 경험을 치료 대상으로 만들어 버린다. 당연히 의학적 접근이라는 것은 해결책을 찾기 전에 우선 문제를 정의해야 한다. 기억하기 쉽게 설명하자면, 발달 전문가들은 감정으로 애먹는 아이들에게 감정을 길들이려면 이름을 붙이라고 말한다. 문제를 정의하기 위해서 의학적 접근이 필요하긴 해도, 그 문제를 해결하려면 사회적이고 관계적인 접근이 필요하다.

그런데 정확하고 유효한 진단 혹은 믿을 만한 진단을 받으려고 온갖 노력을 기울여도 실패하는 상황이 하나 있다. 딜런 같은 아이들은 진단명과 그냥 안 맞는다. 주의력결핍과잉행동장애, 행동장애, 반항성장애 같은 여러 진단명은 이론적으로는 이치에 맞아 보인다. 그렇지만 정신과 진료실까지 오게 된 아동 대부분은 이런 특징들에다 기분 및 불안 증상까지 강하게 추가된 역동적 혼합물 같다. 이 혼합물에 트라우마를 더하면, 증상으로 가득한 수프가 된다. 사실 치료받는 아동 가운데 진단명이 하나뿐인 경우는 드물다. 대부분 딜런처럼 진단명이 여러 개인데 아이들 상태와 어떻게든 관련 있는 진단이 아니라 보험사가 급여를 지급하기 좋은 혹은 교실에서 도움을 구하기 좋은 진단을 받기도 한다. 그리고 시간이 지나고 보면 특정 시기에 진단명을 붙이는 일은 어리석었음을 알게 된다. 뇌는 발달하고 아이들은 성장하며 정신적 고통의 표현은 진화한다. 그렇게 분노 발작은 자해로 바뀌고 수줍음은 사회공포증이 된다.

그런데 더 중요한 점은, 진단을 더 정밀하게 내린다고 해도 치료에 의미 있어보이지 않는다는 것이다. 최소한 우울증과 불안을 겪는 아동의 경우는 그렇다. 하버드 대학의 저명한 심리학자 존 와이즈John Weisz는 우울증과 불안 혹은 행동장애를 겪는 아동과 청소년을 대상으로 하는 심리 치료 문헌을 검토한 후, 진단명이 무엇이든 치료에는 다섯 가지 원칙이 있다고 결론을 내렸다. "초진단적 접근"이라고 불리는 치료 원칙은 다음과 같다.[22] (1) 마음 챙김 같은 방식을 통해 차분해지기. (2) 좋은 행동에 대한 보상 같은 방식을 통해 의욕 높이기. (3) 인지 행동 치료에서 인지 편향을 바로잡는 방식처럼 생각 바로잡기. (4) 목표 설정을 통해 문제 해결하기. (5) 회피 극복을 위한 노출법이나 우울증 치료를 위한 행동 활성화 기법처럼, 반대로 행동해 보기. 이런 원칙을 적용할 때는 정신 질환 진단 및 통계 편람의 진단 범주나 질병 분류 기호에 의존하지 않는다. 이런 방식이 발달 과정에서 나타나는 다양한 형태의 고통을 더 잘 이해하는 날까지 임시방편이 될지 사실 잘 모르겠다. 그렇지만 와이즈의 작업은 진단을 수정하기 전에 치료법을 바꿀 수 있음을 일러준다. 그리고 공공 보건 분야에 더 중요한 지점일 텐데, 와이즈 는 정신 보건 종사자들이 학위가 있든 없든 이런 원칙에 숙달되면 긍정적 결과를 낼 수 있다고 본다.

　만일 와이즈의 판단이 옳다면 진단은 여전히 중요하겠으나 아동 문제를 생각보다 더 간단하게 다룰 수 있다. 진단 범주는 많지 않 아도 된다. 기분, 불안, 행동 문제를 하나의 범주로 묶어 치료의 다 섯 원칙에 따라 치료할 수 있다. 자폐스펙트럼장애 같은 사회성 결 핍은 치료법이 다른 범주에 해당할 것이고, 학습 문제도 마찬가지 로 또 다른 범주가 될 것이다. 이런 진단명은 증상과 문제를 언급 할 뿐 아동과 청소년 자체를 정의하지는 않는다.

　성인에게도 같은 연구가 있다. 여러 가지 진단을 받은 사람들을 위해 공통 요소 치료 접근법CETA이 개발됐다.[23] 결국에 진단은 증 상과 징후를 설명하는 방법이지, 병에 관한 정의는 아니다. 나의 현 명한 멘토인 정신과 의사 허버트 파데스Herbert Pardes는 내가 일을 시 작한 초기에 이렇게 말했다. "환자가 조현병이라는 정보는, 내가 환 자에 대해 알고 싶은 내용의 5퍼센트에만 해당한다."

　알고 보니 딜런에게는 유전체학도 영상도 진단에 유용하지 않 았다. 와이즈라면 아마도 기분, 우울, 분노 발작 문제를 다뤘을 것 이다. 바로 핵심 치료로 들어가서 딜런에게 마음 챙김과 기분 조절 을 가르쳤을 것이다. 사실 딜런은 와이즈 박사를 만나지 않았음에도 훗날 잘 자랐다. 3학년이 돼 사립학교로 전학 갔고, 학생 개인에게 관심을 더 기울이는 보살핌을 받았다. 같은 시기에 메틸페니데이트 저용량 복용을 시작했다. 이 각성제는 딜런의 돌발적 행동 및 분노 발작을 감소시키는 것 같았다. 딜런의 부모는 아들이 폭발하거나 무너질 수 있다 싶으면 여전히 조심하지만, 아들이 중학교에 입학하면서 올바른 방향으로 나아가고 있다고 확신하게 됐다.

게리 그린버그Gary Greenberg는 진단 설명서를 비애의 책이라고 한 바 있는데,[24] 미래의 설명서에 진단명이 500개가 들어갈지 50개가 들어갈지 아니면 5개가 들어갈지 내가 알 수는 없다. 그렇지만 내 생각에 환자를 치료하려면 의료 제공자나 보험자(혹은 전문 협회)보다 진단이 더 필요하다. 초진단적 접근이 가능성을 보여주지만, 더 정확한 진단이 있어야 더 나은 결과를 낼 수 있다. 표준화된 정의로서 신뢰도를 얻고자 애쓰는 현재의 정신 질환 진단 및 통계 편람은, 과학자들이 이 책이 제시하는 범주가 정확한 분류인지 그 유효성을 입증하는 작업을 막아왔다. 다음 세대 진단 시스템은 정밀함을 추구해야 하며, 인구 집단이 아니라 특정 개인에게 가장 효과적일 치료를 찾아줘야 한다. 뇌 과학 도구나 인지 검사, 그 외 다른 혁신으로 객관적 측정이 가능해졌다. 그에 따라 다음 세대 진단 설명서로 어떤 것이 등장하든 논의의 장을 펼칠 수 있다. 이제는 정신 건강의 정밀 과학을 정립할 견인력이 생겼다. 그렇지만 앞으로 나아가는 길에 생물학 이상의 것이 맞서고 있다. 진단과 치료를 향한 부정적 태도가 더 큰 난제다.

7장   낙인을 넘어서

> 결심해야 했습니다. 자살하고 싶은가? 아니면 정신과 의사를 만나고
> 싶은가? 죽고 싶을 만큼 나 자신이 싫었으나 정신과 환자가 되고 싶
> 을 만큼 싫지는 않았습니다.
>
> — 자살 생존자, 2014년 자살 예방 대책 위원회에서 공유

몇 년 전 배우 글렌 클로스Glenn Close는 내가 절대 잊지 못할 공익광
고를 찍었다. 클로스는 그저 환한 조명을 받으며 빈 무대 위 의자
에 앉아 카메라를 똑바로 바라보고 있었다. 그는 단조롭고 차분한
어조로 천천히 말했다. "정신 질환을 앓고 있습니다." 3초 동안 어
색한 침묵이 흐른 다음, 클로스가 덧붙여 말했다. "내 가족이." 그
의 이 간단한 대사는 보는 이의 감정이 3초 만에 어떻게 바뀌었는
지 짚어냈다. 누군가 정신 질환을 앓고 있다고 시인하면, 겁이 날
까? 반발심이 들까? 아니면 따지려 들까? "내 가족이"라는 덧붙임
이, 두렵고 피하고 싶은 반응을 공감하고 지지하는 마음으로 바꾸
는데 얼마나 큰 영향을 미쳤을까?

　나는 정신 건강 위기를 정신과 의사가 아니라 저널리스트로 바
라봤다. 그리고 별안간 어떤 사실을 깨달았다. 이 세상의 많은 돌
봄은 의사와 간호사가 아니라 가족과 지역사회가 제공한다는 사
실 말이다.[1] 환자의 가족이며 옹호자와 나눈 거의 모든 대화에서

정신 건강 분야의 가장 큰 문제로 '낙인'이 꼽혔다. 낙인 때문에 보험이 부적절하게 적용된다. 낙인 때문에 연구 지원금이 너무나 적게 지원된다. 그리고 낙인 때문에 현재의 정신장애 치료는 더 많은 진전을 이루지 못했다. 낙인은 정신 질환자를 '타자화'한다. 클로스는 암묵적으로 이뤄지는 이런 판단을 폭로하고자 했다. 실제로 중증 정신 질환자 가족이 있는 그는 이제 본인의 재단 '마음에 변화를BringChange2Mind' 활동으로 낙인에 열심히 맞서 싸운다.[2] 중증 정신 질환자 가족이자 옹호자로 클로스는 낙인 때문에 사람들이 치료받지 않는다는 말을 자주 한다.

낙인과 정신 질환에 관한 연구에 따르면 이 세상에는 중증 정신 질환자를 향한 일관된 부정적 태도가 존재한다. 지난 20년 동안 인디애나 대학의 버니스 페스코솔리도Bernice Pescosolido는 미국뿐만 아니라 서구 전역을 대상으로 정신 질환자를 향한 태도를 조사했다.[3] 페스코솔리도는 연구를 통해 미국인이 정신 질환에 공포와 회피 감정을 보인다는 사실을 밝혀냈다. 세대와 종족을 막론하고 그렇다. 당파성과 양극화의 시대에, 모든 사람이 이런 낙인을 공유하고 있다.

클로스의 말처럼 낙인은 정신 질환에 관한 인식 자체에 뿌리내리고 있는데, 보통 진단 주변에 단단하게 붙어 있다. 앞선 장에서는 정밀하고 유효한 정신 질환 진단명을 개발하는 일이 얼마나 어려운지 살펴봤다. 사실 정신 질환 진단은 심장병이나 암과는 좀 다르다. 정신 질환 진단은 훨씬 요란하다. 고혈압이나 샘암의 진단 기준이 달라졌다고 해서 정신 질환 진단 및 통계 편람처럼 뉴스며 팟

캐스트머 책이 쏟아져 나온다고 상상하기란 어렵다. 정신 질환 진단에는 감정이 실린다. 그리고 기준에 변화가 생기면 전체 업계의 유효성에 대한 의문이 고개를 든다.

여느 질병은 "병에 걸리다" 혹은 "병이 있다"라고 표현된다. 그와 달리 정신 질환은 아직도 당사자와 병이 동일시된다. 조현병, 우울증, 주의력결핍과잉행동장애는 단순한 질환이 아니라 환자의 정체성이 된다. 뇌는 우리가 누구인지 정의하는 기관이다. 뇌장애로 우리의 생각과 감정과 행동이 달라지는 만큼 이 병이 췌장이나 심장 혹은 소화관장애보다 심오하게 여겨지는 상황은 놀랍지 않다.

뇌는 복잡하고 마음의 장애는 오랫동안 수수께끼 같은 존재였으니 정신장애는 나머지 질병과는 질적으로 달라 보인다. 이렇게 질환과 정체성이 합쳐진 데다 대부분의 정신장애는 청소년기나 초기 성인기처럼 정체성이 막 형성되는 시기에 찾아온다. 어쩔 수 없이 비난과 수치심이 함께하는 것이다.

내가 의대에 다니던 시절, 암은 정신 질환과 같은 종류의 수치심을 유발했다. 학생들은 환자에게 암이라는 단어를 쓰지 말라고 권고 받았다. 얼마 전에는 에이즈가 '감히 이름을 올리면 안 되는' 병이었다. 지금의 정신 질환 진단이 여전히 지고 있는 짐을 치료가 성공을 거두기 전의 암과 에이즈도 짊어졌다. 오늘날 이런 질병들이 품은 서사에는 회복과 치유를 향한 희망이 있다. 그리고 놀랍지도 않은 일이지만, 암과 에이즈 연구를 위한 어마어마한 옹호 단체가 있으며 유명인들이 특별 행사를 연다.

정신장애에도 똑같이 효과적인 치료법이 생기는 날에는 수수께

끼의 뇌장애를 둘러싼 낙인과 수치심도 이와 비슷하게 사라질 것이라고 믿고 싶다. 암과 에이즈 치료를 바꿔 놨듯 국가가 끈덕지게 싸워주고 자금을 지원할 것이라고 믿고 싶다. 환자는 진단을 근거 삼아 어떤 치료를 받을지 선택하므로 진단은 정확해야 한다. 그뿐만 아니라, 앞서 살펴봤듯 이미 효과적인 정신 질환 치료법은 존재한다. 다른 치명적인 병과 달리 정신 질환자들 앞에는 곳곳에 해롭고 어려운 문제가 도사리고 있는데, 옹호자들은 이를 낙인이라고 부른다.

나는 낙인이란 단어를 보면 부당한 괴롭힘, 그리고 안타깝게도 그에 대한 반응이 없는 상황이 떠오른다. 나는 '차별'이란 표현을 선호하는데 이 단어는 사회적 정의가 필요한 상황임을 알리는 효과가 있다. '낙인' 그 자체로는 치료에서 구조적으로 배제되는 문제를 극복하는 사회적 운동을 시작할 수 없다. 범죄화와 노숙 문제에서 살펴봤듯 보건 관점에서 중증 정신 질환자들은 단순히 치료 결과가 나쁜 집단이 아니다. 그들은 나머지 사회 일원으로부터 통제당하는 대상이다. 이 현상은 공포와 무지에 힘입은 차별이라고 해야 한다. 클로스가 "내 가족이"라고 상황을 바꾸는 말을 꺼내기 전 3초 동안, 그는 바로 이 부분이 인정받기를 바랐다.

공포와 무지가 꼭 비합리적이라는 이야기는 아니다. 정신 건강 옹호 활동가와 낙인 반대 활동가라면 듣기 싫을 수도 있지만 자료는 명확하다. 치료받지 않은 정신 질환자는 비非 중증 정신 질환자보다 비합리적이고 파괴적이며 폭력적으로 굴 가능성이 크다.[4] 보통 이런 폭력은 자기 자신을 향하며, 자살이나 자해로 이어진다.

그리고 치료받은 정신 질환자는 비非 정신 질환자보다 폭력적일 가능성이 크지 않다는 연구 결과 또한 똑같이 눈길을 끈다. 실제로 이들은 가해자가 아니라 희생자가 되기 쉽다. 이 연구는 공포와 무지는 치료가 부재한 결과지 병의 존재 때문이 아니라는 사실을 환기한다. 결국 우리는 치료를 받는 사람이 왜 극소수인가 하는 질문으로 다시 돌아오게 된다.

치료는 받지 않겠습니다, 부탁합니다

낙인이라는 단어는 치료에 부정적인 태도를 정확하게 보여준다. 이상하게도 정신장애에서 치료에 찍힌 낙인은 장애 자체에 대한 부정적 태도를 능가할지 모른다. 아마도 그렇기에 지원서의 질문은 구직자에게 암, 당뇨, 심장병에 걸린 경험이 있는지, 아니면 정신 문제로 치료받은 경험이 있는지 묻는 것이리라. 마치 치료 받는 것은 문제고, 치료가 해결책이 아니라는 듯.

　전기 경련 요법을 생각해 보자. 이 요법은 중증 우울증 환자 80퍼센트에게 효과가 있고, 다른 치료는 다 실패로 돌아간 사람들의 50퍼센트에게 효과가 있다. 그렇지만 〈뻐꾸기 둥지 위로 날아간 새〉에서 랜들 맥머피가 강제로 전기 충격을 당한 후 수십 년 동안 전기 경련 요법은 거의 터부가 됐다. 한때 캘리포니아주 버클리에서는 이 요법을 금지했다. 반反정신 의학 단체는 이 요법을 악마화했다. 콜로라도주와 텍사스주에서 전기 경련 요법은 16세 이하 어린이에게 금지돼 있다. 플로리다주와 미주리주에서는 요법 사용에 제한이 있다. 로이 리처드 그린커Roy Richard Grinker는 낙인에 관한 『정상은 없다 Nobody's Normal』에 이렇게 썼다. "임신중절을 제외하고, 연방 정부와 의학 전문가 모두 승인한 의학적 치료를 주 정부 차원에서 법으로 규제하는 사례는 본 적 없다."[5]

몇몇 유명인들은 전기 경련 요법을 향한 부정적 태도를 완화하려고 노력했다. 〈스타워즈〉 첫 3부작의 레아 공주로 유명한 고故 캐리 피셔Carrie Fisher는 자서전 『충격 중독Shockaholic』에서 전기 경련 요법이 생명줄과도 같았다고 썼다.[6] 그리고 키티 두카키스Kitty Dukakis는 남편 마이클 두카키스가 1998년 대통령 선거를 뛰는 내내 우울증과 싸웠는데, 전기 경련 요법은 기적 같은 치료법이었다고 『충격Shock』에서 설명했다.[7] 미국 쇼타임에서 방송한 〈홈랜드Homeland〉는, 배우 클레어 데인스Claire Danes가 연기한 캐릭터 캐리 매티슨이 사랑하는 자매가 지켜보는 앞에서 자발적으로 전기 경련 요법을 받으며 시즌 1을 마무리했다. 그렇지만 이런 대중적 노력이나 과학 연구도 대중의 회의적 태도를 바꾸지 못했다. 전기 경련 요법은 중증 우울증 최후의 수단으로 남아 있다. 물질남용 및 정신보건서비스국의 가용 치료법 조사에 따르면, 정신 건강 치료 시설 약 6퍼센트만이 전기 경련 요법을 쓴다.[8] 사보험 이용 환자를 대상으로 한 전국적 조사에 따르면 우울증 환자 0.25퍼센트만 전기 경련 요법으로 치료를 받았다.[9]

알츠하이머병 환자 80퍼센트에게 회복을 유도할 치료법이 있는데, 드문 상황을 제외하고는 아무도 안 쓴다고 상상해 보자. 메디케어에서 급여를 지불하고 식품의약국에서 승인한 데다, 80년 넘은 치료법인데도 시설의 6퍼센트만이 이 요법을 제공하고 있다. 이 치료법으로 치료받은 환자는 1퍼센트도 안 된다. 낙인 같다. 아니면 '차별'이라고 말해야 하지 않을까?

전기 경련 요법만이 아니다. 더 깊은 문제가 있다. 몇 년 전 영국 언론 《가디언》에서는 영국의 약물 처방 변화를 다룬 특집 기사를 냈다.[10] 고혈압 약과 콜레스테롤 저하제와 항우울제 같은 몇몇 약물들은 사용이 증가했다. 다른 모든 약물의 경우, 좋은 소식이었다. 더 많은 사람이 치료받게 됐다는 뜻이니까. 그렇지만 항우울제 처방 증가는 충격적인 소식이었다. 더 많은 사람이 약에 중독됐다는 뜻이니까.

대체 무슨 일일까? 치료를 향한 이 부정적 태도는 무지 혹은 차별의 결과일까? 현대의 치료법은 전두엽 절제술과 저체온 요법이 남긴 유산에 오염됐나? 정신 질환이 의학적 문제가 아니라 사회적 구성물이며 치료는 거대한 시장의 음모일 뿐이라는 생각 때문일까? 아니면 정신 질환자가 치료에 돈을 쓰는 일은 용납될 수 없고, 그들은 그저 마음을 달래기만 해야 하며 보험이 그들의 게으름에 돈을 대주리라는 기대를 버려야 한다는 암묵적 편견이라도 있나?

고백하자면 나도 한때 약물 요법에 똑같은 편견을 가지고 있었다. 심지어 신약 임상 시험에서 내 환자들이 놀라운 반응을 보인 후에도, 나는 가족에게 정신과 약물을 쓰는 일을 주저했다. 내 아들이 주의력결핍과잉행동장애의 온갖 특징을 보이던 시절, 아내와 나는 흥분제 투여가 아닌 심리 치료와 특수 학교, 부모 훈련을 먼저 찾았다. 설탕 없는 통곡물 빵 같은 8살 아들에게 정신 작용 약물을? 그럴 수는 없었다. 그렇지만 소아 정신과 의사 친구가 메틸페니데이트(상품명은 리탈린)를 시험 삼아 복용해 보라고 권했다. 항우울제와 항정신병약과는 달리 흥분제는 빠른 효과를 보였다. 격렬히 움직이던 우리 탁발 수도승 아들은 몇 시간 만에 차분해져 장난감을 치웠으며 처음으로 우리 말에 귀 기울이기 시작했다. 놀라서 말도 안 나올 지경이었다. 그렇지만 아들은 무심한 모습이었다. 일주일 후 아들에게 약물 요법에 관해 물어봤다. 아들의 대답은 이제껏 정신 약리학에 관해 들어본 가운데 가장 설득력 있는 말로 남아 있다. "나한테는 큰 효과가 없을 거야, 아빠. 그렇지만 다른 사람들이 전부 다 훨씬 더 좋아지겠지."

중증 정신 질환자는 우리 사회에서 권리를 가장 많이 뺏기고 목소리도 잃은 집단 가운데 하나다. 그들은 치료나 질환을 둘러싼 차별과 싸울 힘이 거의 없다. 당연한 말이겠지만 정신증을 앓으며 살아가는 청년은 자기 자신을 가장 잘 옹호할 수 있는 사람이 아니다. 중증 정신 질환자에게도 동등함과 주거와 의료가 필요하다고 외치는 최근의 투쟁은 여러 측면에서 시민권 운동과 닮았다. 사실 패트릭 케네디는 중증 정신 질환자를 위한 사회운동이 "우리 시대의 시민권 운동"이라고 말했다.[11]

그렇지만 차별이나 치료를 향한 부정적 태도, 심지어 시민권까지 논의가 이뤄져도, 이 논의에는 놓친 부분이 있다. 바로 정신 질환을 앓는 상황 자체가 복잡하다는 점이다. 암 환자는 치료받기 위해 싸우겠지만, 정신 질환자는 치료를 거부하기 위해 싸울 것이다. 이 저항은 약의 부작용이나 입원 경험이 주는 치욕 때문이기도 하다. 그러나 많은 경우 환자가 정신증으로 합리성을 잃어버린 바람에 일종의 인지적 편향이 생기고 다른 사람 모두 진실을 놓치고 있다는 편집증적 확신까지 와서 그렇다.

　확실히 정신 질환자는 정신과 치료를 향한 우리 문화의 적대적 태도에 면역력이 없다. 몇 년 전 나는 끔찍한 자살 시도에서 살아남은 청년과 대화를 나눴다. 그는 자살 시도 전에는 우울증 치료를 받은 적이 없었다. 그 이유를 묻자 청년은 이번 장을 시작하며 인용한 그 문장을 언급했다. 잠시 생각해 보자. 청년은 문자 그대로 정신과 치료를 받느니 죽으려고 했다. 암이나 심한 심장병이 있는 사람이 이런 식으로 치료를 거부하는 일은 상상하기 어렵다. 그렇지만 그들이 그랬다면 우리는 그들에게 정신과에 가서 치료받으라고 말했을 것이다.

비자의 치료

비자의 치료는 정신 건강 관리의 어두운 측면으로, 불가피한 데가 있다. 환자를 배려하고 상황에 공감하자고 아무리 편들어도 정신증을 앓는 성인이 제 의지에 반해 치료받는 순간이 닥치면 다 소용없어지는 것 같다. 누군가 자기 자신이나 타인을 해치지 못하게 막는 일은 정신 건강 치료의 근본이고 이를 막지 못한 임상가에게는 법적 책임이 따른다. 선택은 좀처럼 쉽지 않은데 비자의적 입원은 신뢰를 저버리고 관계를 파괴할 위험이 있기 때문이다. 그렇지만 위험이 임박한 사람에게 개입하지 못하면 정신 질환의 힘을 오해한 것이고 상대의 비#정신증적 부분을 돕지 못한 것이다.

비자의 치료는 개인의 시민적 자유와 집단 공공의 안전 사이에서 균형을 찾아야 하는 크고 오래된 난제다. 쉽게 균형점을 찾은 일도, 생긴 균형점을 영원히 지속하는 일도 없었다. 균형점은 문화, 생애 주기, 일어난 사건의 영향을 받는다. 예를 들어 싱가포르는 어느 분야에서나 공공 안전을 중시한다. 어느 싱가포르 사업가가 내게 이런 말을 한 적 있다. "미국에서는 마음대로 마약에 손댈 수 있고 노숙할 수 있습니다. 싱가포르에서는 깨끗하고 안전한 도시를 마음껏 누릴 자유가 있습니다. 두 자유 중에 선택하세요." 그렇지만 미국에서조차 비자의 치료에는 이중 잣대가 있다. 벌거벗은 채 차들 사이를 돌아다니는 정신증 증상의 20살 청년에게 치료를 강제하는 일은 강압적이라고 느끼면서, 동시에 정확하게 똑같이 행동하는 실성한 70살의 노인을 강제 치료하는 일은 열렬히 찬성하는 식이다. 총기 난사 사고에 치료받지 않은 정신증이 관련 있으면 시민 자유 옹호론자들은 "그들을 감금하라", "그들이 총기를 소지하지 못하게 하라", "수용 시설을 다시 열어라" 같은 말을 매번 한다.[12]

중증 정신 질환자들이 개인의 시민적 자유를 누리기가 얼마나 어려웠는지는 역사를 살펴보면 알 수 있다. 교도소에 갇히든 주립 시설에 수용되든 지역사회에서 고생하든 상관없다. 우리 사회는 공포와 무지에 휩싸인 채 그들을 대했다. 미국에서는 지난 100년 동안 약 6만 건의 불임 수술이 중증 정신 질환자나 지적장애인에게 강제됐다.[13] 실제로 단종법은 미국 대법원의 허용하에 27개 주에서 실행됐다.[14] 아주 오래된 역사가 아니다. 캘리포니아주에서는 약 2만 명이 불임 수술을 받고 난 후, 2014년에야 수술이 금지됐다.[15]

비자의 입원은 공공 안전을 내세우며 개인의 권리를 밀어내는 사례 중에서도 한발 더 나아간 경우로, 과거 어느 때보다도 오늘날 흔히 이뤄질 수 있다. 앞서 4장에서 살펴봤듯 '의학적 필요성'을 입증한다면 말이다. 비자의 치료를 시행하는 기준은 주마다 다르다. '정신 의학적 필요'를 언급하는 주도 있고 '자기 자신이나 타인에게 당장 위험한 경우'를 언급하는 주도 있다. 특히 이런 기준은 주관적이고 어려울 수 있다.

《뉴잉글랜드 저널 오브 메디슨》의 한 사설은 의학 전문가가 저지르는 생략 및 실행의 오류를 잘 간파했다.[16] 보스턴 노숙인 건강센터를 설립한 짐 오코넬Jim O'connell 박사가 편집증적 조현병을 앓는 사람에게 다리 밑 종이 상자를 떠나 노숙인 쉼터로 가자고 설득했다. 상대는 거절하며 이렇게 말했다. "여기서는 모든 목소리가 내 것임을 알 수 있어요. 쉼터로 가게 된다면 그 목소리가 누구 것인지 알지 못하게 됩니다." 그렇지만 노숙인의 이런 바람을 존중하는 일이 생략의 오류가 될 수도 있다. 2년 반 동안 봉사활동팀이 오면 고함치며 치료를 거부했던 어느 노숙인 여성은 타인에게 위협적인 존재가 되자 결국 비자의 치료를 받았다. 3년 뒤 오코넬은 비영리 단체의 회의 자리에서 그 여성을 봤다. 완전히 변한 여성에게 오코넬이 말했다. "정말 멋져 보이네요." 그러자 상대가 대답했다. "엿이나 먹어요. 당신은 그 모든 시간 동안 나를 그곳에 버려두고 도와주지 않았어요."

본인에게 해로운 판단을 내리는 일도 중증 정신 질환의 불가피한 부분이다. 신경학 용어인 질병인식불능증anosognosia은 원래 우뇌 병변에 동반되는 부정증후군을 지칭하는 말이었다. 뇌졸중으로 우측 두정엽이 경색된 환자는 왼팔이나 왼쪽 다리 마비를 인식하지 못할 때가 있다. 신체 일부가 손상된 현실을 완벽하게 부정하는 희귀 증상이다. 심지어 신체가 완전히 마비돼도 그렇다. 몇 년 전 나는 홀로코스트 생존자인 고령의 신경과 환자와 마주한 적이 있다. 환자는 분명 팔을 움직일 수 없었는데도 이렇게 설명했다. "아뇨, 괜찮습니다. 이것이 우리네 방식입니다."

중증 정신 질환자의 경우 어느 시점에 이르면 환자 절반이 이 같은 질환 부정을 보인다.[17] 뇌졸중 환자가 그렇듯, 사실을 제시하거나 논의를 해봐도 편집증적 망상을 타개할 수는 없다. 정신증이라는 용어 자체가 사람들이 합의한 현실과 분리된 상태를 가리킨다. 정신증(혹은 뇌졸중)에 이런 식의 심각한 이해 결핍이 동반되는 상황은 아주 흔하게 일어나는데, 치료로 세상을 안전하게 살 능력을 회복할 때까지 행동 제한이 필요할 수 있다. 자살 충동이 있어 앞날을 생각하지 못하는 사람 또한 똑같다. 개인의 자유와 공공의 안전 사이에서 선택하라는 틀 자체가 그릇된 이분법일 수 있음을 깨닫는 일이 중요하다. 개인의 권리와 공공의 안전이 아니라 개인의 질환과 개인적 안전 사이에서 선택해야 할 때가 흔하다.

오래전 태드 프렌드Tad Friend는 《뉴요커》에 〈뛰어내리는 사람들

Jumpers〉이라는 제목의 멋진 글을 실었다.[18] 이 글은 골든게이트교에서 뛰어내렸다가 살아남은 26명 가운데 몇몇을 만나서 썼다. 그들의 경험은 거의 똑같았다. 떨어지는 4초의 시간은 영원할 것 같았고, 거의 모든 경우 자살을 다시 생각하게 됐다.

"[켄] 볼드윈은 28살이었고 1985년 무척 우울했던 8월의 어느 날 아내에게 늦은 시간까지 집에 못 들어가겠다고 이야기했다. '나는 사라지고 싶었습니다. 골든게이트교가 바로 그 장소였죠. 떨어지면 물이 바로 사람을 쓸어가 버린다고 들었어요.' 다리 위에서 볼드윈은 열까지 센 다음 꼼짝도 하지 않고 가만히 있었다. 열을 다시 센 다음 다리에서 뛰어내렸다. '난간을 놔버리는 내 손을 아직도 볼 수 있어요.' 볼드윈은 아래로 떨어지던 순간을 회상했다. '그때 내 인생에서 고칠 수 없다고 생각했던 모든 것들을 완전히 고칠 수 있음을 바로 깨달았습니다. 막 뛰어내린 일만 빼고.'"

외래 치료 지원 제도

현재 비자의 치료를 두고 벌어지는 논쟁은 대부분 외래 치료 지원 제도assisted outpatient treatment, AOT라고 완곡하게 불리는 치료 방식을 다룬다. 외래 치료 지원 제도란 본질적으로 입원을 들먹이며 지역사회가 외래 치료를 강제하는 방식이다.[19] 이 제도는 뉴욕주에서 켄드라법이 최초로 제정되면서 생겨났다.[20] 1999년, 조현병 진단을 받았으나 치료받지 않은 29살의 앤드류 골드스타인이 뉴욕 지하철 23가 역으로 들어오는 N선 차량 앞으로 켄드라 웹데일을 밀어 버린 사건이 있었다. 켄드라 사건 말고도 치료받지 않은 중증 정신 질환자가 저지른 폭행 사건들을 계기로 조지 E. 파타키George E. Pataki 주지사가 법을 도입했다. 비슷한 법이 다른 주에서도 제정됐다.

외래 치료 지원 제도는 어마어마한 이점이 있을 수 있다. 다음은 30년 동안 조증 삽화를 한 번도 겪지 않았던 루시 이야기다. 유년 시절 루시는 양극성장애에다 약물 남용까지 겹쳐 성격이 거칠고 난잡하다는 평판을 얻었다. 20대 중반에는 마음을 잡고 가족을 꾸렸으며 오랫동안 지역 시장에서 계산대 직원으로 일했다. 그러나 50대 중반에 남편이 폐암으로 사망하고 아들이 집을 떠나자 조증이 돌아왔다. 처음에는 기분이 너무나 들떠서 젊은 남자와 눈이 맞았으며 밤새도록 인터넷과 휴대전화에 매달렸다. 그러나 새 남자친구가 현금과 차를 가지고 달아나자 루시의 조증은 편집증과 분노를 동반하게 됐다. 루시는 FBI 건물에서 자신의 휴대전화를 불법으로 도청한 책임자를 만나겠다고 요구하다 체포됐다. 체포 후 몇 시간 만에 루시는 워싱턴 D.C. 16번가 한가운데서 제 옷을 찢고 정부가 자신을 감시한다고 호통치다가 치안을 어지럽힌 혐의로 체포됐다. 두 번째로 체포된 루시는 워싱턴 D.C.의 구치소에 수감됐으며 결국에 정신 질환 진단을 받았다. 다음날 판사 앞에 서자, 판사는 루시에게 켄드라법을 근거로 병원 입원이나 수감 대신 외래 치료를 받으라고 했다.

루시는 외래 치료 지원 제도를 통해 약물을 처방받고 지역 진료소의 사회복지사와 소통하게 됐다. 아들도 임시 돌보미로 치료에 참여했다. 일주일 동안 약물을 복용하며 며칠 동안 밤에 잠을 자자 루시의 정신증은 완화됐다. 루시는 매일 열리는 알코올 자조 모임을 '기초 공사'라고 부르며 참석했다. 아들 부부와 함께 지내는 동안 루시가 여전히 주변을 의심하고 맥락 없이 구는 바람에 긴장 어린 상황이 몇 번 벌어지긴 했는데, 당시 루시는 약을 그만 먹고 싶고 진료도 취소하고 싶다고 했다. 그렇지만 병원이나 구치소에 끌려갈지도 모른다는 위협이 있어 치료를 계속 받았다.

몇몇 주에서 외래 치료 지원 제도의 명칭은 외래 치료 명령제였다. 지난 20년 동안 외래 치료 지원 제도는 메릴랜드주와 매사추세츠주와 코네티컷주를 제외한 나머지 주에서 형식을 약간 바꿔 시행됐다. 2016년의 21세기 치유 법안은 외래 치료 지원 제도의 예산을 늘리고 지원을 보탰다.[21] 외래 치료 지원 제도를 둘러싼 논쟁은 개인의 권리 대 공공의 안전이라는 더 큰 논쟁을 요약해서 보여준다. 시민 자유주의자와 반정신 의학 옹호자는 외래 치료 지원 제도가 개인 권리의 침해라고 본다. 치료 옹호자와 공공 안전 당국은 외래 치료 지원 제도가 비자의 입원이나 수감에 비하면 상대를 배려하는 대안이라고 본다. 어느 쪽이나 입장을 지지하는 자료가 있다. 임상 시험 3건을 검토한 2017년의 연구에 따르면, 외래 치료 지원 제도를 받은 사람들과 자발적으로 치료받은 사람들을 비교해 보니 의료 서비스의 이용이나 치료 후 삶의 질 측면에서 별 차이 없었다.[22] 특이하게도 이 연구는 외래 치료 지원을 받은 환자가 폭력의 희생자가 될 가능성이 작다는 점을 언급했다. 한편 이 제도를 흔히 퇴원 이후 치료 계획의 일부로 이용하는 뉴욕주의 외래 치료 지원 제도를 살핀 연구는 결과가 달랐다.[23] 환자의 만족도가 높고 임상 결과도 개선됐다는 놀라운 결과가 나온 것이다. 이 같은 차이는 뉴욕에서는 외래 치료 명령을 받은 환자들에게 적절한 치료를 보장하는 일련의 서비스를 제공하기 때문으로 보인다. 외래 치료 명령 그 자체는 비효율적일 수 있으나 뉴욕주의 연구는 치료의 질이 좋은 외래 치료 명령이 입원 명령이나 아예 치료받지 않는 것보다는 더 낫다는 사실을 입증한다.[24] 외래 치료 지원 제도에 관해 생각해 볼 점 하나는, 의무화된 치료가 양면적이라는 것이다. 개인은 치료를 받아들여야 하고, 정부는 치료를 제공해야 한다. 루시의 사례처럼 외래 치료 지원 제도는 양측이 규정을 따를 때만 효과가 있다.

그러므로 차별 문제는 사람들이 정신 질환자에게 보이는 공포와 회피 혹은 환자가 가용 치료법에 보이는 부정적 태도보다 훨씬 복잡하다. 제공자와 환자와 가족이 개인적 권리와 집단의 요구가 맞선 가혹한 현실로 떠밀리는 상황이 더 심각한 문제다. 정신증 환자는 본디 판단을 내리기 어렵고 또 상황을 파악하는 힘이 없어 자살 경향성이 심해진다. 이는 환자만의 문제가 아니다. 우리가 내린 결정이 환자를 배려하는 결정인지 아니면 강제적인 결정인지 판단하려고 하다 보면 때로 두 영역이 겹쳐질 수도 있음을 깨닫는다. 그렇게 우리 모두의 문제가 된다. 치료 거부자를 강제로 치료하는 일은 배려일까? 아니면 중증 정신 질환을 겪는 젊은 노숙인 여성이 자신의 권리를 지키면서 죽게 버려두는 일이 배려일까?

병자의 왕국으로 가는 열쇠를 쥔 정신과 의사의 입장에서, 치료 거부 환자에게 치료를 강제하는 일을 편히 받아들이기란 쉽지 않다. 그렇다. 단기적 이득은 분명하다. 환자가 치료받으면 증상을 관리하고 자살을 예방할 수 있다. 그렇지만 장기적 이득은 불확실하다. 국립정신보건연구원 시절, 나의 조언자였던 재능 있는 치료사 마샤 리네한Masha Linehan은 자살 충동 환자를 입원시키는 일이 정말 나쁘다고 말하곤 했다. "환자를 입원시킨다면 그들이 가망 없다고 말하는 셈이 됩니다. 이런 식의 말이 되는 거죠. '난 당신을 도울 수 없습니다' 자살 충동이 있는 사람은 격리 병동이 필요하지 않습니다. 그들은 살아갈 이유가 필요합니다."

진실은 이렇다. 정신 질환자를 향한 태도, 정신 질환 치료법, 사회의 집단적 요구로 인해 환자와 가족과 의료 제공자가 관계 맺는 방식이 복잡하게 변했다. 우리 사회는 수십 년 동안 정신 질환자를 비난하고 수치스럽게 여겼다. 그러다 환자의 권리와 책임, 가족의 권리와 책임, 치료를 제공할 정부에 관해 이제 막 이야기하기 시작했다. 독일에서 정신 질환자의 가족은 지원금을 받는다. 심지어 정신 질환이 있는 아들이나 딸을 돌보라고 교육도 받는다. 다음 장에서 살펴볼 벨기에의 도시 헤일에서는 정신 질환자가 가족 위탁 모델을 통해 지역사회의 일원이 된다. 미국은 치료의 영역에 이제 막 가족을 받아들이기 시작했다. 이는 치료의 핵심인데도 급여가 지급되지 않는다. 그렇지만 미국에서 가장 큰 풀뿌리 옹호 단체인 정신건강가족연맹은 가족을 교육하고 지원하기 위해 가족 대 가족 그룹을 운영한다. 다음 장에서 살펴보겠지만 제공자들은 단순히 증상을 겨냥한 약물 요법을 넘어서, 의사 결정을 공유하고 가족이 참여하는 전인적 회복 모델을 점점 받아들이고 있다.

글렌 클로스의 연출은 적절했다. 그는 "정신 질환을 앓고 있어요"라는 문장에 사람들이 보이는 공포와 회피 반응, "내 가족이"라는 덧붙임에 보이는 공감과 지지 반응 사이의 괴리를 보여줬고 무엇이 문제인지 확실히 환기했다. 이 3초의 간격을 메우는 문제는 복잡하고 중대하다. 나는 낙인이라는 희생자의 언어 대신 차별이라는 행동의 언어가 쓰이기를 바란다. 치료를 향한 부정적 태도가 정신 질환자를 향한 공포와 무지만큼이나 치명적이라는 점을 다들 인식해야 한다. 문제와 해결책을 생각할 때, 의료 제공자와 가족 일원과 정신 질환자를 포함해서 우리 모두 편견을 품고 있다는 점도 잊지 않는다. 아마도 차별의 반대는 수용이나 공정이 아니라 겸손함일 것이다. 정신 질환은 무시무시한 적이다. 우리 중 누구도 면역이 없고 누구도 전문가가 아니다. 자살로 생을 마감한 시인 앤 섹스턴Anne Sexton은 의사의 오만함을 이렇게 언급한 바 있다.[25]

> 그들은 말을 타고 집을 떠난다
>
> 그러나 신은 그들이 걸어서 돌아오게 하신다

정신 건강 관리는 오로지 보병의 몫이고 보병이 지닌 무기는 놀라우리만큼 좋다. 그러나 오늘날 지혜롭게 쓰이지도, 잘 쓰이지도 못하는 일이 너무 잦다.

8장

회복: 사람, 장소, 목적

> 모든 장애는 소명 의식을 감추며 우리가 찾을 수 있는 경우에만, "피
> 할 수 없는 운명을 영광스러운 이득으로 바꿀 것이다."
>
> – C. S. 루이스C. S. Lewis,
> 셸던 베너컨Sheldon Vanauken의 『잔인한 자비A Severe Mercy』에서 인용[1]

카를로스 라라우리는 임상 간호사이자 법학도고 조현병과 함께
사는 사람이다. 마이애미의 쿠바계 어린이였던 라라우리는 언제나
학급 최고 우수생이었다. 18세에는 오하이오주 의과 대학 진학 준
비 과정에 조기 입학했다. 그런데 고학년이 되자 이런 일을 겪었다.
"내가 천사라고 알려주는 목소리를 들었습니다. 나는 밤새 달리기
를 했고, 계속 떠들었으며, 쓰레기통을 뒤졌습니다."

라라우리는 C. S. 루이스의 인용문을 언급했다. 한때 그의 안내
서였던 말이다. 그의 소명 의식은 본인의 회복이 아니라 타인을 돕
는 일에 있었다. "엄마가 없고 가족의 지원이 없었다면 나는 결국
구치소로 가게 됐을 겁니다. 그렇지만 운이 좋았습니다. 저는 이곳
데이드 카운티에서 레이프먼 판사가 담당하는 구치소 전환 프로그
램에 참여하게 됐습니다. 사람들이 장애 수당을 받도록 도왔어요.
내가 나의 경험을, 내가 겪은 수난을 이해할 수 있는 유일한 방법
이었습니다. 직업, 그리고 타인을 위하는 일이 내게는 회복으로 가

는 길이었죠."

이제 라라우리는 로스쿨을 다니며 정신건강가족연맹 위원회에서 경험 있는 전문가로 일한다. 타인을 도와야 한다는 소명 의식을 품고, 동료 지원이 가진 힘을 옹호한다. 그를 보면 정신 질환 진단은 종신형이 아니라는 생각이 든다. 정신 질환자가 집에 불이 나서 어쩔 줄 모르는 사람이라고 해도 그들은 회복할 수 있다. 그들은 살아남아 회복하며 실로 '피할 수 없는 운명을 영광스러운 이득으로 바꿀' 수 있다.

이제까지 정신 건강의 위기를 바로잡는 일에 어떤 장애물이 있는지 이해하기 위해 치료 접근성과 치료의 질 문제, 진단의 부정확함, 차별 문제를 살펴봤다. 이런 문제들로 인해, 치료법이 더 좋아져도 더 좋은 결과로 이어지지 않는다. 마지막으로 살펴볼 난제는 전술보다 전략 문제에 가깝다. 정신 건강 치료는 비효율적으로 제공될 뿐 아니라 회복을 중시해야 할 상황에서 전략적으로 증상 완화에 집중한다.

머리말에서, 로스앤젤레스 스키드로에서 근무하는 아주 현명한 임상의 덕분에 회복에 대한 관점을 갖게 됐다고 언급한 바 있다. 그 의사는 회복이란 'P로 시작하는 단어 세 가지'라고 했다. 처음 이 말을 듣고서 무슨 단어들인지 생각하는 동안 의사는 나를 곁눈질했다. 프로작, 팍실, 프롤릭신? 심리 치료Psychotherapy, 심리 교육Psychoeducation, 정신 분석Psychoanalysis? 한참 후 의사는 금속 테 안경 너머로 나를 봤다. "사람, 장소, 목적입니다." 그 말이 렌즈가 된 것처럼 여러 생각이 하나의 초점에 모여 선명해졌다. 회복은 증상 완

화만이 아니라 타인과 다시 이어지고 안식처를 찾는 일이며, 환자
가 정신 질환으로 정의되지도 않고 제한받지도 않는 상태를 말한
다. 그러나 불행하게도 증상 완화가 우리 의료 시스템의 유일한 목
적이다. 중요한 일이지만 이것만으로는 충분하지 않다. 사람, 장소,
목적은 분명 정신 질환자가 아닌 사람에게도 필요하다. 그러나 인
간의 근본적 필요로서 정신 질환자에게는 다르게 펼쳐진다.

사람: 관계의 위기

나는 경력을 막 시작하면서 달갑지 않은 상황을 통해 관계가 지닌
치료적 힘을 배웠다. 그 무렵 나는 국립정신보건연구원의 연구팀
을 맡고 있었다. 1980년대 초반, 정신 의학 분야에서 생물학 혁명
이 절정에 다다른 시점이었다. 국립정신보건연구원의 모든 연구자
가 생체 지표와 새로운 약물 요법을 찾고 있었고 정신 질환을 의학
적 해결책이 필요한 생물학적 문제로 간주했다. 처음 맡은 중요한
연구 프로젝트는 강박장애를 겪는 성인을 대상으로 한 선택적 세
로토닌 재흡수 억제제 클로미프라민 임상 시험이었다. 임상 시험
은 1980년에 이뤄졌는데, 그때는 미국 식품의약국이 승인한 선택
적 세로토닌 재흡수 억제제가 나오기 10년도 더 전이었고 정신 분
석이 여전히 우세한 치료법이자 현실의 유일한 강박장애 치료법이
던 시절이었다. 이런 전형적인 신경증에 약물을 쓴다는 생각은 파
괴적인 정도를 넘어서서 이단이었다.

시험은 성공적이었다. 클로미프라민은 강박장애 증상을 완화했다. 지원자들이 활성 약물 복용을 멈추고 위약을 복용하기 시작하면 증상은 돌아왔다.

그렇지만 카일의 경우는 달랐다. 조지워싱턴 대학의 학생이었던 21살 카일은 키가 크고 덥수룩한 금발 머리와 반짝이는 푸른 눈을 지닌 잘생긴 청년으로, 캘리포니아에서 온 서퍼 같았다. 그런데 외모는 눈가림이었다. 카일은 머릿속에 반복해서 파고드는 어떤 생각 때문에 애먹고 있었다. 대부분 사람을 해치는 내용이었다. 그는 신실한 기독교 집안 출신으로 친절한 성격에 말씨도 상냥했으나 사람들을 찌르고 목을 베는 끔찍한 이미지가 그의 머릿속을 차지했다. 섬뜩하고 불쾌한 이미지인 것도 문제였지만 통제가 안 돼 괴로웠다.

카일은 클로미프라민에 바로 반응했다. 강박이 완화됐을 뿐만 아니라, 몇 달 만에 처음으로 친구들과 어울렸다. 그리고 그렇게 세라를 만났다. 나는 세라를 한 번도 보지 못했으나 카일의 반짝이는 눈은 사랑에 빠졌다는 뜻이었다. 카일은 일정에 따라 위약을 복용할 예정이었다. 위약을 복용하면 상태가 나빠지리라 예상했는데, 반대로 그냥 개선된 정도를 넘어서서 증상이 거의 100퍼센트 감소했다. 강박, 충동, 기분 점수 모두 정상 범위였다. 카일은 의기양양했다. 나는 완전히 당황했다. 세라가 연구를 거의 망쳤다. 그들의 관계가 카일에게 무엇을 줬든 간에 클로미프라민보다는 확실히 더 효과적이었다.

경력을 시작하고 얼마 되지 않아 이런 경험을 한 덕분에 나는 관

계가 가진 힘을 확신했다. 강박장애에서 사회적 애착 연구로 방향
을 틀어 이후 20년이 넘는 시간 동안 부모의 돌봄, 일부일처제, 사
회적 유대에 중요한 신경 경로와 분자를 연구했다. 옥시토신 및 유
사 신경 펩티드인 바소프레신이 사회적 애착 관련 뇌 경로에서 맡
은 중요한 역할을 밝혔다. 처음에 이런 주제는 뇌 과학의 변방에
머물렀고 인기가 별로 없었다. 실제로 1990년대에 나는 국립정신
보건연구원의 연구직에서 해고됐다. 운동 조절이나 시각 처리 같
은 '경성 과학'을 하지 않고 애착 같은 '연성 과학'을 한다는 이유였
다. 그렇지만 애틀랜타주 에모리 대학의 새 연구실에서 인내심을
갖고 계속 연구했다. 사회 신경 과학이라는 분야가 탄생하며 사회
적 관계가 순수 과학의 가치 있는 주제가 되는 모습을 목도해 만족
스러웠다. 오늘날, 고故 존 카치오포John Cacioppo와 그의 동료들이 남
긴 연구처럼 여러 과학 연구에서 사회적 관계를 배고픔이나 목마
름 같은 생물학적 기본 욕구로 간주한다.[2] 뇌에는 얼굴과 목소리를
처리하는 회로가 잘 형성돼 있고 이제는 이런 영역 일부가 뇌의 보
상 체계와 연결돼 있다는 것도 안다. 도파민, 옥시토신, 바소프레
신 모두 사회적 관계와 관련 있으니 카일에게 세라가 클로미프라민
보다 더 좋은 존재인 이유도 설명할 수 있다.

즉 요약하면 사회적 고립은 퇴화로 이어질 수 있고, 사회적 애착
은 치유로 이어질 수 있다. 그냥 넘길 수 없는 내용이다. 오늘날에
는 외로움을 정신 질환의 원인이자 결과로 본다. 오바마 대통령 시
절 공중보건국장을 맡았던 비벡 머시Vivek Murthy는 유행병처럼 공중
보건을 위협하는 현상으로 외로움에 주목했다.[3] 그의 저서 『함께

Together』는 관계가 지닌 힘을 설득력 있게 주장한다. 책은 개인과 나라가 외로움에 대처하는 방법을 설명하며, 관계가 보건 차원에서 중요하다는 사실을 인정하고 외로움 담당 장관을 둔 영국의 사례를 전한다. 모호한 문제가 아니다. 보험 회사 시그나가 미국인 2만 명을 대상으로 시행한 2018년의 연구에 따르면, 매일 의미 있는 사회적 상호작용을 직접 나눈다고 대답한 사람이 절반밖에 되지 않았다.[4] 5명 중 1명은 관계에서 친밀감을 느낀 적이 거의 없거나 아예 없고, 말을 건넬 상대도 거의 없거나 아예 없었다. 역학 자료에 따르면 예전부터 외로움은 조기 사망, 고도비만, 흡연, 알코올중독 문제의 주요 위험 요인이었다. 과거에는 우리 사회가 관계를 향한 욕구를 이해하지 못했다면 코로나19 대유행은 사회적 거리 두기와 격리로 우리가 치르는 감정적 비용을 알려 줬다. 수백만 명이 외로움보다는 위험을 감수하고 바이러스에 노출되기를 택했다.

그렇지만 사회적 관계는 외로움 없는 상태만을 의미하지 않는다. 사람은 관계에서 지지와 애착 혹은 사랑을 경험하며 힘을 얻는데, 이 힘은 아직 충분히 연구된 바 없다. 민족지학자들은 이 힘을 규명하기 위해 사람들이 서로 관계 맺는 문화 풍속이 있는 사회를 찾았다. 이런 풍속은 개인의 건강에 아주 중요한데, 미국 같은 개인주의 문화에서는 찾을 수 없다. 이탈리아 소도시의 문화 **파세지아타**passeggiata는 사람들이 일을 끝내고 가족과 식사하러 집에 돌아가기 전에 광장에서 다 같이 걷는 시간을 말한다. 젊은 사람에게는 이 문화가 타인을 보거나 타인에게 자신을 보여주는 시간이자 장소일 수 있다. 나이 든 사람에게는 소속감을 느끼고 관계를 맺기 위한 전통적 관습이다. 일본에는 '모아이'라는 전통이 있는데, 친족 관계가 아닌 개인들이 공통 목적 아래 모인 사회 관계망이다. 원래는 다들 필요한 곳에 돈을 대기 위해 공동 자금을 모으려고 시작했으나 사회적 공동체로 진화하며 일종의 연대감을 생성했다. 댄 뷰트너Dan Buettner는 장수 마을들을 돌아본 『세계 장수 마을 블루존Blue Zones』에서 오키나와의 모아이를 사회적 관계가 수명을 늘린 사례로 언급했다.[5]

우분투Ubuntu는 남아프리카공화국에서 유래한 단어로 "나는 존재한다, 당신 덕분에"라는 뜻이다. 관계에는 따뜻함과 관대함이라는 개인적 의미도 있고 수용과 공정이라는 정치적 의미도 있음을 담은 표현이다. 오바마 대통령은 2013년 넬슨 만델라 추모식에서 이 두 가지 의미를 언급했다. "남아프리카공화국에는, 만델라가 남긴 위대한 선물을 표현하는 우분투라는 단어가 있습니다. 우리 모두 보이지 않는 방식으로 서로 이어져 있고, 인류 전체가 하나이며, 우리가 서로 나누고 주위를 돌보는 과정으로 우리 자신을 성취한다는 통찰이 바로 만델라가 남긴 선물입니다."[6]

이렇게 사회적 어울림social fabric을 만들어내는 관습과 개념이 실제로 변화를 가져올까?[7] 사회 자본은 주변과의 어울림을 재는 척도다. 사회 자본 연구들은 관계가 건강에서 중요하다는 사실을 밝혀냈다. 또한 성인 발달을 다룬 장기적 연구에서 사회적 지원이 긍정적 역할을 한다는 과학적 증거가 나왔다. 이런 연구 중에서 가장 유명한 연구는, 최소의 대표 표본으로 결과를 내는 연구다. 1939년부터 1942년까지 하버드 대학에서 수학한 백인 남성 268명을 대상으로 삼은 이 연구는 연구비를 지원한 W. T. 그랜트W. T. Grant의 이름을 따서 그랜트 연구라고 한다. 이후 여러 곳에서 연구를 지원했고, 연구 책임자도 여럿이고, 조사도 다양한 방식으로 이뤄졌으나 표본 대상은 대학 시절 이래로 쭉 같았다. 그중 1명인 존 F. 케네디는 대통령이 됐다. 4명은 상원 의원 선거에 출마했다. 1명은 내각에서 일했다. 또 1명은 《워싱턴 포스트》 편집자로 오랫동안 일한 벤 브래들리Ben Bradlee였다. 확실히 이들은 그 세대의 엘리트 특권층이었다. 그렇지만 작가 조슈아 울프 셴크Joshua Wolf Shenk는 2009년 《애틀랜틱》에 기고한 글에서 이 연구를 씁쓸하게 바라봤다. "이 하버드 엘리트들의 트위드 재킷 속 심장은 불안하게 뛴다."[8] 1948년, 대상자 20명은 심한 정신 의학적 어려움을 보였다. 50대가 되자 거의 3분의 1이 정신 질환의 기준을 충족했다.

하버드 성인 발달 연구로 이어지는 이 연구에서 더욱 흥미로울 지점은 건강한 나이 듦이 무엇인지 보여준다는 것이다. 하버드 대학의 정신 의학자 조지 베일런트George Vaillant는 거의 50년 동안 조사와 인터뷰를 규칙적으로 실시하고 대상자의 신체 건강과 정신 건강과 인생 여정을 확인하며 연구를 지휘했다.[9] 베일런트가 가차 없이 선택한 질문은 다음과 같다. 나이가 들면서 삶에 적응하고 잘 사는 사람이 있고, 좌절에 굴복하는 사람도 있는데 이유가 무엇일까? 나는 베일런트가 강의를 하며 이 문제로 씨름하던 모습을 기억한다. 그는 귀족적 태도를 지닌 매력 있고 재치 있는 교수로, 정신 분석학자이자 생물학자고 이야기꾼이기도 했다. 그리고 종단적 사례 연구의 대가이자 무작위 배정 연구 시대의 화석 같은 존재였다. 파워포인트의 시대가 된 지 오래였건만 베일런트는 슬라이드 환등기를 켜고 강의했다. 그리고 자잘한 것들을 자꾸 까먹는 모습이 영화 〈건망증 선생님〉을 닮았다. 그는 전도유망했으나 적응에 실패한 청년 이야기며 모든 역경을 극복한 늦깎이 이야기를 풀어내 젊은 청중들을 사로잡았다.

그런데 베일런트도 그렇고, 현재 연구 책임자인 정신 의학자이자 미국 선불교Zen 선사 로버트 월딩거Robert Waldinger를 최종으로 사로잡은 주제는 사회적 관계의 역할이었다. 사회적 관계를 짚는 핵심 질문은 다음과 같았다. "한밤중에 당신이 아프거나 겁에 질렸을 때 누구에게 전화할 수 있습니까?" 이름을 대지 못한 사람이 여럿이었는데, 결혼한 사람도 그랬다. 참여자의 표현을 빌리면 '내 편이 돼줄' 이름 목록을 잔뜩 댄 사람도 있었다. 일찍이 잉글랜드에서 진행된 연구에 따르면 어린이는 성인 1명과 공고한 관계를 맺어야 잘 자랄 수 있다.[10] 하버드 연구는 성인도 건강한 삶을 살기 위해서는 비슷한 조건이 필요함을 보여준다. 실제로, 누가 내 편이라고 느끼는지를 기준으로 47살 남성이 맺는 관계의 질을 분석해보니 관계의 질에 따라 인생 후반 적응도를 예측할 수 있었다. 관계의 형식은 다양하다. 65살에도 건강하게 사는 남자 가운데 93퍼센트가 젊은 시절에 형제자매와 가깝게 지냈다.[11] 친밀감과 연속성을 지닌 결혼 생활은 건강한 나이 듦을 보장하는 강력한 요인이었다. 2008년, 베일런트에게 200명 넘는 사람들의 인생 여정을 심층적으로 연구한 수십 년을 요약해 달라고 부탁했다. 그는 다음같이 답했다. "인생에서 정말 중요한 단 한 가지는[12] 우리가 다른 사람들과 맺는 관계입니다."

나는 하버드 성인 발달 연구의 최신 결과를 알고 싶어서 최근에 월딩거 박사를 만났다. 월딩거는 원래 표본의 자녀인 베이비 붐 세대가 대상인 후속 연구를 막 마쳤으며, 손주들을 대상으로 연구를 계획하고 있었다. 월딩거에게 사회적 관계가 여전히 '정말 중요한 단 하나'인지 물었다. 월딩거는 은은한 미소를 지었다. "관계는 중요하지만, 강력한 안전망 같은 관계만을 의미하지는 않습니다. 약한 관계 또한 포함됩니다. 매일 보는 집배원이나 직장에서 같이 잡담하는 사람들. 이런 관계들은 깊지 않아도 개인의 안녕에 지속적으로 중대한 역할을 합니다."

나는 1940년대 이래로 계속된 하버드 대학생 연구가 보통 사람들과 실제로 관련이 있는지 월딩거 박사에게 물어봤다. 그는 언론의 관심을 별로 받지 못한 다른 종단 연구가 있다고 했다. 바로 보스턴 도심 가난한 지역에서 자란 남자 456명을 표본으로 시작한 글룩 연구였다.[13] 월딩거의 설명에 따르면 효과 크기 측면에서 주로 계급이 큰 역할을 했다. "사회적 불리함이 증폭기 역할을 합니다. 글룩 연구 참여자에게는 사회적 관계가 주는 이득은 훨씬 컸고 사회적 단절이 내는 효과는 훨씬 해로웠습니다."

월딩거 박사와 이야기를 나누고 정신 질환자가 맺는 약한 관계와 강한 관계를 생각하게 됐다. 나는 백악관에서 약 1.5킬로미터밖에 떨어지지 않은 D.C.의 구치소 독방에 수감된 중증 정신 질환자를 본 적이 있었다. 성별 정체성 문제로 어려움을 겪으며 가족들에게 거부당한 후 쉼터에서 사는 아이를 만나기도 했다. 심한 우울증이나 사회공포증으로 고립된 사람들도 생각났다. 사회적 관계는 분명 정신 질환자에게도 똑같이 중요하다.

정신 의학자와 심리학자가 중증 정신 질환자에 관해 놓친 것들의 목록 맨 위를 차지하는 주제는 아마 외로움일 것이다. 나는 외로움을 이야기하는 임상의를 거의 본 적 없다. 공평해지자면, 병원에서 외로움 이야기를 하는 환자도 거의 본 적 없다. 그렇지만 내가 거리에서 목격했듯 중증 정신 질환자의 일상에서 외로움은 고질적 문제다. 정신 질환은 어쩔 수 없이 혼자만의 여정이다. 중증 정신 질환자는 종종 가족과 관계를 끊고 우정을 망가뜨린다. 결국에 심각한 우울증이나 몇 개월 동안의 정신증으로 혼자 멀리 남겨졌음을 깨닫게 될 무렵에는 삶을 되찾도록 도와줄 사람이 주변에 하나도 없을지 모른다. 여정의 끝에서 기다리는 것은 혼자만의 식사와 1인실 숙소와 쓸쓸한 생활이기 일쑤다. 심지어 공동생활 가정에서 지내거나 가족들과 사는 환자라도 사회적 관계가 너무 부족하다. 때로 고독은 축복이자, 복잡한 인간관계에서 벗어나는 위안이다. 그렇지만 종종 어두운 생각과 불신에 갇히기 좋은 기회가 되기도 한다.

타인과 관계 맺으면 외로움을 극복할 수 있다. 사회적 애착은 치유의 힘을 발휘한다. 심지어 적절한 때에 타인과 가볍게 소통하기만 해도 엄청난 변화가 일어날 수 있다. 상대의 말을 공감의 마음으로 경청하고 관계 맺을 준비가 된 사람이라면 누구나 할 수 있다. 세계적 보건 활동가 폴 파머Paul Farmer는 "동행"의 필요성을 말한다.[14] 나는 그전에는 동행의 사전적 의미를 생각해 본 적 없었다.

"누군가와 동행하는 일은 …… 함께 식사하고, 처음부터 끝까지 여정에 함께하는 것입니다. 동행에는 열린 마음, 수수께끼, 믿음이 있습니다."[15] 파머는 동행 혹은 사회적 관계가 회복을 유도할 뿐만 아니라 회복에 핵심적 역할을 맡고 있다고 했다. 나 또한 이런 이유로 정신 질환은 사회적 해결책이 필요한 의학적 문제라고 생각한다.

장소: 딤프나의 선물

회복을 위해서는 안전하게 살 장소도 필요하다. 라라우리는 운 좋게도 그를 계속 지지하는 가족이 있었고, 천천히 삶을 재건할 수 있는 집도 있었다. 중증 정신 질환자 대부분에게 가족은 선택지가 아니다. 질환 때문에 가족의 신뢰가 무너졌거나 가족에게 돌아간다고 생각하면 겁이 나고 당혹스럽기 때문이다. 주거 지원은 환자에게 안전한 장소를 제공하면서 심리 지원, 생활 기술 훈련, 사례 관리 같은 독립생활에 필요한 여러 서비스도 함께 공급하는 효과적인 치료법이다. 캘리포니아 클레어몬트에 자리한 새 복합 시설을 방문해 보니 이 방식이 얼마나 큰 힘을 지녔는지 실감할 수 있었다. 시설에서는 중증 정신 질환자가 동네 이웃 걱정 없이 사람들 곁에서 살 수 있다. 20년 동안 중독과 노숙으로 점철된 삶을 살다 회복한 60살 할머니 도러시는 새집이 의미하는 바는 단 하나, 존엄성이었다고 말했다. 도러시는 가구가 드문드문 놓인 거실을 보여주다가 흐느끼기 시작했다. "내가 바란 것은 이게 전부입니다. 손주들이 점심을 먹으러 찾아올 수 있는 공간을 가지는 것만이 내 인생의 목표였어요." 도러시의 얼굴에 눈물이 흘러내렸다. "이제 이 공간을 가지게 됐으니, 살 의미가 생겼죠."

주거 지원은 환자를 보호하는 안전한 집이 중요하다는 관점에서 시행되는 정책으로, 새로운 아이디어는 아니다. 벨기에 헤일의 시민들은 적어도 500년 동안 주거 지원 정책을 시행해 왔다.[16] 헤일의 옛 전설을 살펴보자. 때는 7세기, 아일랜드의 이교도 왕 데이먼과 가톨릭 신자 아내 사이에서 딸 딤프나가 태어났다. 딤프나는 어머니를 따라 어린 나이에 순결 서약을 했다. 어머니가 죽자 이교도인 아버지는 딤프나를 아내로 맞이하겠다고 선언했다. 딤프나는 안전을 위해 앤트워프 근처 작은 마을 헤일로 도망쳤다. 그렇지만 데이먼은 딤프나를 쫓아왔고, 망상과 분노에 휩싸여 딤프나를 참수한다.

가톨릭교회는 1247년 딤프나를 성인으로 공표했고, 헤일시는 14세기에 딤프나를 기념하는 교회를 세웠다. 곧 유럽 곳곳에서 정신 질환이나 지적장애를 겪는 아이 문제로 힘든 가족들이 딤프나의 교회에 순례를 오기 시작했다. 이들이 아픈 가족을 교회에 남기고 떠나는 일이 자꾸 발생하면서 교회 물자가 곧 빠듯해졌다. 헤일 시민은 딤프나의 정신을 받들어 이 장애인들을 제집에 받아들이기 시작했다. 귀신 들린 사람들을 죽이거나 밀어내거나 수감한 여느 서구 사회와는 달리, 헤일 사람들은 수백 년 동안 이들을 하숙인으로 여기고 식사와 공간을 내줬으며 대신 그들이 그곳 일을 돕도록 했다. 오늘날 이 지역 정신 의학과 병원인 정신보건병원

Openbaar Psychiatrisch Zorgcentrum, OPZ은 정신 질환자들이 노숙 생활을 하거나 시설로 보내지는 대신 지역사회에서 안전하게 거주하도록 성인 위탁 보호 프로그램을 운영한다.

2019년 4월의 쌀쌀한 어느 날, 나는 정신보건병원을 찾았다. 간호사로 구성된 팀이 안내를 맡았다. 오늘날에는 헤일에서도 농사를 덜 지어 하숙인도 밭일을 줄이고 집안일을 거들며 지역사회에서 일하고 있다. 가족들은 왜 하숙인을 받아들이는가? "전통입니다. 우리 할머니가 그렇게 하셨어요. 우리는 언제나 이렇게 해왔습니다. 다들 누가 하숙인을 받고 있는지 알아요." 간호사 중 1명인 미셸 람브레츠Michelle Lambrechts가 말했다. "가족들이 하숙인을 만나면, '무슨 문제가 있나요?' 같은 질문은 하지 않고, 대신 이렇게 묻습니다. '어떤 일을 할 수 있나요?'"

헤일의 목표는 회복이 아니라 수용이다. 환자가 평범한 환경에서 합리적 행동을 기대받으며 살면 파괴적 행동이 감소하리라는 믿음이 있다. 그리고 지역사회 전반에 정신증을 열린 마음으로 대하는 관용적 태도도 있다. 가족 위탁 모델을 연구한 정신 의학자 헹크 반 빌센Henck van Bilsen은 미국식 회복이 압력솥이라면 헤일식 회복은 슬로우 쿠커라는 비유를 했다.[17] 슬로우 쿠커 속에서, 하숙인들은 저만의 속도에 맞게 변화할 수도 있고 아닐 수도 있다. 하숙인 대부분은 수십 년 동안 위탁 가정에서 지내며 그 집안의 자식 혹은 손주와도 함께 머무른다. 헤일 모델에서는 아무도 회복을 강요받거나 기대받지 않는다. 모두 있는 그대로 수용한다.

헤일의 이야기는 책이며 팟캐스트, 다큐멘터리에서 소개됐다.

이곳은 한때 '정신 이상자의 천국'이라고 불리기도 했는데, 최근의 별명은 '케어비앤비careBnB'다. 공감과 수용을 보여주는 헤일 모델은 많은 이에게 고무적이다. 미국에서도 똑같이 해보려는 시도가 있었으나 이제까지는 제한적으로 성공했다. 학창 시절 헤일을 방문했던 엘런 백스터Ellen Baxter는 뉴욕시의 우아한 건물에 브로드웨이 주거 공동체를 만들어 그곳을 헤일 모델과 비슷한 규칙으로 운영했다. 이곳에서는 만성 정신 질환이 있는 사람과 없는 사람이 어울려 살았다.[18] 그렇지만 벡스터의 시도를 비롯해 헤일 모델을 모방한 시도에서는 중증 정신 질환자를 품고 함께 살 수 있는 전통과 정체성을 갖춘 지역사회의 존재가 빠졌다. 성인 딤프나의 존재와 연민 어린 마음으로 환자를 보살핀 수백 년의 시간이 없다면 가족 위탁 시설을 만든다고 해도 헤일이 보여주는 집단 효과를 얻을 수는 없다.

　장소 문제를 해결할 수 없다는 이야기는 아니다. 안전한 생활 공간과 사례 관리 및 사회적 지원을 함께 제공하는 주거 지원 프로그램은 일종의 생명줄이었다고 클레어몬트의 도러시가 호소한 바 있다. 주거 지원이 있으면 사람들은 병원 밖에서 지낼 수 있을 뿐 아니라 구치소나 감옥에 가지 않아도 된다. 그렇지만 비용을 어떻게 마련할 것인가? 주거 지원은 의료 서비스가 아니니 건강 보험은 도움이 안 된다. 저소득층 가구에 주거비를 지원하는 '섹션 8' 같은 단순한 주거 보조 프로그램도 아니다. 주거 지원과 함께 제공하는 사례 관리가 성공의 중요한 요소기 때문이다. 공적 자금에서 해결책을 찾은 지역사회도 있다. 캘리포니아 카운티에는 주거 지원 비용을 대기 위해 백만장자의 세금을 쓰는 법이 있다. 이 법의 정식 명칭은 정신 건강 서비스법이다. 그렇지만 백만장자가 정신 건강 서비스를 위해 특별 가산세를 내는 지역은 거의 없다. 주거 지원은 회복의 핵심 요소지만 자선사업으로 자금을 마련하거나 아니면 아예 자금을 구할 수 없다.

우리는 장소가 안전한 주거를 넘어서는 문제임을 인식해야 한다. 산드로 갈레아Sandro Galea는 『안녕Well』에서 장소의 개념을 주변 환경으로 확장한다. 영양 식품 접근성, 대중교통, 녹지 공간이 건강에 중요하다는 주장이다. 납이 제거된 물, 오염되지 않은 공기, 위협적인 기후 변화에서 벗어난 생활은 그냥 건강만이 아니라 정신 건강에도 중요하다. 2019년에 나는 캘리포니아주의 정신 건강 책임자로 레이크 카운티를 찾았다. 예전에는 아름다운 시골이었으나 화재로 인해 땅의 절반 이상이 소실되고 상업 시설이 거의 다 불타버린 상태였다. 인구 대부분이 다른 곳으로 떠난 데다 남은 이들에게는 일자리도 거의 없었다. 레이크 카운티는 주 전체에서 모든 건강 점수가 사실상 최하위였다. 카운티에는 종합 병원이며 일반 병원이 있었고 지역의 고유한 특성을 되살리려고 애쓰는 비영리 단체도 있었다. 정신 건강 분야에서도, 공동생활 주택을 짓고 사회 자본을 재건하려는 용감무쌍한 노력이 있었다. 그렇지만 사람들에게 일자리도 기회도 없는 상황 속에서 메타암페타민과 알코올과 절망에 맞선 영웅들의 승산 없는 싸움이 진행되고 있다.

목적: 이유를 찾아서

회복을 위해서는 사람과 장소뿐만 아니라 목적도 필요하다. 내 딸라라가 이를 가르쳐줬다. 2007년, 매사추세츠주의 스미스 대학을 사회복지 전공으로 졸업한 라라는 검은 티셔츠에 다음 글귀로 자신의 열정을 담았다. "심란한 사람에게 편안을, 편안한 사람에게 심란함을 전하라." 딸의 첫 직장은 캘리포니아주 베이 지역에 20년 된 기다란 컨테이너 트럭을 몰고 다니며 공원 벤치 심리 치료를 제공하는 일이었다. "사람들이 우리에게 오기를 기다리지 않고 우리가 그들이 있는 곳에 가서 만나야 한다"라는 목표 때문이었다. 1년 후, 딸의 두 번째 직장은 텐더로인 외래 진료소였다. 텐더로인은 샌프란시스코 도심에 있는 악명 높은 50개 블록으로 이뤄진 구역으로 오랫동안 도시의 '약점'이었다. 이곳에는 마약과 경범죄가 가득하고 1인용 임대 주택이 많다.

라라는 여전히 그곳에서의 첫날을 기억한다. "사람들이 부츠를 신으라고 말했어요. 길을 걷다 버려진 바늘이나 깨진 약병을 밟을 수 있다고요. 나는 인도에 쓰러진 사람을 넘어가는 일에 익숙해져야 했어요." 잘 나가는 금융가와 몇 블록밖에 떨어지지 않은 곳에 도시 최악의 어둠이 드리워져 있었다. "나는 사례 관리 목록을 받았는데, 대부분 여성이고 모두 중증 정신 질환자였어요. 중독자도 여럿이었죠."

라라는 곧 진실을 알았다. 관리 목록이 있기는 했어도 그곳은 사람 없는 유령 도시의 진료소나 다름없었다. 목록에 라라가 맡을 개인 및 그룹의 이름과 그들을 만날 시간이 적혀 있긴 했으나 대부분 진료소에 오지 않았다. 공원 벤치에서 사람들을 만날 때와는 달리, 라라는 어둡고 빈 공간에서 사람들이 상담받으러 오기를 기다렸다. 문 바로 바깥에는 어마어마한 비애가 넘쳐났으나 아무도 도움을 구하러 오지 않았다. 나타나지 않는 사람들을 매일 2~3시간씩 기다리며 라라는 생각했다. "적어도 난 뜨개질은 할 수 있어."

라라는 영상을 보며 뜨개질 기술을 익혔고, 새로운 방식을 고민하기 시작했다. 일단 상담과는 거리를 두고 뜨개질 수업을 진행하는 편이 좋을 것이다. 지금의 라라는 이렇게 말한다. "다들 관계를 맺고 싶어 하지만 모든 사람이 치료와 관계를 맺고 싶어 하지는 않아요." 놀랍고 기쁘게도 라라의 뜨개질 수업에 사람들이 오기 시작했다. 예전에 라라를 찾은 적 있는 고령의 아프리카계 미국인 여성 2명과 함께 수업을 시작했는데, 이후 젊은 여성 몇 명이 더 왔다. 별안간 담당 목록의 여성 8명이 매일 아침 뜨개질하는 모임을 구성했다.

"처음에는 이야기를 많이 나누지 않았어요. 나는 커피와 도넛과 뜨개바늘과 실을 제공했습니다. 솜씨 좋은 여성들이 있었어요. 뜨개질 속도가 정말 빨랐죠. 스웨터나 스카프 이야기를 하다가, 누구를 위해 그 물건을 만드는지 이야기하게 됐고 오래지 않아 우리는 서로 관계를 맺은 하나의 집단이 됐어요." 외롭고 겁에 질린 채 텐더로인을 방황하던 여성들은 제 삶을 이야기하기 시작했다. 그들은 서로를 돕게 됐다.

"이런 식의 연대가 이뤄질 줄은 전혀 예상하지 못했어요. 그런데 가장 놀라운 점은, 그들이 뜨개질로 사업을 시작했다는 사실이에요. 스웨터를 팔 생각은 한 번도 안 해봤거든요. 어쨌든 이들은 생활 보조금을 받고 있었어요." 곧 뜨개질 모임은 금융가에서 단 몇 블록 떨어진 관광객용 노천 시장에 간판을 세웠다. 사업은 잘돼, 1년 만에 여러 여성이 보조금을 그만 받고 더 좋은 지역으로 이사했다.

"뜨개질로 정신 질환을 치유했다는 이야기는 아니에요. 이들은 트라우마와 절망이 남긴 유산을 품고 있었고 이것은 스웨터 몇 벌을 팔아서 없앨 수 있는 수준이 아니었습니다. 그렇지만 나는 이들을 통해 사회복지social work란 단어 그대로 '사회적social'인 것이자 '일work'이라는 것을 배웠어요. 사람들에게는 관계가 필요합니다. 그리고 어떤 사람들은 눈 맞추기는 힘들어해도 서로 어깨를 맞대고 힘을 모으는 일은 어려워하지 않아요. 핵심은 그들에게 목표를 주는 것입니다. 사람들이 치료에 참여하도록 해야 할 뿐 아니라, 안정된 일을 구하도록 도와야 합니다."

이 책을 작업하는 동안 뜨개질 이야기를 여러 번 생각했다. 이 이야기는 관계의 힘을 포착하고 있기도 하거니와, 내겐 특별한 의미가 있었다. 라라는 10년 전 거식증에서 회복하기 위해 고생했다. 그랬던 딸이 회복에 무엇이 필요한지 이야기하고, 나는 그것을 경청한다.

회복한 사람에게 무엇이 가장 중요했느냐고 물으면 그들은 언제나 두 단어 가운데 하나를 꼽는다. 희망 혹은 직업이다. 거식증에 걸린 에이미에게는 금융계에 종사하며 음식 블로그를 작성하는 일이었다. 스타글린에게는 '유용한 존재'가 되는 일이었다. 삭스에게는 법을 가르치는 일이었다. 라라우리에게는 동료 지지 전문가로 활동하며 자신의 회복 경험으로 타인을 돕는 일이었다. 동료 지원가는 환자가 병원 혹은 구치소에서 벗어나도록 도움을 줄 수 있고, 관리 시스템의 항해사가 돼줄 수 있으며, 희망을 줄 수 있다. 그들은 일을 통해 도움을 줄 뿐 아니라 도움을 얻기도 한다.

사람과 장소는 회복의 토대다. 목적은 자존감을 찾고 성장과 회복을 얻기 위한 핵심 요소다. 홀로코스트에서 살아남은 오스트리아의 정신 의학자 빅터 프랭클Viktor Frankl은 『빅터 프랭클의 죽음의 수용소에서Man's Search for Meaning』에서 치료 핵심으로 목적 찾기를 꼽았다.[19] 프랭클은 니체를 인용하며 다음 주장을 펼친다. "살 이유가 있는 사람은 어떤 상황이든 대부분 견딜 수 있다." 프랭클은 내성적이고 자기도취적인 정신 분석에 대응하는 치료법으로 의미 요법logotherapy을 창시했다. 환자가 몰두할 수 있는 대상을 찾도록 하는 해결 중심적 접근이다.

의미 요법은 이미 오래전 힘을 잃고, 정신 분석에 맞서 생겨난 치료 학파들이 모인 쓰레기통으로 사라졌다. 그렇지만 의미와 목적을 찾는 움직임은 이어지고 있다. 목적을 찾는 한 가지 방식이 일자리 구하기다. 고용 지원은 개별 배치 및 지원 모델이라고도 하는데, 정신 질환이 있는 사람 누구나 훈련을 받고 직장을 다니도록 돕는 프로그램이다. 1990년대 다트머스 정신 의학 연구 센터의 로버트 드레이크Robert Drake가 개발한 이 프로그램은 내담자가 선호하는 일자리를 찾아주고 정신 건강 전문가와의 긴밀한 협력을 제공한다. 또한 소득 관련 상담도 해주고 직장을 계속 다니도록 지원한다. 내담자가 일자리를 찾아 면접에 성공하고 업무를 배우도록 9개월 동안 적어도 매주 한 번씩 상담이 이뤄진다.

특히 이런 프로그램은 중증 정신 질환자에게 중요한데, 거의 70퍼센트에 해당하는 환자가 일자리를 원하지만 85퍼센트가 직장이 없기 때문이다.[20] 드레이크의 프로그램으로 이런 간극을 좁힐 수 있다. 국내외에서 5000명 이상을 대상으로 무작위 대조군 연구를 23회 시행한 결과, 60퍼센트 이상이 6개월에서 5년 동안 고용상태를 유지했다. 연구들을 살펴보면 첫 직장 평균 근무 기간은 8개월에서 10개월이었다. 자존감과 삶의 질 점수는 일자리가 생기면 일관되게 올랐다. 그리고 참여자들이 정신 건강 서비스를 찾는 횟수는 줄었다.

드레이크의 프로그램은 중증 정신 질환자를 대상으로 삼지만 우울증과 불안에 시달리는 사람에게도 일은 똑같이 중요하다. 일자리 부족도 회복을 위해 해결해야 할 문제의 일부지만 사람들은 오히려 회복하기 위해 일을 그만둔다. 그렇게 규칙적 일상을 잃고 삶의 목적도 없으니 회복과는 더 멀어진다. 개별 배치 및 지원 모델은 일자리를 찾아줄 뿐 아니라 일을 계속하도록 돕는다. 물론 일을 하면서 정신 질환에 대처하기는 힘들다.

이런 개입이 지닌 효능이며 낮은 고용률, 장애 지급(생활 보조금과 사회보장 장애연금)이 차지하는 막대한 비용을 고려하면 개별 배치 및 지원 모델은 전국적으로 정신 보건 프로그램 최우선 순위가 될 수 있다. 그렇지만 2016년에 발표된 어느 연구에 따르면 중증 정신 질환자 약 2퍼센트만이 이 프로그램에 접근할 수 있었다.[21]

생활 보조금과 사회보장 장애연금을 책임지는 연방 정부는 메디케이드와 물질남용 및 정신보건서비스국 보조금으로 이 프로그램을 지원하라고 주 정부에 권장했다. 그러나 회복의 일환으로 목적에 집중한 주는 아주 드물었다.

계획 공동체

'P'로 시작하는 세 단어인 사람, 장소, 목적은 회복의 핵심이다. 정신 건강 관리는 이 세 가지에 집중해야 한다. 비용이 가장 적게 들고 가장 간단한 개입이다. 합리적인 세상이라면 이 세 가지는 어디에나 있는 치료의 토대, 일종의 바닥이 될 것이다. 그렇지만 사회적 지원, 주거 지원, 개별 배치 및 지원 모델은 표준이 아니라 예외다. 약물 요법과 위기관리와 입원은 가장 비싼 집중 개입인데도 치료 표준이다. 이 방법들은 치료의 토대치고 불안정하고 효율도 떨어지지만, 보험 급여를 받을 수 있다. 그러니 세 가지 'P'를 측정 가능한 방식으로 제공하는 모델이 필요하다. 이 발상이 클럽 하우스 모델로 이어졌는데, 시작은 아주 간단했다. 로클랜드 주립 병원을 퇴원한 환자 몇 명이 서로를 돕자고 결심한 것이다.

뉴욕주 오렌지버그의 로클랜드 주립 병원은 비극 속에서 탄생했다. 1924년, 화재로 원래 있던 병원이 파괴됐고 환자 여러 명이 불에 타서 사망했다. 2.4제곱킬로미터의 시골 부지가 시범 정신 병원을 지을 곳으로 선정됐다. 그렇게 1931년에 문을 연 로클랜드 주립 병원은 10년 만에 환자가 9000명을 넘었다. 1940년대 초반, 전쟁에 총력을 기울이기 위해 직원 다수가 병원을 떠난 상황에서 환자 6명이 서로를 지원하는 모임을 시작했다. 자조 모임의 이름은 "우리는 혼자가 아니에요We Are Not Alone, WANA"였다.[22]

이들은 퇴원 이후 1944년에 다시 연락하게 됐는데, 처음에는 맨해튼 3번가 YMCA에서 만났다. 그다음에는 뉴욕 공공 도서관 계단에 매일 모였다. 많은 퇴원 환자가 그렇듯 도움을 줄 가족이 있는 사람은 아무도 없었다. 로클랜드 병원의 환자였던 마이클 오블론스키Michael Obolensky의 주도로 병원 밖에서 "우리는 혼자가 아니에요" 클럽이 결성됐다. 사실 오블론스키는 원래 병원 환경을 개선하는 모임을 만들고자 했다. 그는 이 모임이 입원 필요성을 감소시키는 운동의 시작점이 될 줄은 몰랐다. 1948년 무렵, 계획 공동체가 된 "우리는 혼자가 아니에요" 클럽은 웨스트 47번가에 건물 하나를 구매했다. 새로운 클럽 하우스 건물 정원에는 희망과 회복을 상징하는 작은 분수fountain가 있었다.

이렇게 파운틴 하우스Fountain House가 탄생했다. 파운틴 하우스는 중증 정신 질환자의 목표를 회복으로 삼은 클럽 하우스 운동의 거점이다.[23] 오늘날 6대륙 33개국에 330곳의 클럽 하우스가 있다. 모든 클럽 하우스는 파운틴 하우스처럼 계획 공동체로 운영되며, 사람과 장소와 목적을 제공한다. 일과를 토대로 하는 사회적 지원, 식사와 활동이 갖춰진 만남의 장소, 개별 배치 및 지원 모델의 주요 구성 요소가 그것이다.

운영 중인 클럽 하우스를 살펴보기 좋은 곳이 남부 캘리포니아의 샌 버너디노 카운티다. 이곳은 미국 본토에서 가장 넓은 카운티로 크기가 웨스트버지니아주에 맞먹는다. 인랜드 엠파이어 구역에 속한 이 카운티는 광대한 고지대 사막으로, 인구 밀도가 희박하고 주간 고속도로 제8호선이 지난다. 멀리 산이 보이는 황량한 지역을 차로 달리다 보면 반짝이는 알루미늄박으로 감싼 레저용 자동차며 캠핑용 자동차가 점점이 자리한 사막 언덕이 보일 것이다. 야외 생활하는 사람들의 야영지가 펼쳐지는 풍경이라 클럽 하우스를 기대할 만한 곳은 아니다.

그렇지만 샌 버너디노 카운티에는 클럽 하우스가 9곳 있다. 공인 임상 사회복지사이자 샌 버너디노의 행동건강국장 베로니카 켈리Veronica Kelley가 나를 안내했다. 켈리는 해안에서 90분 걸리는 곳에서 가족과 살고 있었으나 이 광대한 카운티를 토착민처럼 잘 알고 있었다. 빅터빌에 있는 세레니티 클럽 하우스의 로니가 나를 만나고 싶어 했다. 모하비 사막 경계에 있는 마을 빅터빌은 해발고도가 약 900미터에 인구는 10만 명이다. 그 유명한 66번 국도가 지나고 있어 길을 멀리 떠나는 사람들이 오랫동안 찾아왔다. 허먼 맹키위츠Herman Mankiewicz와 존 하우스먼John Houseman은 은둔 생활을 하며 〈시민 케인〉을 쓰려고 이곳을 찾았다. 1940년대에는 공군이 시험 비행용 기지를 만들었다. 그리고 정신 질환으로 고통받는 수백 명이 회복을 위해 찾는 곳이기도 하다.

세레니티 클럽 하우스는 원래의 66번 국도에서 몇 블록밖에 떨어지지 않은 시내에 있었다. 상점으로 썼을 법한 단층 건물은 별 특징이 없었다. 그러나 건물 내부는 북적였다. 한쪽에는 직업 훈련용 컴퓨터가 있었고 다른 쪽에는 음식을 요리하는 부엌이 있었으며, 가운데에는 게임이나 공예 작업에 쓸 탁자와 편안한 소파가 있었다. 다들 수다를 떨었고 1980년대 락 음악이 배경음악으로 흘러나왔다. 벽마다 다음과 같은 문구가 있었다. "우리는 모두 부서졌다. 그렇기에 빛이 들어올 수 있다", "함께하면 아무도 우리를 막지 못한다", "어려움으로부터 기적이 자란다."

정신건강가족연맹의 가족 모임 알림판도 있다. 다들 활발히 움직인다. 클럽 하우스 구성원은 회원 17명과 자원봉사자 2명이다. 구성원을 모두 아는 로니가 간단한 자리를 만들었다. 구성원은 대체로 백인 여성들로, 다양한 모습이었다. 휠체어를 탄 젊은 여성은 지적장애가 있는 것 같았다. 중년 남성과 여성 몇몇은 중독과 중증 정신 질환으로 애먹었다. 평생 빅터빌에서 살아온 어느 고령의 남성은 이제 친구를 찾는 중이다. 20대에 아이를 위탁 가정으로 보낸 여성 몇몇은 이제 삶을 다시 일으켜 세워 가족을 되찾으려고 노력하는 중이었다.

분위기는 낙관적이었고 기운이 넘치기까지 했다. 성인 가족처럼 기분 좋은 장난도 많이들 쳤다. 클럽 하우스 사람들은 그곳을 착륙장이 아닌 징검다리로 여기는 듯했다. 다들 **회복**이라는 단어를 쓴다. 여기서 회복이란 일자리, 살기 좋은 곳, 병원이나 감옥에 가지 않는 미래를 의미한다.

클럽 하우스는 성공할까? 반세기 동안 50회 이상의 연구가 이뤄졌는데, 클럽 하우스는 실업률을 줄이고 재입원을 줄이거나 늦추며 적은 비용으로 건강 결과를 개선한다는 결과가 나왔다.[24] 원래의 "우리는 혼자가 아니에요" 아이디어는 자조를 기반으로 회복을 목표로 삼았는데 이제는 매해 10만 명을 위한다. 중증 정신 질환자 누구나 클럽 하우스에 참여할 수는 없다. 모든 클럽 하우스가 핵심 서비스를 제공하지도 않는다. 그러나 전체적 효과는 인상 깊다. 이 모델은 회복의 시작일 뿐 아니라, 사람과 장소와 목적이 정신 의료의 토대가 될 미래를 이뤄낼 수 있다.

마을을 찾아서

정신 건강을 주제로 대화할 때 회복 이야기를 꺼내면 대화 내용이 달라진다. 회복은 희망차고 고무적인 일이자 여러 사람이 성취할 수 있는 목표기도 하다. C. S. 루이스를 다시 언급하자면 "피할 수 없는 운명을 영광스러운 이득으로 바꿀 수 있다."[25] 그렇지만 회복이라는 이 다리에서 저 멀리 떨어져 있는 사람이 많다. 내 생각에 회복은 정신 질환보다는 환경과 더 큰 관계가 있다. 즉 환자 차원의 문제가 아니라 사회 구성원인 우리와도 관련이 있다는 말이다.

라라우리는 이 문제에 현실적이었다. "나는 운이 좋았습니다. 가족이 있었고, 또 가족은 나를 도울 수단을 갖고 있었죠. 이런 특권을 가진 사람은 별로 없습니다." 그는 회복에서 환자 본인의 역할은 일부에 지나지 않는다는 점을 이해했다. 오늘날 미국에서는 사람, 장소, 목적에 접근하는 일 자체가 일종의 행운이다. 사회적 지원, 주거 지원, 고용 지원을 구하러 클럽 하우스나 지역 프로그램에 접근하는 것으로 충분할지 모른다. 그런데 상황이 허락해야 가능한 일이어야 할까? 사람, 장소, 목적이 반드시 특권 혹은 접근의 문제여야 할까?

　코로나19 대유행 초기에 나는 뉴욕에서 활동하는 동료와 연대의 필요성을 이야기했다. "나는 9/11 같은 일이 또 벌어지길 절대 바라지 않아. 그렇지만 또 다른 9/12만 있다면 더 바랄 것이 없을 텐데." 피할 수 없는 숙명을 영광스러운 이득으로 바꾸는 일이 우울증이나 정신증이라는 악마에 맞서 이기고자 하는 외로운 전사의 몫일 필요는 없다. 승리를 거두려면 마을이 필요하다. 우리 모두, 가족과 친구와 시민이 해야 할 일이다. 우리가 효과적 해결책을 위해 노력한다면, 승리할 수 있다.

3부

앞으로 나아갈 길

9장   간단한 해결책

> 환자를 잘 치료하는 비결은 환자를 염려하는 마음에 있다.
>
> – 프랜시스 피보디Francis Peabody, 《미국 의사협회 저널》[1]

이제껏 더 좋은 치료법이 있어도 더 좋은 치료 결과로 이어지지 않는 이유를 여러 가지 살펴봤다. 의료 접근성이며 질이며 진단 정밀도가 떨어지고, 차별 문제도 있다. 그리고 회복을 위한 지원이 부재하니 이는 확실히 치료의 위기다. 각각의 문제에서 해결책도 확인했다. 새로운 위기 반응 방식이나 협력 관리 같은 새로운 모델에서는 인력 배치가 해결하기 어려운 문제였다. 주거 지원과 고용 서비스 같은 오래된 정책은 비용 문제 해결이 어려웠다.

앞서 사람과 장소와 목적이 회복의 핵심이라는 결론을 내렸다. 그렇지만 회복이 중요한 목표일 수 있어도 당장 위기에 처한 사람은 회복에 관심을 보이지 않을 수 있다는 점도 이해해야 한다. 집에 불이 나면 소화기가 필요할 뿐, 집 수리를 위한 3단계 계획은 필요 없다. 불을 끄려면 즉각 개입해야 한다. 그리고 이제껏 살펴봤듯 위기의 핵심 문제는 치료다. 나는 치료를 개선하는 비결이란 더 나은 치료법에서 찾을 수 있다고, 더 나은 치료법이야말로 우리가 불을 꺼서 회복의 길로 가게 해주는 돌파구라고 오랫동안 생각했다. 그런데 어느 동료가 급성림프모구백혈병 이야기를 해줬다.

의대생 시절, 소아암 병동 교대 근무를 원하는 학생이 아무도 없었다. 아동 암 환자는 보통 급성림프모구백혈병acute lymphoblastic leukemia이라는 사실을 다들 알고 있었다. 우리는 이 병을 '전부ALL' 라고 불렀는데, "전부 다 죽는다"는 뜻이었다. 급성림프모구백혈병은 그때나 지금이나 가장 흔한 소아암이다. 전체 소아암의 20퍼센트를 차지하며 미국에서 매해 3000건의 새 사례가 발생한다. 이 병은 2살에서 5살 사이에 가장 많이 발병한다. 1970년대에는 사망률이 90퍼센트였다. 40년이 지난 지금, 이 숫자만으로는 그 시절 그 병이 얼마나 큰 고통을 줬는지 혹은 치료법이 얼마나 무시무시했는지 알 길이 없다. 환자나 가족 일원을 급성림프모구백혈병으로 잃은 적 있는 사람은 다들 가혹한 치료를, 죽어가는 아이를 보는 크나큰 시련을 기억한다.

나는 '기억한다'는 표현을 썼다. 오늘날 급성림프모구백혈병 환자 90퍼센트가 완치하기 때문이다.[2] 이전에는 90퍼센트가 사망했는데 40년 만에 90퍼센트가 완치되다니 대단한 성과다. 이런 성공을 가능하게 한 발견은 무엇일까? 실제로 진단 관련 발견이나 혁신적 약물이 급성림프모구백혈병에 걸린 아이들의 사망률을 낮추지는 않았다. 중요한 약물 대부분(빈크리스틴, 다우노루비신, 스테로이드)은 1970년대에도 있었다. 그렇다면 달라진 점은 무엇일까? 달라진 점은 '과정의 개선'이다. 바로 약을 어떻게 조합할지 알게 된 것이다. 또, 아이들이 회복하도록 잘 간호하는 법을 알게 됐다.

스티븐 헝거Stephen Hunger와 찰스 멀링한Charles Mullighan은 2015년 《뉴잉글랜드 저널 오브 메디슨》에 실은 비평 논문에서 현재의 급

성림프모구백혈병 치료를 다뤘다.[3] 아래 글은 인용할 가치가 있는
대목이다.

> 약 50년 전, 병용 화학 요법은 ALL을 앓는 소아의 80퍼센트에서 90퍼
> 센트에 관해를 유도했다. …… 그러나 보통 중추신경계에서 대부분 재
> 발했으며 생존율은 10퍼센트에서 20퍼센트였다. …… 급성림프모구백
> 혈병 소아 환자 치료가 획기적으로 변한 계기는 8종의 약물로 8주 동
> 안 시행하는 유도 및 공고 요법의 발전이다. …… 이 요법이 소개된 이후
> 대규모 협력 연구팀이 …… 북미와 서유럽에서 급성림프모구백혈병 진
> 단을 받은 소아 환자의 75퍼센트에서 95퍼센트가 임상 시험 명단에 등
> 록했다. 이 임상 시험은 생존에서 놀라운 개선을 유도했는데, 가장 최근
> 의 자료에 따르면 5년간의 무병 생존율이 85퍼센트까지 늘어났고 전체
> 생존율이 90퍼센트까지 증가했다.

이 성공 사례에는 세 가지 교훈이 있다. 첫 번째, 마법의 탄환 같
은 특효약은 없다. 급성림프모구백혈병은 8종 약물로 8주 동안 시
행하는 집중 치료 과정이 필요했다. 두 번째, 화학 요법은 80퍼센
트에서 90퍼센트의 소아에게 관해를 유도했으나 "(환자) 대부분 재
발했다." 몇 개월, 때로는 몇 년 동안 지속적이고 공격적으로 치료
해야 성공할 수 있었다. 세 번째, 북미와 서유럽 소아 환자 75퍼센
트에서 95퍼센트가 연구 명단에 이름을 올렸다. 거의 모든 아이가
다음 세대를 위해 치료 개선에 힘을 보탰다.

성공을 위해서는 약물 치료법과 간호 방식, 관찰의 지속적 개선

이 필요했다. 우리는 획기적 발견이 아니라 가용 치료법을 결합해 끊임없이 노력해야 한다. 단기적 관해 말고 장기적 회복을 목표로 삼아야 하고 치료 최적화에 도움이 되도록 모든 새로운 사례를 모으는 학습 시스템을 만들어야 한다.[4] 급성림프모구백혈병 사례는 중대한 해결책이란 기본적으로 이미 있는 방법을 더 잘 실행하는 일이라고 알려준다. 정신 질환 문제에서 기억해 둬야 할 부분이다. 슬프게도 정신과 뇌의 장애를 충분히 치료할 하나의 약물, 단일한 심리적 개입이나 장치는 없을 수도 있다. 치료사들은 해답이 가까이 있다고, 발견되기를 기다리고 있다고 믿어야 한다. 급성림프모구백혈병은 분명 정신 질환보다 훨씬 단순한 질병이겠지만, 그 교훈은 정신 질환에도 유익하다. 혁신적 발견이 없어도 치료법의 결합과 개선으로 근본적 진전을 이룰 수 있다. 오래된 치료법을 결합해 진전을 이룬 사례가 바로 정신증 첫 삽화의 치료다.[5] 의학적 치료와 정신 건강 관리 통합이 획기적 발상은 아니라도 상당한 효과를 얻기도 한다. 때로 절박한 상황 속에서 최소한의 자원으로도 혁신을 얻기도 한다. 다음에 살펴볼 짐바브웨의 벤치가 그 예다. 이 사례들은 이미 아는 방법으로 훨씬 더 좋은 결과를 얻었다는 점에서 자세히 살펴볼 가치가 있다.

통합 전문 치료

정신 질환으로 고통받는 사람들은 맨 처음 아플 때 가장 성가신 문제 가운데 하나를 겪는다. 정신증 첫 삽화가 발생한 젊은 사람은 대부분 결과가 매우 좋지 않다. 1970년대 급성림프모구백혈병처럼, 강한 치료법은 있으나 두 번째 삽화가 발생하지 않도록 치료받는 사람은 거의 없다.[6] 대부분은 약물 요법 외 다른 치료를 거의 받지 않는다. 약물을 복용하면 증상은 호전되니 환자는 당연히 약물 요법을 중단한다. 그러면 몇 주 안에 응급실에 가거나 더 나쁜 상황이면 구치소로 가게 된다. 입원이 필요한 정신증 첫 삽화 발생 이후, 재입원율은 몇 달 동안 보통 30퍼센트다.

내가 국립정신보건연구원장으로 일하던 시절, 연구원에서는 다양한 방식으로 이 문제와 씨름했다. 2008년, 국립정신보건연구원의 로버트 하인슨Robert Heinssen과 그의 프로그램 담당자들이 조현병 첫 삽화 치료 아이디어를 가지고 나를 찾았다. 하인슨은 능숙한 심리학자이자 9/11 테러 직후 입대한 군인이며 국립정신보건연구원에서 가장 실용적인 소장이기도 했다. 그는 군말 말고 결과를 내라고 밀어붙이는 스타일로 서비스 및 개입연구소를 이끌었다. 하인슨은 정신증 첫 삽화를 겪은 청년에게 심리 치료, 약물 관리, 가족 교육 및 지원, 사례 관리, 일 혹은 교육 지원을 통합해서 제공하자고 주장했다. 환자와 팀은 치료 결정을 함께 내리며 이 과정에 가족 구성원도 가능한 한 많이 합류한다. 이 방식은 통합 전문 치료Coordinated Specialty Care, CSC라고 불렸다. 정부가 새로 바뀔 때마다 머리글자를 딴 정책이 필요했기 때문이다.

나는 하인슨의 아이디어에 흥미를 느끼지 못했다. 이런 식의 개입을 30년 동안 시행해 왔기 때문이다. 쑥스럽지만 고백하자면, 나는 하인슨의 제안에 이렇게 대꾸했다. "혁신은 어디에 있습니까?" 그때의 나는 여전히 인간적 접촉이 아니라 기술적 선도가 우리에게 필요한 돌파구라는 사고방식에 갇혀 있었다.

그때의 나는 몰랐으나 통합 전문 치료는 급성림프모구백혈병 치료처럼 결과를 개선할 수 있었다. 확실히 치료법 자체는 구식이다. 그러나 이런 시도를 한 사람은 거의 없었고, 통합적 관점으로 여러 치료법을 합쳐서 제공한 사람은 분명 하나도 없었다. 21개 주의 보건소 34곳에서 통합 전문 치료와 기존의 치료를 비교하는 연구를 진행한 하인슨의 팀은 치료의 질이 개선될 수 있으며 치료 결과가 기존의 치료보다 좋았다고 밝혔다.[7] 특히 몇 개월 동안만 정신증 상태에 빠진 환자들이 그랬다.

오늘날에는 정신증 첫 삽화를 겪은 청년이라면 누구든 두 번째 삽화를 겪지 않도록 질 좋은 치료를 결합해 시행한다. 하인슨의 팀은 2015년에 연구를 완료하면서, 정신증 첫 삽화를 겪은 청년들이 지역사회 보건소에서 어떤 식으로 치료를 받는지 밝혔다. 연구에 처음 참여한 청년들 가운데 약 40퍼센트는 잘못된 약물을 복용했고 제대로 된 약물을 처방받았다고 해도 너무 많이 복용했다.[8] 더욱 놀라운 점은 환자 대부분이 한참 동안 치료를 받지 않은 상태였다는 것이었다. 정신증 미치료 기간의 중간값은 74주였고 3분의 2는 정신증 미치료 기간이 6개월 이상이었다.[9] 정신증 미치료 기간이 중

요한 이유는, 치료받지 않은 상태가 길어질수록 결과가 나빠지기 때문이다.[10]

통합 전문 치료는 효과적일까? 통합 전문 치료를 맨 처음 시도한 34곳의 보건소의 경우 증상, 삶의 질, 학교 혹은 직장과의 관계를 따져보니 통합 치료가 일반 치료보다 결과가 좋았다. 정신증 미치료 기간이 짧은 참여자에게 효과가 가장 확실했다. 국회는 이런 초기 결과를 토대로 전국에서 통합 전문 치료 프로그램이 시행되도록 특별 예산을 책정했다. 뉴욕주는 통합 전문 프로그램을 광범위하게 배치하고 집중적으로 연구한 곳으로, 참여자의 80퍼센트 이상이 1년 동안 교육 혹은 고용 목표를 달성했고 재입원율은 약 10퍼센트였다.[11]

통합 전문 치료는 해결책을 연결한 좋은 사례다. 약물 요법은 중요하나, 사회적 지원과 인지 훈련과 일자리 또한 중요하다. 2020년까지 50개 주에서 340개의 통합 전문 치료 프로그램이 진행됐다. 이는 1~2주가 아니라 1~2년 동안 청년 2만 명을 대상으로 삼았다. 국립정신보건연구원은 데이터를 수집하고 관리하는 시설 에피넷EPINET을 만들었는데, 급성림프모구백혈병 치료 모델처럼 모든 환자를 치료 최적화를 위한 거대 연구 프로젝트의 참여자로 만들고자 했다.[12] 목표는 정신증 첫 삽화를 겪은 모든 청년의 회복이었다. 사실 더 중요한 목표는 정신증 첫 삽화를 겪었다고 해도 두 번째 삽화는 절대 겪지 않는 것이었다. 이 프로그램은 죽음과 장애를 줄이면서 경제적 가치도 있는데, 20년 동안 약 2600억 달러의 가치가 있다고 추산된다.[13]

"내게 입증해 보이시오"주(미주리주)에서의 통합 치료

통합 전문 치료 연구팀이 병의 시작 단계에서 치료의 통합으로 문제를 해결하려고 한 것처럼 현장의 또 다른 큰 문제를 통합적으로 해결하고자 애쓴 종사자들이 있었다. 바로 조기 사망률 문제를 해결하려 한 사람들이다. 조 파크스Joe Parks는 2013년 미주리주 사회복지국 헬스넷 책임자로 임명됐는데, 이 부서는 주의 메디케이드 프로그램을 담당했다. 파크스는 중증 정신 질환자가 앓는 질병 문제를 오랫동안 고민해 왔다. 2006년, 파크스의 연구팀은 중증 정신 질환자가 25년 먼저 사망한다는 사실을 밝혀냈다.[14] 그들은 대체로 예방 가능한 의학적 원인으로 사망했다. 파크스가 2018년 《뉴욕타임스》에서 언급했듯, 그는 중증 정신 질환이란 "우리가 이야기하지 않는 가장 큰 건강 격차"임을 알고 있었다.[15]

미주리주 정신보건국에서 오랫동안 일한 파크스는 여러 중증 질환자가 보통 응급 상황을 제외하면 치료에 참여하지 않는다는 사실을 알게 됐다. 헬스넷 국장은 중증 정신 질환자에게 더 좋은 의학적 치료를 제공해 건강 격차를 줄일 수 있는 자리였다. 오랫동안 시행된 치료들을 결합해 통합 전문 치료를 제공한다면, 중증 정신 질환자들이 더 좋은 결과를 얻을 수 있을까?

2010년에 통과된 환자 보호 및 부담 적정 보험법은 정신 질환자에게 의미 있는 법안이었다. 청년은 26세까지 보험을 적용받았다. 예전부터 정신 질환을 앓던 사람도 보험에서 배제되지 않았으며, 정신 건강 관리를 필수 보장 혜택으로 간주했다. 덜 알려지긴 했는데 이 법의 2703조에 따라 만들어진 헬스 홈Health Home은 만성 질환자에게 통합 치료를 제공하는 의료 모델이다.[16] 헬스 홈은 의학적 치료나 행동 치료뿐만 아니라 지역사회를 기반으로 다양한 서비스를 취급할 계획으로 세워졌다.

미주리주는 이 새로운 치료 모델을 위한 연방 예산을 받은 첫 번째 주였다. 파크스는 이 예산으로 헬스 홈 여러 곳을 운영하며, 의학적 만성 질환을 앓는 중증 정신 질환자가 표준 의료 서비스를 받도록 했다. 그 전해에 환자 개인에게 든 메디케이드 평균 비용이 3만 8000달러였는데, 대체로 천식이나 당뇨 관리 비용이었다.[17] 이들은 지역사회 보건 센터에 오지 않는 중증 정신 질환자였다. 대부분은 응급실이나 병원의 병상에서 치료받았다. 파크스는 헬스 홈을 통해 통합 예방 치료를 받는 환자, 그리고 중증 정신 질환은 앓지 않으면서 1차 진료를 받으러 오는 만성 질환자를 비교하기로 했다. 새로운 치료 시스템이 격차를 줄일 수 있을까?

미주리주의 사례에서 가장 흥미로운 대목은 치료가 효과 있었다는 점이 아니라 효과가 아주 빠르게 나타났다는 점이다. 파크스의 벗겨긴 머리와 퉁퉁한 몸집, 나비넥타이를 맨 모습은 시골에서 왕진을 다니는 나이 든 지역 의사와 비슷했다. 헬스 홈 추진에는 어려운 일들이 많았다. 새 직원을 뽑아 교육을 진행해야 했고, 자료를 새로운 형식으로 수집하고 분석하는 방법을 배워야 했다. 또한 사례를 관리하고 서비스를 제공하기 위해 기존 과정을 수정하고 새 과정을 개발해야 했다. 전에는 주목하지 않았던 만성 질병을 확인해야 했고, 사례를 관리하는 완전히 새로운 방식을 기존 팀과 시스템에 통합해야 했다. 헬스 홈은 18개월 만에 중대한 진전을 이뤘다. "결과를 알고 놀라실지도 모릅니다. 그렇지만 우리의 정신 건강 진료소에 온 당뇨 환자는 1차 진료를 찾은 환자 수의 3배나 됩니다. 그러니 우리가 얻은 결과는 전혀 놀라운 일이 아닙니다."

헬스 홈 운영 결과 병원 입원은 12.8퍼센트 감소했고 응급실 내원은 8.2퍼센트 감소했다. 입원 및 응급실 처치에 드는 평균 비용을 따져볼 때 인플레이션을 고려하면 약 290만 달러를 아끼게 됐다고 볼 수 있다. 당화 혈색소 같은 혈당 조절 수치, 저밀도 지단백 콜레스테롤 같은 지질 조절 수치도 의미 있는 수준으로 개선됐다. 중증 정신 질환을 앓지 않는 1차 의료 환자보다 헬스 홈의 중증 정신 질환자가 훨씬 더 그러했다. 파크스 박사에게 성공 비결을 묻자 박사는 씩 웃으며 말했다. "이런 이야기는 아무도 듣고 싶지 않을 겁니다. 성공 비결은 우리 간호사들입니다. 간호사들은 일을 어떻게 해야 하는지 알고 있어요."

급성림프모구백혈병 치료가 그랬듯 여기서도 성공은 혁신적 약물이나 기술과는 상관없었다. 파크스 박사는 가용 자원으로 치료를 개선하는 길을 찾았다. 사회복지사가 아니라 간호사가 사례 관리를 맡게 했고, 환자를 적극적으로 모집했으며, 결과를 측정했다. 1년 반 후에도 임상적 결과가 계속 좋았고, 오히려 비용은 줄었다. 이런 방식이 사망률의 격차를 줄일지 아직은 알 수 없다. 그렇지만 미주리 프로젝트는 비용이 가장 많이 드는 난제 가운데 하나인 중증 정신 질환자의 의학적 관리 또한 충분히 대처할 수 있는 문제임을 일깨워 준다. 사망률 격차는 없앨 수 있는 건강 격차다.

우정의 벤치

통합 전문 치료와 헬스 홈은 치료를 결합해 중증 정신 질환자를 챙긴다. 그런데 훨씬 더 흔한 문제는 치료 참여의 부족이다. 앞서 살펴봤듯 치료 참여는 중증 정신 질환자뿐만 아니라 경증 정신 질환을 겪는 환자에게도 쉽지 않다. 이 문제를 가장 우아하면서도 단순하게 해결한 사례가 짐바브웨에 있다.

2005년, 짐바브웨에는 정신과 의사가 12명이 있었는데 그중 1명이 딕슨 치반다Dixon Chibanda 박사였다. 짐바브웨는 인구 1400만 명에, 인간 면역결핍 바이러스 감염률이 높고 가난과 절망이 가득한 나라였다. 치반다 박사는 동료와 힘을 합쳐도 우울증과 불안 혹은 짐바브웨식 표현으로 **쿠풍기시사**kufungisia(과도한 생각)를 겪는 수백만 명을 다 보살필 수 없는 현실을 깨달았다. 동시에 고국이 모계 중심적 사회라서 공감 능력이 뛰어나고 믿음직한 나이 든 여성과 사회적 관계를 맺는다면 강력한 개입의 효과가 있겠다는 생각도 들었다. 우정의 벤치란 진료소 앞에 놓인 평범한 의자로, 할머니가 상담을 맡는다. 벤치는 새로운 형식의 정신 건강 관리였다.

치반다 박사는 줌으로 벤치에 관해 설명했다. 우정의 벤치는 놀랍게도 박사가 공공 보건 분야에서 석사 학위를 따고 있던 2005년에 학교 프로젝트로 시작됐다. 이때는 짐바브웨에서 거대한 정치적 탄압이 이뤄진 시기로 70만 명이 집을 잃었고 100만 명이 심리적 혼란에 빠졌다. 그렇게 혼란에 빠진 100만 명 가운데 1명이 자살한 내담자 에리카였다. 에리카의 자살로 치반다 박사는 더 좋은 치료를 제공해 이 광범위한 심리적 위기와 맞서자고 결심했다. 그렇지만 1400만 명 가운데 제집 없이 시골에서 절망 속에 살아가는 사람은 너무 많았고 정신과 의사는 12명밖에 없었다. 어떻게 치료를 제공하겠는가?

치반다 박사는 가용 자원을 썼다. 벤치, 그리고 지역사회에서 신뢰와 존경을 받는 고령자. 박사는 그들을 '할머니'라고 불렀다. 그리고 그들에게 기본적인 경청 기술과 인지 행동 치료, 행동 변화 단계를 명확하게 짚도록 하는 기법인 행동 활성화를 가르쳤다. 몇 주간 훈련을 받은 할머니들은 외로움, 우울증, 불안뿐만 아니라 우정의자로 끌고 오는 문제는 뭐든 다뤘다. 한 번의 방문으로 끝나는 사람도 있었고, 여러 날 동안 의자를 찾는 사람도 있었다. 할머니들은 상황에 따라 통화로 경험이 풍부한 임상의의 지원을 받았다. 《미국 의사협회 저널》에 실린 임상 시험은[18] 우정의 벤치에서 6회에 걸쳐 치료받은 573명을, 표준적인 치료 정보와 비교했다.[19] 6개월 추적 검사에서 아주 의미 있는 효과가 나왔다(증상의 정도를 14점 척도로 조사했을 때 벤치 치료 그룹은 3.8점을 기록했고 표준 치료는 8.9점을 기록했다). 이제껏 5만 명이 넘는 짐바브웨 사람들이 우정의 벤치로 치료받았다.

비전문인에게 치료사 교육을 제공하고 동료나 지역사회 의료계 종사자와 연락하는 이 같은 방식은 아프리카의 여러 지역과 런던, 뉴욕으로 퍼져나갔다.[20] 비영리 기관 임파워Empower는 비슷한 방식으로 전 세계의 비전문 치료사를 디지털 도구로 훈련하고자 한다. 이발소에서 아프리카계 미국인 남성의 고혈압을 관리하는 경우나 어머니들이 산후 우울증 관리에 나서는 경우처럼 이런 프로젝트는 신뢰를 토대로 구축된다.

그런데 이런 동료 지원 치료는 질이 어떨까? 동료 지원의 경우 이용자들이 더 수용적인 태도로 나오겠지만, 치료 참여를 위해 치료의 질을 희생하는 것은 아닐까? 이런 의문 때문에 개인적으로 이 아이디어에 오랫동안 회의적이었다. 국립정신보건연구원의 원장 시절, 나는 동료 지원을 옹호하는 직장 동료들과 맞섰다. 내 주장은 임상 시험의 증거 기반이 얄팍하다는 것이었다.[21] 나는 의료의 질이 문제라면서 최소의 훈련만 받은 인력을 모집하는 방법으로 문제가 해결되겠냐고 주장했다. 그렇지만 직접 겪어보니 생각이 달라졌다. 나는 동료 지원가의 활동을 봤고, 동료 전문가로 자격을 갖추려면 어떤 훈련이 필요한지 알게 됐다. 그리고 그들의 기술이 전통적인 정신 보건 전문가 인력을 어떻게 보완하는지 이해했다. 그리고 이런 교육은 짐바브웨에 갈 필요가 없었다. 캘리포니아에는 우정의 벤치 프로그램이 없는 대신 정신건강팀에서 동료 지원가에게 중요한 역할을 맡긴다.

빅서Big Sur와 카멀Carmal이 있는 몬테레이 카운티는 미국에서 가장 아름다운 해안선을 볼 수 있는 곳 중 하나다. 그렇지만 몬테레이 카운티의 행동 건강 담당자 에이미 밀러Amie Miller는 이런 말을 한다. "이 카운티 내륙 농장에서 자라는 아이들 대부분은 해안에 한 번도 가 본 적이 없습니다." 해안에서 내륙으로 약간만 이동하면 살리나스 계곡이 나온다. 존 스타인벡John Steinbeck이 『에덴의 동쪽』을 비롯해 이주민 농장과 시골의 가난을 다룬 걸작들의 무대로 삼은 곳이다. 오늘날 이 비옥한 계곡의 뼈대를 이루는 농장의 일꾼 다수는 기본 위생 시설 없이 생활한다. 영어로 말할 줄 모르는 일꾼이 대부분이다. 그렇지만 1시간 거리 해안가에 사는 엘리트들 못지않게 이들 또한 정신 건강 관리가 필요하다. 이들은 우울증이나 외상후 스트레스장애나 정신증을 어떻게 치료받을 수 있을까?

카운티 인구 60퍼센트가 히스패닉계지만 스페인어를 할 줄 아는 정신 건강 전문가는 거의 없다. 카멜라를 만나다니 나는 운이 좋았다. 카멜라는 카운티 근처 농장에서 스페인어를 쓰며 자랐고 우울증 및 약물 남용으로 고생한 적이 있다. 3년 전 마약 소지로 교도소에 갔던 카멜라는 이제 마약에서 손을 떼고 위기 전화 및 원격 치료 훈련을 받아서 동료 지원가가 됐다. 나는 카멜라가 세실리아의 전화를 처리하는 모습을 지켜봤다. 살리나스 계곡 레터스 농장에서 일하는 세실리아는 스페인어를 쓰는 젊은 엄마로, 아이를 보육 시설에 보낼 사정이 안 되고 45분 거리에 있는 진료소에 갈 수도 없는 처지다. 카멜라는 매주 한 번씩 화상 채팅으로 세실리아가 겪는 불안, 무력감, 외로움에 관해 이야기하기로 정했다. 카멜라가 세실리아의 우울을 능숙하게 살피는 모습을 보면서 나는 치료 민주화가 현실에서 지닌 의미를 생각했다. 세실리아를 치료하는 관점에서 보자면, 카멜라에게 정식 상담 학위가 없다는 사실은 그리 중요하지 않았다. 카멜라는 핵심 기술을 배우기도 했지만, 그가 경험을 토대로 환자를 도울 수 있는 사람이라는 점이 더 중요하다. 카멜라 덕분에 나는 참여와 질 사이에서 선택할 필요가 없다는 확신을 얻었다. 동료 지원가는 의료 참여에 필요한 문화적 관계성을 제공하는 존재로 적절한 훈련 및 지도 감독을 받아 질적 치료를 할 수 있다.

접근 부족 및 부적절한 인력은 흔히 미국 정신 건강 위기를 설명하는 첫 번째 이유로 꼽힌다. 우정의 벤치는 급성림프모구백혈병 치료가 그랬듯 해결책이 이미 주변에 있다고 일러준다. 정신증 경험이 있는 동료들은 단순히 믿을 만한 치료 홍보 대사가 아니라 치료 팀의 핵심이 될 수 있다. 이제 49개 주에 동료들이 질 높은 치료를 제공하도록 보장하는 자격증 과정이 있다. 특히 같은 종족이거나 같은 연령대면서 같은 언어를 말하는 동료가 희망을 전한다면 마음에서 우러나는 변화를 끌어낼 수 있다. 물론 동료로 일하는 경험 자체의 치료 효과도 있다.

지역사회 돌봄 제2판

통합 전문 치료와 헬스 홈과 우정의 벤치는 확실한 교훈을 준다. 환자에 대한 공감으로 유명한 하버드 의대 교수 프랜시스 피보디는 1927년에 이렇게 말했다. "환자를 잘 치료하는 비결은 환자를 염려하는 마음에 있다." 정신 건강 관리의 많은 문제가 복잡하지 않듯 해결책도 복잡하지 않다. 앞서 언급한 사례들이 보여주는 것처럼 비용도 많이 들지 않는다. 가장 비싼 비용을 치러가며 가장 비효율적으로, 진실로 쓸모없이 정신 질환자를 돕는 방식을 찾는다면 바로 응급실과 사법 제도와 단기간의 입원 반복을 선택하면 된다. 가장 값비싼 제공자들이 관리를 맡는다. 최소한의 훈련을 받은 무급 인력이 위기 전화를 맡아 절박한 요구에 응대한다. 그리고 가족과 동료들은 배제된다. 익숙하게 들리는지?

더 좋은 길이 있다. 미국에서도 우리는 그 길을 향해 나아가고자 한다. 2014년 국회는 "전인적 치료" 방식을 지원하는 시범 프로그램으로 공인 지역사회행동건강센터ccвнс 프로그램을 만들었다.[22] 2017년부터 8개 주(미네소타, 미주리, 네바다, 뉴저지, 뉴욕, 오클라호마, 오레곤, 펜실베이니아)가 진료소 66곳의 예산을 지원받았다. 치료비를 낼 수 있든 아니든 정신 질환이나 물질남용을 겪는 사람이 찾는 헬스 홈을 만들기 위함이었다. 이 진료소들은 통합을 목적으로 삼는다. 정신 건강과 물질남용장애 관리를 1차 의료나 다른 서비스와 잇는다. 공인 지역사회행동건강센터에는 좋은 계획이 많아 긍정적 마음이 들지 않을 수 없다. 원래의 지역사회 정신 건강 센터와는 달리 이곳에서는 위기 서비스와 가정 방문을 제공하고 동료지원자 훈련이며 집과 학교와 구치소 지원 활동을 시행한다. 또한 새로운 인력 훈련에 관심을 기울이고 동료와 가족이 치료에 참여하도록 이끌며 위기 서비스를 개선한다.

이런 프로그램을 운영하는 사람들이 중대한 혁신을 하나 이끌었다. 바로 '사전적 지불'이다. 이용 시간만큼 급여를 지불받는 대신, 공인 지역사회행동건강센터는 담당하는 사람 수로 급여를 지불받는다. 만일 센터가 중증 정신 질환자 2000명, 중독자 3000명, 기타 정신 건강 혹은 물질남용장애를 겪는 1만 명을 책임진다면, 정부는 이 환자들에게 전인적 치료를 제공하도록 미리 예산을 지급한다. 그러면 센터는 이 장에서 논의한 사례들처럼 사전에 위기를 방지하는 프로그램에 투자한다. 사전적 지불 방식을 계기로 진료소는 위기 중심 값비싼 치료 대신 예방적이고 창조적이며 먼저 움직이는 치료를 할 수 있다.

북오클라호마 그랜드 레이크 정신 건강 센터에서 25년 동안 몸담은 래리 스미스Larry Smith는 공인 지역사회행동건강센터 모델의 효과를 목격했다. 그랜드 레이크 센터는 오클라호마 지방 카운티 12곳의 정신 건강 관리를 담당하고 있다. 2600제곱킬로미터의 땅에 있는 48만 명을 맡는 셈이다. 이곳에서도 의료 접근성은 언제나 문제였다. 그런데 하나밖에 없던 입원 시설이 2012년에 문을 닫자, 응급실이 환자로 넘쳐나는 상황을 막을 방법이며 급성 환자를 주 밖으로 보내지 않을 방법을 찾아야 했다. 스미스는 정신 건강을 1차 의료와 통합하고 가정 방문을 맡을 간호사를 고용하기 시작했다. 그러다 오클라호마주가 2017년에 공인 지역사회행동건강센터를 여는 곳으로 선정됐고, 일은 '정말로 흥미롭게' 변했다. 결국에 저렴한 비용으로 더 좋은 치료를 제공 할 수 있게 됐다. 이런 일들은 간단했다. 예를 들어 경찰차마다 원격 소프트웨어가 깔린 아이패드를 비치해, 위기 반응 전화가 오면 래리의 팀 직원이 언제 어디서나 합류할 수 있게끔 했다. 아이패드 소프트웨어에는 경찰 또한 지원받을 수 있는 장치도 들어있었다. "사전적 지불 방식이 도입되기 전에는, 위기 전화에 응답하는 경찰을 도울 비용이 지원되지 않았습니다. 이제 우리는 응급실 비용을 줄일 수 있습니다. 입원 환자의 수요는 95퍼센트까지 줄었습니다."

오클라호마 사례는 최초의 시범 사업으로 8개 주에 공유됐다. 공인 지역사회행동건강센터는 평가와 치료 대기 시간을 줄이고, 훈련과 채용을 개선했다. 또한 응급실 방문 횟수 및 환자의 입원 횟수를 줄였다. 초기 결과가 아주 고무적이어서 국회는 다른 주의 진료소 또한 예산을 받을 수 있도록 프로그램을 확대했다. 2021년까지 40개 주의 진료소 340곳이 공인 지역사회행동건강센터의 자격을 얻었다.[23] 모든 진료소가 최초의 시범 사업처럼 사전적 지불 방식을 따르지는 않았지만 말이다. 2020년 말에 발효된 연방 정부 경기 부양 예산안에 따르면 정신 보건 분야에 42억 5000만 달러를 새로 투자하는데, 그중 8억 5000만 달러는 공인 지역사회행동건강센터 프로그램 예산이다. 9000억 달러 규모의 부양책 예산에서 정신 보건 예산은 액수가 무척 적다 보니 실제로 언론에 잘 알려지지는 않았다. 그렇지만 공인 지역사회행동건강센터 및 다른 프로젝트(통합 전문 치료 및 헬스 홈 계획도 포함)를 위한 새 예산은 1963년 지역사회 보건복지법 이후 연방 정부가 내건 가장 큰 규모의 투자였다. 실로 공인 지역사회행동건강센터 프로그램은 지역사회 돌봄 제2판으로 볼 수 있다. 지역사회에서 치료한다는 원래 개념에 근거하면서도 그간 50년의 경험을 받아들인 프로그램이다.

보건 정책 분야에서는 세 가지 목적에 관한 이야기가 많다.[24] 치료의 경험 증진, 결과 개선, 비용 감소. 보통은 세 가지 목적 중 둘을 골라야 한다. 이 장에서 언급한 사례들은, 단순한 방식으로 치료 참여와 통합에 집중한다면 세 가지 목적을 다 이룰 수 있다는 교훈을 준다. 동료 지원가와 조부모가 돕는다. 간호사가 돕는다.

그리고 핵심적으로, 부모와 가족에게 역할을 부여한다. 공인 지역 사회행동건강센터 프로그램은 지식과 시행 사이의 틈을 좁히리라 기대된다. 치료를 더 잘 하면서 세 가지 목적을 성취하는 또 다른 방법이 있을까? 놀랍게도 기술 혁명에서 그 답을 찾을 수있다.

10장   혁신

> 기계가 흥해도 인간성의 강화가 같이 가야 한다. 함께 하는 시간과
> 공감과 애정을 더 늘려야, 의료 서비스의 '치료'를 현실에서 구현할
> 수 있다. 치료를 복원하고 증진해야 한다.
>
> — 에릭 토폴, 『딥 메디슨Deep Medicine』[1]

스티븐은 구글에서 제품 매니저로 일하게 된 이래로 '수량화된 자아(식사량, 혈압, 운동량 등을 기기로 계산하고 이를 근거로 자신의 건강을 관리하는 경향 — 옮긴이)'를 추구했다. 2016년 이전부터 실리콘밸리에는 '수량화된 자아' 운동이 일어났다. 대체로 소프트웨어 엔지니어들이 이 운동을 주도했다. 그들은 제 행동과 생명 활동을 관찰하는 새로운 소비재를 수용했으며 이런 움직임에 너드 같은 명칭을 붙였다. 생활 기록lifelogging, 신체 해킹body hacking, 혹은 개인적 선호(유전체학에서 빌려온 표현), 자기애체학narcissomics. 측정 혹은 관찰 항목은 끝도 없이 이어졌다. DNA 시퀀싱(염기 서열 분석), 확인. 명상할 때의 뇌파 측정, 확인. 핏비트, 확인. 최신 애플워치, 확인.

스티븐은 훨씬 더 나아갔다. 그는 수면 활동을 측정하려고 매트리스에 감지기를 부착했다. 스티븐 본인이 '행동 엔트로피'라고 명명한 정보를 측정하려고 자신의 GPS 좌표와 걸음 수를 합치는 간

단한 프로그램도 만들었다. 월말이면 토크아웃이라는 크롬 앱을 사용해 본인이 남긴 인터넷 검색, 이메일, 소셜 미디어 포스트에다 스티븐의 표현에 따르면 '디지털 배기가스'에 해당하는 온라인 자료까지 몽땅 모은다. '사회적 연결도'를 평가하기 위해 사교적인 글과 내적인 글 및 이메일을 비교한다. 심지어 자연어 처리용 오픈 소스 도구를 이용해 자신이 쓴 글과 이메일의 의미 분석도 진행한다. 스티븐은 이런 행위가 자기애적 활동으로 보일 수 있음을 인정했다. "사람들은 체중 관찰은 당연하게 받아들이면서 훨씬 더 흥미로운 이런 자료들은 무시하죠. 놓치면 큰일 날 변화가 있나 확인하려는 것뿐이에요. 내 마음 상태를 알려주는 계기판을 만들고 있다고 보시면 됩니다."

스티븐에게는 양극성장애가 있다. 머릿속 생각들이 총천연색으로 바삐 돌아가는 조증 삽화 기간에는, 밤새 일을 하고 사람들을 만났다. 은행 계좌를 무모하게 바닥내며 버텼다. 그러다 몇 주 동안 울증이 닥치면 침대 밖으로 못 나갔고, 무슨 소린지 모를 머릿속 재잘거림은 그냥 멈췄다. 이 롤러코스터가 스티븐의 20대를 흔들어댔다. 이제 30대를 앞둔 스티븐은 약물 요법과 명상으로 균형 비슷한 상태를 찾았다. 구글은 완벽하게 안정감을 준 직장으로, 스티븐은 그곳에서 건강 프로젝트를 맡았다. 동료들은 스티븐의 기획 열정을 높이 평가했고, 스티븐은 조증 시기의 창의력을 여전히 써먹을 수 있다는 사실을 깨달았다. 좀 자제하면서 강렬함을 덜어내긴 했지만. 직장 동료들과 편안한 사이가 되자 스티븐은 양극성 질환을 앓고 있음을 알리기 시작했다. 놀랍게도 비슷한 고통을 겪은 동료가 많았다. 사정을 터놓으니 더 창조적으로 일할 수 있겠다는 자신감도 들었다.

스티븐이 일상의 궤도에서 이탈하지 않으려면 자신의 정신 건강을 확인하는 고감도 계기판이 필요했다. 그렇게 자아의 수량화를 추구하게 됐다. 모든 수치가 중요하지는 않았다. DNA 시퀀싱이나 뇌파 측정에서는 쓸 만한 내용이 하나도 없었지만, 활동 및 수면 기록은 양극성 리듬이 완화된 형식으로 반복하는 모습을 보였다. 스티븐은 이를 '라이트 모티프(악극 등에서 주요 인물이나 사물 또는 특정 감정을 상징하는 동기로, 반복해서 나온다 — 옮긴이)'라고 부른다. 그리고 디지털 배기가스가 놀라운 사실을 드러냈다. 수면이 줄고 신체 활동이 증가하면 온라인 활동도 훨씬 늘었다. 그런데 더욱 흥미로운 지점은, 언어 분석을 해보니 정서적으로 일관된 변화가 있었다는 사실이다. 경증 우울증이 며칠이고 몇 주고 계속 이어지는 동안 슬픔과 무력감 점수가 올랐다. 대명사는 1인칭 단수로 옮겨갔다. 과거형 동사를 쓰는 경향이 보였다. 단어 개수는 조증으로 가는 시기의 절반쯤이었다.

스티븐은 본인이 직접 모은 이 산더미 같은 자료를 어떻게 처리할지 매번 잘 알지는 못했다. 그는 자신이 복용하는 약물에 관심을 기울이고 치료사에게 이야기를 다 털어놨다. 스티븐의 불만은 자료 분석이 언제나 현재 시점에서 과거를 회상하는 방식이라는 점이었다. 디지털 배기가스를 보는 일은 '백미러를 보면서 운전하는 일'이었다. 그래도 계기판은 통제감을 제공했다. 기분 변화로 산 꼭대기에서 계곡 아래로 떠내려갔다가 다시 올라오곤 했던 수년 동안 스티븐은 한 번도 자신이 제 마음의 주인이라는 느낌을 받지 못했다. 사실 자기 자신을 믿을 수 있다고 생각하지도 않았다. 조증 시기의 초반은 좋았나? 일하다가 실망한 후 슬픔을 느끼는 것은 합리적일까, 이번 우울증 시기에는 말이 많았나? 계기판은 주도권을 다시 찾아오려는 시도이자 마음이 날뛰지 못하게 일종의 난간을 설치하려는 계획이었다.

스티븐이 조울증 뇌에 대응해 구축한 것은 정신 건강 치료를 완전히 바꿔놓을 계기판의 초기 버전에 해당할 것이다. 접근성 문제보다는 질의 문제로 정신 건강 관리 개선이 어렵다는 논의를 앞서 언급한 바 있다. 질이 개선되려면 피드백이 필요하다. 피드백을 하려면 측정이 필요하다. 정신 건강 분야에서 피드백은, 스티븐이 했듯 우리의 생각과 느낌과 행동을 객관적으로 측정해 전달하는 것이다.

당뇨병이나 심장병 환자와 달리 정신 질환자에게는 생체 지표가 없다. 유효한 객관적 측정 도구가 사실상 존재하지 않는다. 그렇지만 기술은 측정 및 측정 중심 치료법을 위한 혁신적 도구를 제공한다. 그뿐 아니라 다양한 디지털 개입이나 개선된 사례 관리를 제공할 수 있다. 앞부분에서 언급한 가장 큰 난제인 의료 접근성과 질, 진단의 정밀성 문제를 전자 도구가 궁극적으로 해결할 수 있다. 기술은 작은 조각들을 전체적으로 연결할 때 실로 가장 유용하다. 실리콘밸리의 어느 기업가는 어느 분야에 혁신이 필요한지 알고 싶다면 덕트 테이프를 찾아보라고 했다. 비효율적이고 통합도 잘 안 되고 소비자 친화적이지도 않은데, 비싸고 한물간 방식으로 유지되고 있는 서비스를 찾으라는 말이다. 이 말을 처음 들었을 때 정신 건강 관리가 바로 생각났다.

나는 기술 혁신이 정신 건강 분야에서 새판을 짤 수 있다고 생각하고, 2015년 후반 국립정신보건연구원을 떠나 실리콘밸리로 향했다. 처음에는 2015년에 구글에서 분리된 건강 회사 베릴리의 정신 건강팀에 있었다. 이후 스티븐이 고안한 계기판과 비슷한 분석을 시도하는 회사 마인드 스트롱 헬스에 합류했다. 다음 기착지는 온라인으로 단계 치료를 제공하는 소비자 중심 정신 건강 스타트 업인 휴머네스트 케어였다. 아주 다른 세 회사를 거치며 나는 용기도 얻고 분노도 얻었다. 용기가 되어준 존재는 현대 데이터 과학을 바탕으로 사상 초유의 힘을 발휘해 정신 건강 혁신에 공들이는 영리한 사람들이었다. 그렇지만 이 같은 혁신과 투자로도 여전히 공공 의료 문제가 해결되지 않는 현실에 분노했다. 소프트웨어 엔지니어들이 설립한 디지털 정신 건강 회사들은 환자와 치료사를 연결해 주거나 온라인 명상 앱을 제공해 성공적으로 수익을 내고 있다. 그렇지만 중증 정신 질환자의 사망과 장애를 줄이는 혁신은 지금까지 거의 이뤄지지 않았다. 그리고 이 분야는 초반부터 개인 정보 보호 문제며 데이터 관리 문제, 정확성 문제로 애먹고 있다. 앞으로 갈 길이 멀다. 그렇긴 해도 스티븐이 거쳐 온 측정의 여정, 그리고 그런 여정을 이끈 마음이 신기원을 이룩할지도 모른다. 기술은 측정뿐만 아니라 치료 민주화를 얻는 비결일 수 있다. 그리고 이 모든 것의 시작은 언어다.

당연히 언어는 인간의 느낌과 생각을 측정하는 1차적 도구다.

임상의들은 수세대에 걸쳐 환자의 말과 목소리를 듣고 표정과 행동을 관찰하며 기분 상태나 정신증, 폭력의 위험성을 측정해왔다. 이 주관적 측정 과정은 시행착오를 거쳐 개선되며 숙달 단계에 이르러면 몇 년의 경험이 필요하다. 결국에 정신 질환의 본질이란 주관적 현실과 객관적 현실 사이에 생긴 빈틈이다. 정신증으로 생긴 망상, 우울증으로 인한 무력감, 외상후 스트레스장애로 닥친 공황 상태는 사람들이 공유하는 객관적 현실과는 따로 떨어진 강력하고 주관적인 경험이다. 숙달된 임상의들은 이 두 경험을 번역하고 사이에 난 틈을 측정하며 변화를 정밀하게 관찰하는 전문가다. 이같은 핵심 지표 측정에 기술을 이용해 주관성과 질 문제를 다 해결할 수 있다면 어떨까?

자연어 처리NLP는 데이터 과학을 도구로 언어 구조를 연구한다. 이 분야는 컴퓨터의 탄생에서 시작됐다. 1950년, 컴퓨터 혁명의 아버지 혹은 할아버지라고 불리는 앨런 튜링Alan Turing은 인공 지능을 판별하기 위해 튜링 테스트를 개발했다.[2] 인공 지능은 언어를 분석하고 대화용 문장이나 자연어 원천을 생성할 수 있다. 튜링 테스트를 통과하려는 초기 시도 가운데 가장 유명한 사례가 1960년대 중반, 매사추세츠 공과 대학의 요제프 바이첸바움Jacob Weizenbaum이 만든 컴퓨터 프로그램 일라이자ELIZA다.[3] 바이첸바움은 당대 최고의 치료사로 손꼽혔던 저명한 심리학자 칼 로저스Carl Rogers를 모델로 상담 치료를 제공하는 프로그램을 만들었다. 인간 중심 치료라고도 알려진 로저스식 치료를 본뜬 일라이자 프로그램은, 보통 환자가 어떤 진술을 하든 질문으로 다시 되돌려 주는 방식이다. 환자가

"너무 슬퍼"라고 말하면 일라이자가 "왜 그렇게 슬퍼?"라고 묻는다. 환자가 "글쎄, 아무도 나를 좋아하지 않아"라고 대답하면 일라이자는 "왜 아무도 너를 좋아하지 않는다고 생각하니?"라고 묻는다. 컴퓨터 초기 시대에 일라이자는 로봇이 치료를 대체하는 멋진 신세계의 도래를 알렸다. 물론 이런 식의 기분 나쁜 반사적 반응을 보이는 로저스 학파 치료사란 그냥 로봇보다 나을 게 없었고, '자연어' 자동화의 쉬운 형태에 불과했다. 초기 자연어 처리는 대체로 컴퓨터가 수행할 단순 언어적 규칙을 만드는 일이었다. 명사와 동사를 반복하라, 서술을 질문으로 바꾸라, 대명사를 전환하라.

튜링 테스트를 정말로 통과하려면 컴퓨터 연산력의 약진을 기다려야 했다. 마이크로프로세서가 일라이자 시절의 연산력을 2년마다 2배로 늘렸다. 또, 웹에서 방대한 언어 자료를 이용할 수 있게 됐다. 그러자 언어와 인공 지능의 교차점에서 아주 강력한 과학이 발달했다. 컴퓨터는 언어 규칙을 배울 뿐 아니라 규칙을 간파했다. 그리고 튜링 테스트를 충족하는 복잡한 알고리즘을 창조하는 지식, 즉 자연어 분석 및 생성 지식도 이용 가능해졌다. 오늘날 자연어 처리 응용은 음성 인식, 음성 텍스트 변환, 디지털 음성 보조, 워드 프로세싱 과정의 자동화된 수정에서 볼 수 있다.

언어는 사람의 느낌과 생각을 평가하는 1차적 수단이므로, 자연어 처리는 정신 건강 분야의 해묵은 문제를 해결할 수 있다.[4] 예를 들어 사고장애(정신증에 해당하는 기본 질환)와 같은 심리적 구성개념(능력, 성격, 흥미, 태도 등 인간 행동을 설명하는 속성 — 옮긴이)은 사고가 원래의 궤도에서 탈선한 여러 가지 상태를 보여준다.

과장성, 지리멸렬, 편집증, 망상 등이 증상에 해당한다. 그런데 각 각의 증상은 방대한 언어 자료와 비교 과정을 거쳐 글 혹은 말로 측정할 수 있다. 예를 하나 들자면, 자연어 처리는 두 단어가 서로 인접한 사이인지를 따져서 의미적 응집성을 밝힐 수 있다.[5] **개**는 **뼈** 나 **집**이나 **고양이** 옆에 있으리라 예상되는 한편 **텔레비전**이나 **신학 대학**이나 **기린** 같은 단어 옆에 있는 경우는 많지 않을 것이다. 자 연어 처리는 글 1줄로, 혹은 한 번의 면담만으로 의미적 응집성을 측정한다.[6] 임상의들이 와해된 사고라고 부르는 낯선 연합uncommon association은 시학의 기초이자 지리멸렬 증상의 핵심으로, 정신증을 겪는 사람에게 나타난다.

스티븐은 자연어 처리에서 흥미로운 대목을 하나 더 찾아냈다. 울증 상태에는 2인칭과 3인칭보다 1인칭 대명사를 쓰게 된다. 프 로이트는 멜랑콜리아(우울증의 예전 용어)에서 나르시시즘이 나타 난다고 설명했으나[7] 대명사 사용의 변화는 놓쳤다. 자연어 처리는 '나'에 해당하는 단어로 대명사를 수량화해 변화를 증명했다. 글 에 나오는 "나" 단어에 정서적 감정가 점수를 매기면, 정서 점수 혹은 기분의 측정값을 낼 수 있다.[8] 의미적 응집성이나 정서 같은 특징뿐만 아니라 음성 속도와 크기도 측정된다. 음성 속도와 크기 모두 조증 상태일 때 점수가 높아지다가 울증이 되면 낮아진다. 스 티븐이 자신의 온라인 자료에서 확인한 그대로다. 물론 스티븐은 몇 주가 지난 시점에서 자신의 텍스트를 분석하긴 했지만, 이 모든 항목을 실시간으로 측정하고 결합하면 기분을 바로 객관적으로 수량화해 해독할 수 있다.

그런데 기분처럼 주관적인 경험을 객관적으로 측정하는 작업이 현실적 가치가 있을까? 스티븐이 제시한 한 가지 답은, 본인에게 일어나는 미묘한 변화를 주관적으로 알아차리기 전에 객관적 측정으로 탐지할 수 있다는 것이다. 같은 맥락에서, 혈당이나 혈압의 작은 변화는 그로 인한 증상이 발현하기 전부터 생리적으로 중요하다. 이런 방식이 기분 및 정신증 탐지에 큰 힘을 발휘함에도 정신 건강 분야에서는 그냥 살펴보는 정도에 그쳤다. 그러나 초기 인지저하증 예측 분야에서는 오래전부터 이를 활용해 왔다.

내가 자연어 처리의 잠재력을 처음으로 알아본 계기는 아이리스 머독Iris Murdoch 연구였다. 머독은 전후 시대 가장 유명한 영국 소설가 가운데 1명으로, 1970년대와 1980년대에 소설을 발표할 때마다 극찬받은 부커상 수상자다. 그런데 1995년에 발표한 마지막 소설 『잭슨의 딜레마Jackson's Dilemma』는 평론가들에게 실망을 안겨줬다. 작가가 사망한 지 3년이 지나서, 이 작품이 발표되고 1년 후 머독이 알츠하이머병 진단을 받았다는 사실이 알려졌다. 나는 『잭슨의 딜레마』에 쓰인 언어와 머독의 초기 작품에 쓰인 언어를 비교한 2005년의 한 논문을 흥미롭게 읽었다.[9] 머독이 알츠하이머병이라고 임상 진단받기 한참 전부터, 그리고 아마도 작가 본인이 자신의 변화를 완전히 인식하기 전부터 어휘의 다양성이 떨어졌음을 『잭슨의 딜레마』 텍스트 분석으로 밝힌 논문이었다. 초기작과 비교해서 이 마지막 작품은 독특한 단어가 많지 않았고 처음 몇 페이지를 넘어가면 새로운 단어가 적게 등장했다. 분명 비평가들은 변화를 감지하고 있었겠으나 이를 증명해 내고, 심지어 임상적으로 인지저하증이 확실해지기 전부터 그랬다는 사실은 컴퓨터의 텍스트 분석이 알아냈다.

2005년, 언어 분석은 연구자의 도구였다. 오늘날에는 인터넷만 연결되면 누구든 사용할 수 있는 오픈 소스 도구다. 오스틴의 텍사스 대학에서 개발한 언어학적 단어 분석 프로그램Linguistic Inquiry Word Count, LIWC 엔진을 살펴보자.[10] 이 엔진에는 『모비딕』의 문장부터 도널드 트럼프의 연설까지 어떤 텍스트든 입력할 수 있다. 입력 후 버튼을 누르면 입력한 글의 언어가 분석된다. 테리 체니Terry Cheney가 자신의 양극성장애에 관해 쓴 『현대의 광기Modern Madness』에서 두 단락을 같은 분량으로 뽑아 입력해 보자.[11] 체니는 전문가 회의에서의 큰 발표를 준비하다가 조증 상태가 됐다.

회의 열흘 전, 너무나 뿌리 깊은 미루기 습관을 마침내 극복하고 본격적으로 조사를 시작했다. 첫날밤에는 자정까지 일했다. 다음날은 새벽 2시까지 일했다. 그다음은 새벽 4시였고, 이후로 잠을 하나도 자지 않았다. 이러다 조증 상태가 될까 봐 걱정하지는 않았다. 괜찮은 것 같았다. 괜찮은 정도가 아니라 너무 좋았다. 생각이 장미처럼 피어났다. 나는 그저 손을 뻗어서 뽑아오기만 하면 됐다.

다음은 이전의 체니가 우울 삽화 동안 쓴 일기의 한 대목이다.

마음 깊은 곳에 가라앉은 채 일기를 쓴다. 지옥의 심장에 생긴 해진 구멍이 내 자리다. 끝없이 우울했다. 적어도 몇 주 동안은 그랬다. 수평선에는 희망의 빛이 아른거리지 않는다. 이렇게까지 최악인 적은 한 번도 없었다. 오늘 아침 일어났을 때는 고통이 더 심했다. 이런 일이 가능할 줄이야. 단테는 지옥이 9층까지만 있다고 했다. 분명 그가 틀렸다.

언어학적 단어 분석 프로그램의 엔진은 이 짧은 글 토막에서 무엇을 볼까? 엔진은 두 종류의 점수를 보여준다. 특정 단어 개수를 백분율로 보여주는 항목과 전체 의미를 따지는 요약 변수를 0부터 100까지의 점수로 보여주는 항목이 있다. 조증 삽화 점수를 보면, 긍정적 감정(전체 단어에서 차지하는 백분율)은 5.6퍼센트고 부정적 감정(전체 단어에서 차지하는 백분율)은 1.4퍼센트다. 요약 변수를 보면 감정적 어조(낙관적이고 긍정적)가 92.8점이다. 우울증 삽화 점수를 보면, 긍정적 감정이 1.4퍼센트고 부정적 감정은 9.5퍼센트다. 요약 변수를 보면 감정적 어조(낙관적이고 긍정적)가 1점이다. 각각의 항목이나 여러 변수에는 다양한 종류의 텍스트(전문적이거나 개인적 텍스트 등을 포함) 수천 가지를 근거로 세운 기준이 있다.

사실 언어학적 단어 분석 프로그램은 체니의 글에서 새로운 내용을 알려주지는 않는다. 그렇지만 스티븐이 자신의 디지털 배기가스를 분석해 알아냈듯 한 사람이 시간에 따라 제공하는 텍스트를 분석하면 치료사가 놓칠 수 있는 작은 변화들이 확실히 나타난다. 임상적 인상은 자연어 처리를 거쳐 객관적 점수가 되고, 임상적 변화는 정확하게 측정된다.

스티븐은 이메일과 온라인에 쓴 글과 검색 기록을 일종의 사고 일지로 다뤘다. '백미러를 보듯' 과거의 패턴을 읽어냈다. 그렇다면 실시간으로 음성과 목소리와 텍스트를 포착할 방법이 있을까? 이런 방식이 정신 건강 위기를 알리는 디지털 경보 장치 노릇을 할 수 있을까? 실시간 측정을 하려면 실시간 사용 장치가 필요하다. 이제는 누구나 스마트폰을 사용한다. 스마트폰은 자료를 연속적으로 모은다. 마치 이 작업을 위해 만든 것처럼. 이 작은 컴퓨터는 우리의 생각과 느낌과 행동을 전례 없이 보여준다. 그러므로 스마트폰은 디지털 표현형을 분석하는 어마어마하게 유용한 도구가 될 수 있다.[12] 표현형 분석이란, 유전자 서열을 분석하는 유전형 분석과는 달리 특성을 분석하는 작업이다. 디지털 표현형 분석의 개념은 간단하다. 스마트폰이나 웨어러블 기기로 사람이 어떤 활동을 하는지 자세한 정보를 얻는다. 이런 기기에 탑재된 자연어 처리 도구는 음성과 목소리를 포착해 감정이나 응집성이나 속도 같은 특징을 실시간으로 수치화해 알려준다. 스마트폰 감지기는 사용자의 활동과 위치를 표시하고 수면과 체력을 평가한다. 직접 거는 전화나 걸려 오는 전화 혹은 텍스트를 비교하면 사회적 연결도를 대략 파악할 수 있다. 이러한 내용은 우울증, 조증 혹은 정신증과 함께 변화한다.

이처럼 디지털 표현형 분석은 개인의 생활 맥락 속에서 객관적 측정을 하므로, 진료소 말고 실제 생활 속 개인을 파악할 수 있다. 우울증으로 애먹는 산모의 증상은 새벽 3시 수유 때와 다음 날 담당 의사에게 보고하는 내용이 무척 다를 수 있다. 정신 질환자는 대부분 도움을 찾지 않으며, 도움을 구한다고 해도 상당히 지연된 후에야 진료받으러 온다고 앞서 살펴본 바 있다. 산후 여성이나 트라우마 피해자처럼 위험에 처한 집단의 경우, 위험 가능성의 상태에서 도움이 필요한 상태로 옮겨갔다고 디지털 표현형 분석이 알려줄 수 있을까? 이미 치료받는 사람의 경우, 디지털 표현형 분석이 질환의 재발 혹은 회복의 초기 신호를 제공할 수 있을까?

디지털 표현형 분석이 처음 사용된 2016년만 해도 스마트폰에서 주는 대로 자료를 모은다는 아이디어는 소박하고 무독하게 보였다.[13] 그러다 테크 회사들이 터무니없는 사생활 침해 사건을 연속해 저지르면서 디지털 표현형 분석도 별안간 원격 감시로 보이게 됐다. 테크 회사는 적어도 2012년 이래로 계속 감시했으나 수년 후에도 대중에게 이 사실이 알려지지 않았다. 이제는 다들 알고 있다. 2012년 1월, 페이스북은 일주일 동안 사용자 약 70만 명의 뉴스피드(페이스북에서 받아보는 소식 목록 — 옮긴이)를 통제했다. 행복과 긍정의 단어가 더 많이 보이는 화면에 만족하는 사람들도 있었고 평균보다 슬픈 내용이 보이는 화면에 만족하는 사람도 있었다. 이 실험에 동의한 사용자는 아무도 없었고 알림을 받은 사람도 없었다. 그 주가 끝나자 페이스북은 화면이 통제된 사용자들이 특별히 긍정적 혹은 부정적 단어를 게시할 가능성이 큰지 분석했다. 감정 전염emotional contagion을 분석한 것이다. 사실 감정 전염 효과 자체는 평범했다.[14] 그렇지만 결과적으로 긍정적 감정과 부정적 감정 둘 다 페이스북에 더 많이 게시됐다는 사실은, 페이스북이나 다른 소셜 미디어 사이트에서 나타난 클릭 유도 양극화 현상을 예시했다는 점에서 아주 중대한 연구였다.

도널드 트럼프가 2016년 대선 당시 고용한 정치 회사 케임브리

지 애널리티카Cambridge Analytica는 페이스북 이용자의 투표에 영향을
주기 위해 5000만 명의 개인 정보에 접근했다. 페이스북은 큰 스
캔들에 휘말렸다. 그렇지만 페이스북만이 아니었다. 2018년, 여러
테크 회사가 이용자 정보를 빼돌렸다는 사실이 알려졌다. 법에 저
촉되는 행위가 아니라고 해도 이는 명백한 공공 신뢰 위반이다. 예
를 들어 구글 프로젝트 나이팅게일은 동의 없이 수백만 명의 의료
기록에서 정보를 수집했다. 이 사건을 다룬 《애틀랜틱》 기사 제목
은 "너무나 오싹하고 너무나 합법적인 구글의 건강 정보 거둬들이
기"였다.[15] 이제 이용자들은 자신이 단순히 소비하는 존재가 아니
라 소비되는 존재기도 하다는 현실을 알게 됐다. 테크 회사들은 광
고 수입 수십억 달러를 벌어들이기 위해 소셜 미디어 정보, 검색 정
보, 온라인 구매 정보를 건드리고 있었다. 당연하게도, 이들은 건
강 정보도 건드릴 수 있었다. 사회심리학자 쇼샤나 주보프Shochana
Zuboff는 이런 식의 소비자 정보 사용을 "감시 자본주의"라고 언급
했다.[16] 이용자가 회사 사이트에 중독되도록 조작하는 방식을 다룬
연구도 있다. 그리고 한때 이런 회사들을 파괴적 혁신으로 환영했
던 대중은 이제 이들을 냉전 시대 소련과 같이, 악의 제국으로 여
긴다. 선거를 조작하고 어린이를 중독시키며 우리가 자신에 대해
아는 것보다 우리를 더 잘 알 수 있는 세력.

　스마트폰을 통한 기분 관찰 그리고 감시 사이에 그어진 가느다
란 선이 별안간 거의 보이지 않게 됐다. 물론 이런 방식은 연구에
동의하는 지원자 혹은 자기 자신을 관찰하는 스티븐 같은 개인들
만 이용했었다. 그렇지만 일단 기분이나 생각을 관찰하는 방법이

완벽해지면, 동의 없는 사용을 어떻게 막겠는가? 스마트폰 감시는 사회적 통제 기관이 될 수 있을까? 믿기지 않는다면, 여권 발급이나 승진 여부를 결정하기 위해 중국에서 이용하는 사회 신용 점수를 보라. 이곳에서는 그런 일이 절대 일어나지 않을 것 같으면 내 인터넷 검색 결과나 뉴스피드를, 인구학적 조건이 다른 사람의 그것과 비교해 보라. 우리가 우리 자신을 아는 것보다 회사가 우리를 더 많이 알게 된 순간은? 아마 10년 전부터일 수 있다.

이런 위험은 현실이다. 그렇지만 잠재적 이득 또한 현실이다. 정신 질환자도 당뇨나 심장병에 쓰는 생체 지표 같은 지표를 마땅히 가져야 한다. 디지털 표현형 분석이 회복 혹은 재발을 측정하는 객관적이고 연속적인 방법을 제공한다면, 환자와 가족과 임상의들은 정신 질환 관리에서 엄청난 도구를 얻게 된다. 이 방식이 실제로 활용할 수 있고 신뢰할 수 있는 자료를 제시하는지는 증명해야 한다. 다른 한편으로는 책임감 있게 윤리적으로 활용할 수 있는지도 증명해야 하니 어려운 일이다.

대중의 신뢰를 구할 길이 있을까? 이 은밀한 개인 정보를 지킬 수 있을까? 이상적인 상황이라면 사람들은 자신의 정보를 소유해야 하고 언제 어떻게 정보를 공유할지 결정해야 한다. 정신 건강의 중요한 분석은 대체로 스마트폰에서 이뤄질 테니, 소유자가 정보 공유를 결정하지 않는 한 스마트폰에서 다른 곳으로 정보가 절대 새지는 않는다. 그러나 현재 초기 단계라서 알아내야 할 것들이 많다. 동의와 사생활 문제 말고도, 현재로서는 모범 관행을 따르면서 질이나 규범을 유지하도록 규제하는 제도가 없다.[17] 사실 모범 관행 자체가 없다. 이 분야가 발전하면, 새로운 기술이 늘 그랬듯 의도치 않은 사건이 줄줄이 발생할 것이다. 문제는 초기 과실이 정신 건강 분야의 진전을 막는가 아닌가다.

참여

스티븐에게 디지털 표현형 분석은 양극성장애 상태를 알려주는 일종의 화재 경보 장치였다. 그렇다면 불을 꺼주는 기술은 어떨까? 이미 살펴본 바와 같이 정신 건강 위기 해결에 가장 큰 장벽 중 하나는 치료 참여 문제다. 정신 질환자 약 60퍼센트가 치료를 받지 않고 있다.

60퍼센트라는 수치는, 치료받지 않고 있으나 받으면 이득을 볼 환자 상당수가 보건 시스템에서 도움을 구하지 않는 현실을 시사한다. 이들은 소셜 미디어에서 서로 이어진다. 레딧의 우울증 커뮤니티 이용자가 약 60만 명이라는 일관된 보고가 있다.[18] 이용자들은 "아무도 어둠 속에서 혼자여서는 안 된다"라는 제목의 서브 레딧에서 교류한다. 페이스북, 인스타그램, 유튜브, 틱톡은 긍정적인 글이나 재미있는 영상을 목표로 삼았을지 모르나, 자살 충동이 있는 다수를 포함해 절망에 빠진 이용자 수백만 명의 문제로 고심 중이다.[19] 애플의 시리나 아마존의 에코 같은 음성 보조 기술이 있는 회사들은 음성 장치가 자살자가 자살 직전 마지막으로 남기는 말을 포착하고 있다는 사실을 알게 됐다.[20] 구글 검색은 올가미 매듭을 짓는 방법이나 흔한 약의 치사량을 확인하는 일에 사용됐으며, 유튜브는 자살을 생중계하는 수단이 됐다.[21]

올바른 방향으로 나아가기 위한 테크 업계의 시도가 몇 차례 있었다. 2018년 페이스북은 자살 위험을 추적하고 통제하기 위해 회사 차원에서 노력을 기울였다. "지난해 우리는 전 세계에서 응급 요원이 도움이 필요한 3500명에게 빨리 대처할 수 있도록 도왔습니다." 마크 저커버그Mark Zuckerberg는 2018년에 회사가 어떤 노력을 기울였는지 포스팅했다.[22] 핀터레스트는 2019년 스탠퍼드 정신 의학자들과 협업해 희망과 안심을 담은 메시지처럼 '정신 건강에 소소하게 도움이 될' 내용을 특정 포스트에 넣기로 했다.[23] 여러 회사에서 신뢰 및 안전 담당 팀이 위험에 처한 개인을 찾으려는 목적으로 인공 지능 전문가를 고용했다. 그러나 온라인이나 오프라인 위기 서비스를 알려주는 팝업을 빼면, 소셜 미디어 제국은 정신 건강의 위기에 어떤 책임도 지지 않았다.

우리는 기회를 잃었을까? 이런 소셜 미디어 사이트는 부정적 뉴스만 확인하는 습관을 길러주고 개인 정보를 탈취하며 해로운 낙관을 주는 피난처가 돼가고 있는데, 과연 치료 수단이 될 수 있을까? 결국에 사람들은 소셜 미디어에서 서로 관계를 맺고 때로는 친구 및 가족과의 유대를 강화하지만, 이런 유대를 적대적 포스트로 끊어내기도 한다. 이런 사이트들이 도움될 수 있을까? 이 사이트가 이용자들의 정신적 고통을 늘리는 대신 줄일 수 있을까?

이 질문에 대답하기 전에, 더 기본적인 질문에 답해야 한다. 정신적 고통을 겪는 사람들은 실제로 무엇을 원할까? 이들이 소셜 미디어 사이트에 맨 먼저 끌리는 이유는 무엇일까? 정신 질환자 옹호 단체 '미국의 정신 건강Mental Health America'은 단체 웹사이트에서 500만 명을 대상으로 선별 검사를 진행했다.[24] 정신 질환이 있다고 답한 사람은 다음의 기본적인 질문에 바로 답해야 했다. "문제 해결을 위해 무엇을 원하십니까?" 검사 대상자들이 가장 많이 선택한 두 답은 다음과 같았다. "믿을 만한 정보", "나 같은 누군가와 이어질 기회" 심리 치료와 약물 요법은 목록 저 아래에 있었다.[25]

소셜 미디어는 정보를 제공하고 사람들을 연결하는 일에 유용할 수 있지만, 불행하게도 믿을 만한 건강 정보를 일관되게 제공하지 않는다. 사람들은 이곳에서 자기 자신을 이상적인 모습으로 표출하는 경우가 너무 잦다. 약점이 있는, 진짜 자기 자신으로 존재하는 안전한 공간이 아니다. 그렇지만 이름 없는 온라인 동료들과 편리하게 이어지는 사이트도 있다.[26] 심지어 핵심 서비스로 리스너 listener를 지원하는 곳도 있다. 리스너란 도움을 구하려고 합류한 한편 다른 사람에게 심리적 공감을 지원하는 기본 기술을 훈련한 사람이다. 좋은 방향이다. 익명의 알코올중독자 모임에 가입할 법한 사람들이 페이스북 같은 소셜 미디어 커뮤니티에 모이는 방식이라고 할 수 있겠다. 이런 방식은 치료 참여라는 난제에 답이 될 수 있다. 특히 Z세대에서, 정보를 얻고 동료와 관계를 맺는 방식으로 치료가 필요한데도 치료를 받지 않는 60퍼센트라는 수치를 줄일 수 있다.

앞서 치료 참여의 개선 문제에서 동료 지원가가 지닌 가치를 살펴봤다. 우정의 벤치도 그렇고 지역사회 정신 건강 센터도 그렇다.

질적 관점에서 온라인 동료의 지지가 특히 흥미로운 부분은, 문을 닫아놓고 진행하는 치료와는 달리 모든 것이 투명하게 보인다는 점이다. 반응 시간, 반응 내용, 반응 효과를 정확하게 관찰할 수 있다. 이용자는 리스너와 치료사를 평가한다. 콘텐츠 모더레이터는 문제를 일으키려는 사람이나 나쁜 행동을 하는 사람을 막기 위해 매일 결과를 감독한다. 앞으로 살펴볼 텐데, 이러한 질의 개선은 온라인 치료의 진정한 덕목 중 하나가 될 것이다.

인터넷 치료에서 가져야 할 태도

온라인 동료의 지원은 치료 참여를 도울 수 있다. 그렇다면 임상 전문가의 접근성 문제는 어떨까? 접근 문제는 간단히 정의된다. 치료를 받기로 결심해도 치료 제공자를 찾는 일이 어려울 수 있다. 원격 정신 의학은 이런 문제를 상대적으로 간단히 해결한다. 수십 년 동안 원격 진료를 위해 기술을 사용해 왔다. 원격 정신 의학에는 세 가지 기본 형식이 있다. 첫 번째는 전통적인 대면 치료를 온라인 영상과 텍스트 기반으로 혹은 스마트폰 기반으로 옮겨 온 버전.[27] 두 번째는 제공자와 텍스트를 주고받는데 실시간은 아닌 버전. 세 번째는 최신 기술을 바탕으로, 치료사 역할 챗봇을 이용하거나 혹은 표준화된 심리 치료 내용을 자체적으로 전달하는 방식.

이 나라 곳곳에 정신 건강 전문가가 부족한 현실을 고려하면, 원격 정신 의학은 1차 의료 제공자뿐만 아니라 환자에게도 확실한 대안 같다. 실제로 우울증, 불안장애, 외상후 스트레스장애에 심지어 물질남용장애까지, 증거 중심 치료법 제공자가 정해진 일정에 따라 영상 혹은 스마트폰을 통해 치료해도 대면 치료만큼이나 효과적이라는 사실이 엄격한 임상 시험에서 밝혀졌다. 의학적 질환과 행동장애를 동시에 겪는 중복 이환 상태면 원격 치료는 치료 비용을 줄여준다는 사실도 밝혀졌다.[28] 그리고 환자 다수에게 이런 방식은 대면보다 편리하고 받아들이기 쉬운 치료기도 하다.[29]

이런 증거에도 불구하고, 원격 치료는 2020년 이전에는 널리 채택되지 않았다. 그런데 코로나19가 상황을 바꿨다.[30] 건강 보험 기업 협회 '블루 크로스 블루 실드 오브 매사추세츠'에 따르면 2020년 2월에는 원격 의료 보험 청구가 200건이었는데 2020년 5월에는 3만 8000건이었다. 코로나19 대유행으로 원격 의료 비율이 5퍼센트에서 95퍼센트로 엄청나게 늘어났다. 환자와 제공자는 새로운 기술을 이해해야 했고, 원격 진료 과정에서 서로의 반려동물이며 가족을 처음으로 만났다. 원격 의료의 사생활 문제를 살핀 《뉴욕타임스》의 어느 슬픈 글에 따르면 "화장실이 새로운 소파다."[31]

사실 지금 이뤄지는 원격 의료 방식은 버전 1.0이다. 노트북이나 태블릿, 스마트폰으로 환자와 제공자가 연결된다. 시골 이용자가 겪는 거리 문제를 해결하고 편리함을 제공한다. 그렇지만 현재의 인력이나 치료 시스템 개선에는 별 효과가 없다. 원격 의료 2.0은 면담 영상과 목소리 자료를 통합해 제공자와 환자에게 즉각 피드백을 전달하고 객관적 정보를 제공할 수 있다. 그렇지만 이 버전조차 국제 의료 서비스 수요 충족에는 충분하지 않을 수 있다.

이때 두 가지 방식의 원격 의료가 치료에 한몫할 수 있다. 보통 이용자가 접속하면 나중에 제공자가 텍스트로 응답하는 비동기非同期 방식이 있다. 몇 분 내로 답할 수도 있고 24시간 후에 답할 수도 있다. 이런 방식을 쓰면 서비스를 확장할 수 있는데, 특히 국외 종사자라면 환자가 서비스를 온종일 이용 가능하다. 그리고 최신 기술 기반 치료 방식이 있다. 챗봇이나 실제 치료사가 이용자의 상황, 임상 기록, 적절한 과학 문헌에 근거한 풍부한 자료를 받아서 상담하는 혁신이다.

이런 미래적 치료의 초기 버전이 워봇Woebot이다.[32] 워봇은 온라인으로 인지 행동 치료를 제공하는 챗봇이다. 워봇의 알고리즘은 이용자 마음속 문제를 끌어내고 해결의 길로 안내하면서 치료 과정에서 재미난 말도 건넨다. 이런 식이다. "나는 당신을 위해 언제나 여기에 있어요. 소파나 약이나 유년 시절의 물건 같은 것은 사용하지 않습니다. 당신의 기분을 끌어 올릴 전략만 있을 뿐. 그리고 가끔 엉뚱한 농담도 하고요." 중등증에서 중증 수준의 우울증과 불안을 겪는 학생 70명을 대상으로 시행한 예비 연구에서, 임의로 뽑은 절반은 워봇의 치료를 받았고 절반은 대조군으로 우울 관련 자료를 읽었다. 2주 후, 워봇과 평균 12회 소통한 집단의 경우 우울증 자가 평가에서 의미 있는 개선이 있었다.[33] 한편 대조군에서는 아무런 변화가 나타나지 않았다.

이런 방식에서 정말 중요한 사실은, 봇이 치료 과정에서 학습한다는 점이다. 이용자와 접할 때마다 알고리즘이 개선된다. 봇이 이용자에게 던지는 질문과 제공하는 치료가 더 좋아진다는 의미다.

버전 2.0이나 3.0에는 이용자에 관한 상세한 정보가 들어갈 수 있다. 제한적으로 공유되는 스마트폰 내장 센서 데이터가 그 예다. 그리고 봇은 마음 챙김부터 동료의 지지까지 여러 치료법을 사용할 수 있다. 이론적으로 이런 방식은 끝도 없이 확장할 수 있다. 온라인 봇 하나가 이용자 수백만 명을 응대할 수 있을 뿐 아니라, 규모가 커질수록 질이 더 좋아진다. 모든 사람이 이런 방식을 수용할 수 있을까? 모두가 그렇지는 않을 것이다. 그런데 임상의, 특히 내세대의 임상의라면 X, Y, Z세대가 봇을 편안하게 여긴다는 사실에 놀랄지도 모르겠다. 바쁜 임상의라면 절대 챙길 수 없을 사회 활동이나 수면 정보 같은 고급 정보들을 처리하는 와중에 이용자를 놀리기도 하고 장난도 친다면, 이들은 봇을 더욱 편안히 받아들인다.

　서던캘리포니아 대학의 창조 기술 연구소Institute of Creative Technology는 가상 치료사와의 라포르(치료자와 환자 사이의 신뢰 관계 — 옮긴이) 형성에 주목했다. 이 연구소는 엘리라는 이름의 상호 소통 봇을 만들었다. 엘리는 이용자의 표정에 나타난 감정뿐만 아니라 목소리의 질에도 실시간으로 반응하는 가상 인간이다.[34] 최근 실험에서 참가자 일부는 엘리가 순수하게 알고리즘에 따라 행동하는 봇이라고 들은 한편 나머지는 '그녀'가 인간에 의해 원격 조정된다고 들었다. 참가자들은 인간보다 봇에게 지속적으로 마음을 더 열었으며, 봇이 덜 비판적이고 쉬운 대화 상대라는 느낌을 받았다고 보고했다.[35]

위험과 수익

이 분야의 시장은 의심의 여지 없이 성장하고 있다. 2011년 이래로 대략 1000개의 새로운 회사가 정신 건강 혁신을 목표로 약 50억 달러를 투자받았다.[36] 2020년만 해도 행동 건강 분야 벤처 자본 투자금은 24억 달러에 달했는데, 2019년 투자금의 2배 이상이다.[37] 이 책을 쓰는 지금도, 일부 행동 건강 질환을 다루는 앱이 적어도 10만 개는 된다.[38] 알리바바나 아마존, 알파벳(A로 시작하는 몇 곳만 예로 들면) 같은 거대 테크 회사들은 건강 분야를 새로운 혁신 시장으로 간주하고 그 분야에 집중하고 있다. 게다가 정신 건강을 우선으로 다루는 회사 또한 적어도 1곳(알파벳의 생명 과학 기업 베릴리)이 있다.

　정신 건강 분야의 민간 투자는 모두 고무적이다. 그러나 앞서 다뤘듯 아직 해결되지 않았고 피할 수도 없는 윤리적 신뢰 문제가 있다. 그리고 테크 분야 또한 현실의 정신 건강 관리에서 일어나는 문제를 반복하고 있다. 파편화 말이다. 사업 모델이 제품의 주기 및 관련 일정을 결정하니, 앱 개발자들은 단순하고 구체적인 목표에 치중한다.[39] 그렇지만 정신 질환자의 사정은 종종 복잡하다. 개발 중인 수천 가지의 디지털 도구는 의료 시스템에서 해결이 잘 안 되는 특정 분야만 공략하는 경향이 있다. 접근 장벽, 1차 의료와 전문 치료 사이의 간극, 질적 관리의 부재. 각각의 도구는 해결책이 될 수 있겠지만, 이는 새로운 운영 시스템으로 긴밀하게 통합돼야만 가능하다.

앱 10만 개는 필요 없다. 환자와 제공자를 위해 긴밀하게 통합된 플랫폼이 필요하다. 물론 비용은 납세자 몫이다. 플랫폼은 객관적이고 지속적인 측정(디지털 표현형 분석)과 다양한 디지털 개입(위기 반응, 동료 지원, 코칭, 치료), 개선된 사례 관리(자료를 한눈에 파악할 수 있는 디지털 대시 보드 및 질 측정의 통합 치료, 치료 시스템과의 결합)를 제공해야 한다. 그리고 플랫폼은 학습 시스템이 돼야 한다. 지속적 측정으로 정보를 받아서 개입이 이뤄져야 하고, 사례 관리에 측정이 포함돼야 한다.

기술은 현장을 대체하지 않을 것이며 대체할 수도 없다. 우리에겐 임상 전문가가 필요하고, 병원과 위기대응팀이 필요하며, 누군가 스마트폰을 끄거나 소셜 미디어에 접속하지 않을 때 그 말을 경청할 사람이 필요하다. 자살이나 사망률 감소를 위해서는 하이테크(첨단 기술)도 필요하고 하이터치(인간적 감성)도 필요하다. 새로운 도구는 치료의 효과뿐 아니라 효능도 끌어올린다는 점에서 현실에 적용해 볼 가능성이 있다. 기술은 정보를 제공하고 서로를 이어주며 편리함을 제공한다. 충분한 치료를 받지 못한 사람들도 기술로 효과적 치료에 똑같이 접근해 치료 민주화가 이뤄질 수 있다. 그렇지만 기술 그 자체가 해답은 아니다.

11장   예방

> 당연히 의료는 건강에 중요하지만, 아주 큰 파이의 작은 조각일 뿐이다. 결국에는 큰 파이가 건강과 질병의 차이를 실제로 만들어낸다.
>
> ― 산드로 갈레아, 『안녕』[1]

돈 버윅Don Berwick이 의료의 질과 안전, 비용 부담 문제에서 국가 대표 전문가라는 말에 아무도 반박하지 않을 것이다. 의학과 공공보건학과 행정학 학위가 있는 소아과 의사인 버윅은 20년 동안 비영리 단체인 의료 개선 연구소Institute for Healthcare Improvement를 운영했고 영국 국가보건서비스의 기념비적 연구를 이끌었다. 2010년 오바마 대통령은 버윅을 미국 보험청Center for Medicare & Medicaid 청장으로 지명했다. 예산이 1조 달러에 달하는 보험청은 그 어떤 정부 조직보다도 돈이 많으며 미국 의료에서 가장 중요한 곳이다. 특히 정신질환자들에게 그러하다.

3조 5000억 달러를 돌파한 국가 단위 의료비는 국내총생산의 약 18퍼센트를 차지한다. 심지어 코로나19 이전에도 매해 3.5퍼센트씩 증가했다. 버윅은 건강 보험 개혁법에 앞서 유명한 지적을 남겼다. "미국의 의료 지출이 다른 선진국보다 훨씬 많다고 해도, 결과가 더 좋지는 않다. 미국 다음으로 의료 비용이 큰 국가의 지출에 거의 2배에 달하는 비용을 써도 기대 수명은 31위고 영아 사망률은 36위다. …… 비용 부담의 부작용으로, 미국은 시민에게 보편적 건강 보험을 보장하지 않는 유일한 선진국이다. 우리는 그 비용을 감당할 수 없다고 주장한다."[2]

최근 버윅은 건강을 주제로 더 많은 논의를 펼치며 의료란 건강의 작은 부분일 뿐이라고 일러줬다. 의료의 질 문제에서 건강이라는 폭넓은 개념으로 선회한 이유를 묻자 버윅은 단어 하나로 답했다. "아이제이아." 아이제이아는 아프리카계 미국인 소년으로 15살에 급성림프모구백혈병을 앓게 됐다. 버윅은 하버드 병원에서 현존하는 최고의 치료법으로 아이제이아를 치료했고 골수 이식 수술을 받은 그는 완치했다. 버윅은 몇 년 동안 아이제이아의 의사였고 둘은 가까워졌다. "나는 아이제이아를 잘 알게 됐습니다. 그렇지만 우리 사이를 친구라고 하긴 어렵겠군요. 나의 세계와 아이제이아의 세계는 세계는 너무나 멀었습니다. 서로 다른 은하계 같았죠. 그래도 나는 아이제이아를 점점 더 존경하고 아꼈습니다. 그는 용감하고 통찰력을 갖춘 너그러운 소년이었습니다."[3] 그렇지만 소년을 둘러싼 환경이 그를 가만두지 않았다. 마약 문제와 몇 차례의 체포가 이어졌고 총기 사고로 가족을 잃기도 했다. 미래는 접어두고 현재만을 산 결과 그는 절망에 빠졌다. 아이제이아가 백혈병 완치 후 18살에 생을 마감한 사건을 계기로 버윅은 의료가 문제도 해결책도 아니라는 사실을 깨달았다. 버윅은 2012년 하버드 의대 졸업식 연설에서 이 이야기를 꺼냈다. "내 환자 아이제이아는 백혈병이 다 나았으나 희망이 없어 목숨을 잃었습니다."

세계보건기구는 건강을 "단순히 병이 없고 허약하지 않은 상태를 넘어서서 신체적으로나 정신적으로나 사회적으로 모두 안녕한" 상태라고 정의했다.[4] 의료는 수리점이고 건강은 고속도로에서 일어나는 사건들이다. 계산이 어렵긴 하지만, 전체 건강 결과를 보건대 의료로는 장수나 장애의 차이를 약 10퍼센트만 설명할 수 있다고 과학자들은 평가한다.[5] 건강은 우리 DNA 부호가 아니라 우편번호와 더 관련 있다. 어디에 사는지, 어떻게 사는지, 누구와 사는지 같은 소위 사회적 결정 요인과 생활 양식이 건강 결과의 70퍼센트를 설명할 수 있다. DNA 부호 같은 생물학적 요인과 운이 나머지를 설명한다.

이 공식을 처음 들었을 때만 해도 나는 인정하지 못했다. 결국 의료가 해결책의 10퍼센트 밖에 안 된다면, 왜 의료 개혁을 위해 그토록 애쓰는 것일까? 의료가 그렇게 작은 요인이라면, 의료의 질을 2배 더 좋게 만든다고 해도 결과는 거의 달라지지 않을 것이다. 뭐하러 그렇게 할까? 어떻게 더 좋은 치료법, 의료 접근성과 질을 높이는 일이 중요하지 않다는 주장을 할 수 있을까? 의료 접근과 질 문제의 대표 전문가인 버윅이 어떻게 이런 주장을 할까? 그러다 아이제이아를 생각했다. 그리고 치료 개선이 더 좋은 결과로 이어지지 않는 이유를 생각하기 시작했다. 사람들은 더 많이 치료받고 있는데 정신 질환으로 인한 사망률과 장애율은 치솟고 있었다. 40년 동안 과학은 진보했어도 지금 내가 매사추세츠주 피츠필드로 돌아간다면 더 나빠진 현장을 목도하리라. 우리는 왜 과학이 그토록 많이 나아가는 동안 건강은 거의 나아지지 않는 모습을 보고 있을까? 의료만으로는 결과의 차이를 10퍼센트만 설명할 수 있어서다.

우리는 더 좋은 치료를 제공할 수 있다. 수리점을 개선할 수 있듯 말이다. 그렇지만 사회적 결정 요인과 생활 요인, 개인의 안녕을 위한 필수 조건이 나빠지면 사망과 장애를 줄일 수 없다. 세계의사협회장 출신으로 『건강 격차The Health Gap』를 쓴 마이클 마멋Michael Marmot 경은 건강에 영향을 미치는 사회 환경 요인에 다시 관심을 돌리기 위해 누구보다도 많은 활동을 펼쳤다. 마멋의 표현에 따르면 사회 환경 요인이 "원인의 원인"이다.[6] 버윅처럼 마멋 또한 건강과 의료의 차이를 강조했다. "의료는 사람을 구한다. 그렇지만 맨처음 질환을 유발하는 것은 의료 부재가 아니다. 건강 불평등은 사회 불평등에서 유발된다."[7]

지역 간 건강 격차에 관한 마멋의 설명은 널리 알려져 있다.[8] "워싱턴 지하철을 타고 워싱턴 남동쪽 시내에서 메릴랜드의 몽고메리 카운티로 간다면, 1.5킬로미터씩 갈 때마다 기대 수명이 1.5년 늘어난다. 여행의 출발과 도착 사이에는 20년의 격차가 존재한다." 예를 들면 예방 분야의 의학적 기적 중 하나인 스타틴은 심장병 감소에 탁월한 효과를 보인다.[9] 이 약을 꾸준히 먹으면 평균 10일을 더 살게 된다. 그런데 기대 수명에서 10일이란, 워싱턴 지하철 여정에서 처음의 32미터에 해당한다. 역을 벗어나지도 못하는 거리다. 핵심은 기대 수명 20년 격차의 원인인 사회 및 생활 요인이 건강을 결정하는 주요 요인이라는 것이다. 더 많은 진료소와 병원과 약이 도움이 될지도 모른다. 그러나 간극을 줄이려면 궁극적으로 맨 처음 간극을 만든 그 불평등을 줄여야 한다. 사람과 장소와 목적 중심 회복 모델은 사회적 결정 요인과 불평등을 바라보도록 이끈다.

사람과 장소와 목적에 관심을 기울이는 일은 가난과 편견과 방치
가 없애버린 것들을 복원하는 일이다. 사회적 지원과 주거와 고용
을 제공하는 이런 개입은 엄밀히 따지면 의료에 속하지 않으나 건
강에 아주 중요하다.

1970년대의 기념비적 반전 포스터가 있다. "학교가 필요한 모든
돈을 가지고, 대신 공군이 폭격기를 사기 위해 빵을 파는 자선 행
사를 열어야 하는 날이 온다면 정말 멋질 것이다." 한마디 하자면,
미국 군 예산은 이제 의료 비용보다 훨씬 적다.[10] 세금으로 지원되
는 메디케어와 메디케이드의 연방 의료 예산은 이제 1조 달러 이
상으로, 펜타곤의 전시 예산을 훌쩍 넘어섰다. 클럽 하우스와 위
기 서비스와 고용 지원 프로그램은 빵 자선 행사에 상응하는 행사
로 버티고 있다. 우리는 값비싼 집중 치료에 재정을 지원하고 정신
질환자를 수감하며 돈을 죄다 잘못된 곳에 쓰고 있다. 그러면서
회복을 중시하는 사회적이고 관계적인 개입을 무시한다. 한마디
더 하자면 이런 개입은 효과도 있다.

예방에 투자하면 안 되는 것일까? 시작점으로 가서 건강 관리에
선제적으로 대처하면 어떨까? 공공 의료에서는 흡연을 줄이고 위
생을 개선하고 백신을 맞는 모든 일이 건강을 개선한다고 가르친
다. 영양과 운동 같은 생활 요인뿐만 아니라 고독과 가난 같은 사
회적으로 결정되는 요인에 대처하는 일도 심장병과 당뇨병 위험
감소에 중요하다. 정신 질환 예방은 어떠한가?

정신 건강 분야의 예방 정책에 관해 말을 꺼내면, 여러 가지 반
응이 나온다. 가장 무시당한 방식이라는 의견이 있는가 하면, 효과

가 별로 없는 연성 과학이라는 말도 나온다. 예방 과학은 연성이 아니나 그 특성상 어쩔 수 없이 다루기 어렵다.[11] 급성 질환의 임상 시험은 증상 감소로 성공 여부를 따질 수 있지만, 예방 시험은 정의상 문제없는 사람들을 대상으로 시행되며 문제가 생기지 않아야 성공이다. 보통 건강한 참여자가 대규모로 필요하고, 오랜 시간 추적해야 하며, 효과가 커야 정책으로 채택할 수 있다.

이런 어려움에도 불구하고 전체 흐름은 예방 과학 쪽으로 바뀌고 있다. 주된 이유는 위험에 처한 사람을 예방 과학으로 확인할 수 있다는 증거와 예방적 개입이 효과적이라는 증거가 늘어난 덕분이다. 임신 및 산후 기간에 우울증 위험이 현저하게 증가한다는 사실이 대표적 사례다. 대략 15퍼센트의 여성이 이 기간에 우울증이나 주체할 수 없는 불안을 겪는다. 신중하게 설계된 50가지 연구를 살핀 2019년의 보고서에 따르면 심리적 개입을 통해 예방에 나서면 위험 기간의 여성 우울증이 39퍼센트까지 감소하는데, 50퍼센트까지 감소한다는 연구들도 있다.[12] 50퍼센트 감소가 대단해 보이지 않을 수 있으나, 현재 백신을 통한 인플루엔자 예방에 맞먹는 결과다.[13]

정신 질환에는 백신이 없다. 정신 질환 예방이란 여러 가지 문제와 위험 요인군에 대한 접근을 혼합한 복합체다. 간단하게 정리해 보자. 세 가지 예방이 있다. 1차 예방은 안전띠나 백신처럼 집단 전체의 위험을 줄이는 방식이다. 2차 예방은 콜레스테롤 수치가 높고 관상동맥 질병의 가족력이 있는 경우처럼 위험 요인이 있는 사람에게 지질저하제 같은 약을 권하는 방식이다. 3차 예방은 심장

마비에 아스피린을 쓰듯 질환이 발생한 후 이상 결과를 막는 방식이다.

오늘날 정신 건강 관리에서 행해지는 방식은 3차 예방이다. 치료를 받는 사람의 우울증이나 정신증 재발을 막는 식이다. 정신증 첫 삽화에서 회복 중인 청년이 두 번째 삽화를 겪지 않도록 하는 통합 전문 치료는 3차 예방의 야심 찬 사례다. 심근경색을 겪으면 아스피린을 복용하듯 이런 방식 또한 장기간에 걸쳐 이뤄져야 하고 아무 일도 일어나지 않으면 성공 사례로 평가한다.

2차 예방은 의료 대신 건강에 가까운 방식이다. 2차 예방에서는 위험 상태에 처한 사람을 알아내야 한다. 과학자들은 정신증, 자살, 산후 우울증, 외상후 스트레스장애의 위험군 특징을 파악한다.[14] 위험도 계산기를 개발한 사례도 있다. 1차 진료 의사들이 심장병과 뇌졸중을 예측하기 위해 사용하는 계산기와 비슷하다. 이 모든 장애에서 위험은 확률적이며 여러 요인에 달려 있다.

우리는 흔히 정신 질환 극위험군을 놓친다. 청년 약 2만 명이 18세가 되면 위탁 시설을 떠난다.[15] 그들은 노숙인이 되거나 범죄와 엮이거나 정신 질환을 겪을 가능성이 아주 크다. 집에서 밀려난 젊은 LGBTQ도 비슷하게 노숙인이 되거나 우울증을 겪거나 자살할 위험이 크다.[16] 유년 시절에 겪은 부정적 경험은 우울증 위험 요인으로, 부정적 사건을 4건 이상 겪은 아이들은 생애 후반에 자살을 시도할 위험이 놀랍게도 37배나 증가한다고 알려졌다.[17] 충격적으로 높은 수치이나, 한편으로 유용하다. 어떤 집단이 위험한지 알면 2차 예방의 기회가 생긴다. 콜레스테롤 수치가 높을 때 심장병을 미리 막기 위해 스타틴을 제공하는 일과 같다.

집단 차원의 위험 요인은 확실하게 드러나는 한편, 개인별 위험은 알아내기 어렵다. 부정적 경험을 더 많이 겪은 아동이나 위탁 시설에서 나온 청년들이 더 위험하다는 것은 알지만, 어떤 개인이 위험한지는 그리 확실하지 않다. 그래도 집단 내부에 일찍부터 개입해서 예방하자는 전체적인 기조는 일리가 있다. 왜 어떤 사람은 회복 탄력성이 있고 또 어떤 사람은 민감한지 이유는 알 수 없을지 몰라도, 개입이 효과가 있고 해롭지 않다면 선제적 2차 치료를 규범으로 삼아도 좋지 않을까. 심장병과 당뇨병처럼 말이다.

물론 1차 예방에 대해서도 같은 생각을 해볼 수 있다. 1차 예방은 개인적 위험에는 신경 쓰지 않는다. 백신이 가정하듯 누구든 위험에 노출될 수 있다고 본다. 마음 챙김이나 관점 바꾸기, 정서 조절 등 심리 치료에서 구한 기술 몇 가지는 외상후 스트레스장애와 우울증을 치료할 수 있을 뿐 아니라 잠재적으로 누구에게나 도움이 된다. 이 기술을 모두에게 가르치는 것은 어떨까? 미래 지향이 그런 방식이다.

정신 건강 분야에서 미국은 오스트레일리아로부터 많은 것을 배울 수 있다. 오스트레일리아는 정신 질환 1차 예방에서 미래 지향적 방식을 선도하고 있다.[18] 2019년 시드니의 블랙 독 연구소Black Dog Institute는 정부 및 교육부와 연계해 8학년 학생 2만 명을 대상으로 5년 기간의 연구를 시작했다. 사실상 뉴사우스웨일스의 모든 학생이 대상인 셈이었다. 미래 지향적 방식에는 마음 챙김, 인지 행동 치료, 정서 조절 교육이 들어가며 기분과 불안을 추적하는 디지털 도구도 추가된다. 학생에게 도움이 필요하다고 나타나면 바로 치료가 시작된다. 미국 학교에서 신체 건강을 다루는 방식과 비슷하지만, 여기서 핵심은 정신 단련이다. 정신 단련이 개인별로 해결할 일이 아니라 단체 운동이라고 인식한다.

블랙 독 연구소는 미래 지향적 개입이 청소년 위험군의 우울증을 20퍼센트 이상 줄인다고 밝혔다.[19] 이 프로젝트를 일군 연구소 운영자 헬렌 크리스텐슨Helen Christensen은 이렇게 설명했다. "우리는 이 방법이 고통을 겪는 아이들에게 효과가 있다는 사실을 알고 있습니다. 그런데 실제로 모든 청소년이 어느 시점에 이르면 문제를 겪습니다. 흔한 일이죠. 그렇다면 이 방법을 모두에게 제공하면 어떨까요? 우울증과 자살을 막는 집단 면역을 시도하는 일입니다."

미래 지향적 방식이 자살과 우울증 혹은 불안을 전 세대에 걸쳐 줄일지는 수년이 지나면 밝혀질 것이다. 그렇지만 궁금하다. 지금 시도한다고 해서 무슨 위해가 있을까? 정신 건강을 위한 개입은 축구, 농구처럼 신체 접촉이 있는 운동보다 분명 덜 위험한 정책이다. 이런 개입이 자살 감소에 충분하지 않은 경우, 감정과 정신 건강 중요성 교육을 보태면 성공할 것이다. 그것이 진보 아닐까?

12세인 8학년 학생은 이미 10대가 됐으니 너무 늦었다고 주장할 사람도 있을 것이다. 사실 더 일찍 시작하는 1차 예방 정책도 있다. 가정 방문 간호 프로그램은 가장 많이 연구됐으나 거의 인정받지 못한 정책이다. 1970년대에 데이비드 올즈David Olds가 처음으로 이 프로그램을 개발했다. 올즈는 증거와 엄밀함을 고집하는 과학자 중의 과학자다. 이리 호수를 접한 오하이오주의 작은 마을에서 가난하게 자란 올즈는 국제기구에 들어가 구조 단체에서 일하며 세상을 바꾸고 싶었다. 그렇지만 학비를 벌기 위해 도심의 보육 시설에서 시간제로 일해보니, 세상의 고통을 덜기 위해 굳이 해외로 나갈 필요가 없다는 사실을 깨달았다. 결국에 올즈는 코넬 대학 인간 발달학 박사 학위를 취득하고 뉴욕 엘마이라에서 일하기 시작했다. 그는 첫 아이를 가져 임신과 양육에 대처해야 하는 가난한 어머니들을 도왔다. 올즈는 수십 년 동안 국립정신보건연구원에서 지원 받았다. 국립정신보건연구원의 지원 가운데 최고라고 생각한다.

올즈의 가정 방문 간호 프로그램은 저소득층 초보 어머니들이 아이를 건강하게 키우도록 돕는다. 전문 훈련을 받은 간호사가 막 임신한 여성을 방문해 2년 동안 교육과 의료와 사회적 지원을 제공하며 관계 맺는다. 간호사는 내담자에게 적절한, 관계 지향적이고 상대의 강점을 찾아내며 다차원적으로 접근하는 방식을 훈련받은 전문가다. 고도의 과학 기술은 관련 없다. 간호사는 과거 대가족 시절 어머니와 할머니가 하던 것을 제공한다. 그렇지만 효과는 엄청났으니, 엄격하게 설계한 연구들이 지난 40년간 이를 증명했다.[20] 아동 학대와 방치가 48퍼센트 감소했고, 사고와 음독으로 인한 응급실 방문이 56퍼센트 감소했다. 6살 때의 행동 및 지능 문제가 67퍼센트 감소했다. 어머니가 유죄 판결을 받는 일이 72퍼센트 줄었고, 고용 기간이 82퍼센트 증가했다. 랜드 연구소RAND Corporation의 2005년 분석에 따르면 간호사가 방문하는 고위험 가족당 (2003년 달러 기준으로) 3만 4148달러의 실익이 발생하는데 가정 방문 프로

그램 투자금액 1달러당 5.7달러의 이득을 본다는 뜻이다.[21]

이런 접근에서 흥미로운 부분은 어머니와 아기 모두 즉각 효과를 볼 뿐 아니라, 아기가 어른이 되면 장기적 이득도 나타난다는 점이다.[22] 방문 간호를 받은 후 20년이 지나 19살이 된 소녀들은 (개입을 받지 않은 소녀들로 구성된 대조군과 비교하면) 체포될 가능성이 작았고(10퍼센트 대 30퍼센트), 아이를 가질 가능성도 작았으며(11퍼센트 대 30퍼센트), 메디케이드를 이용할 가능성도 작았다(11퍼센트 대 45퍼센트).

어느 지역사회에나 위험에 처한 젊은 임산부가 있는데 왜 가정 방문 간호 프로그램이 널리 보급되지 않았는지 올즈 박사에게 물었다. 박사는 말했다. "그러려고 애쓰고 있습니다."[23] 맨 처음 올즈 박사가 첫 아이를 가진 여성 1900명을 대상으로 개발한 가정 방문 간호 프로그램은 이제 40개 주에서 진행되고 있다. 그리고 지난 20년 동안 33만 가구가 도움을 받았다. 사우스캐롤라이나주는 가정 방문 간호 프로그램을 메디케이드 서비스와 통합했다. 이 사례는 프로그램이 얼마나 확장될 수 있는지 보여준다.

아직 해답을 구하지 못한 문제도 있다. 가정 방문 간호 프로그램은 첫 아이를 가진 여성을 대상으로 개발됐다. 이 프로그램이 둘째 아이를 가진 여성에게도 효과가 있는지는 명확하지 않다. 모델 자체는 노동 집약적이다. 기술이 가정 방문 간호 서비스를 확장할 수 있을지 몰라도, 담당 팀은 여전히 아이패드와 스마트폰을 잘 활용하는 방법을 알아내려고 애쓴다. 누가 최전방 제공자여야 하는지도 의문이다. 올즈는 간호사가 성공 비결이라고 믿고 있다. "많은 것이 신뢰에 기반합니다. 간호사는 믿을 수 있는 존재입니다."

가정 방문 간호 프로그램은 이상적으로 유년 시절의 건강한 발달을 유지하는 일련의 개입에서 시작 단계다.[24] 헤드 스타트Head Start(저소득층 가정의 어린이를 위한 교육 프로그램 — 옮긴이), 부모 훈련 프로그램, 좋은 행동 게임Good Behavior Game 및 여타 학교 서비스들은 대체로 문제를 초기에 찾아낼 뿐 아니라 부모와 아이가 좋은 습관을 기르도록 해 정신 건강을 개선하는 다양한 실천들이다. 영양, 운동, 수면 같은 생활 양식 요인은 안녕의 유지에 아주 중요하다. 다시 한번 말하지만, 정신 건강에 필요한 효과적 프로그램과 중요한 조건을 알려주는 증거는 많으나 실천이 부족했다. 우리는 무엇이 효과적인지 알고 있다. 위기를 막기 위해 먼저 대처하는 방법을 알고 있다. 그렇지만 절박한 상황 앞에 우리가 보이는 반응이 예방을 막고 있다.

자살 제로

자살에 의한 사망을 줄일 수 있는지 따져보지 않는다면 예방에 관한 논의를 완성할 수 없을 것이다. 헨리 포드 의료원Henry Ford Health System은 지난 20년 동안 이 질문에 답하고자 애썼다.[25] 헨리 포드는 병원 2곳과 진료소 10곳으로 구성된 중간 규모 의료원으로, 대체로 미시간 남동부에 위치한다. 이곳의 환자는 약 25만 명인데 그중 대략 60퍼센트가 행동 건강 치료를 받았다.

　포드 의료원 윗선에서는 소위 완벽한 우울증 관리 프로그램 Perfect Depression Care Program 일환으로 자살 자체를 제거하는 일에 힘을 기울였다. 일부러 제거라는 표현을 골랐다. 의료원 지도부는 '우울증 버스터스blues busters'를 자칭하는데, 자살은 감소로는 충분하지 않으며 한 건도 일어나서는 안 되는 일이기 때문이었다. 1999년, 완벽한 우울증 관리 계획을 시작하기 전 포드 의료원 정신 질환자의 매해 평균 자살률은 10만 명당 110.3명이었다. 11년 동안 우울증 관리 계획을 시행한 결과 매해 평균 자살률은 10만 명당 36.21명으로 70퍼센트 감소했으며, 적어도 1년은 자살 사건이 한 번도 일어나지 않았다.[26] 비非정신 질환자들이나 미시간주 전체 인구 집단에서 자살률이 증가하는 상황과는 대조적이다.

　헨리 포드 의료원이 시작한 프로그램은 이제 자살 제로 프로젝트Zero Suicide project로 진화해, 국가적 차원에서 200여 곳의 의료원이며 카운티에서 진행하고 있다.[27] 자살 제로 프로젝트는 예방과 개입이 중요하고 소위 '사후 개입'이라고 하는 자살 시도 이후 기간에 관심을 기울여야 한다는 점을 알고 있었다. 자살 사망자의 경우 사망 전에 83퍼센트가 의료 제공자를 만났고, 29퍼센트는 행동 건강 제공자를 만났으며, 20퍼센트는 자해로 응급실에 다녀간 경험이 있다는 사실을 놓쳐서는 안 된다.[28] 자살한 사람 대부분은 의료 시스템과 접촉하나, 예방 대상이 되지 못했다. 자살 제로 프로젝트는 기존 방식의 단순한 수정이 아니다. 실제로 위험한 개인을 모두 선별해 치료하고 사후 조치를 받도록 폭넓게 개입하는 전략이다. 자살 제로가 지속적인 학습 과정을 거쳐 자살 시도를 추적한다는

사실이 가장 중요하다.[29]

초기 지표에 따르면, 자살 제로 프로젝트의 방식은 자살을 상당히 줄일 수 있다. 행동 건강 전문 대형 병원인 센터스톤은 중서부 지역과 플로리다에서 자살 제로를 시행하고 있는데,[30] 역시 자살률이 65퍼센트 감소했다. 그렇지만 이런 정책은 잘 돼봐야 의료 시스템 내부 지침일 뿐이다. 의료 시스템 바깥에 있는 사람들은 여기에 해당하지 않는다. 사람들은 시스템 내부에서 고위험군으로 밝혀져야 도움을 받는다.

자살 가능성이 있는 사람을 알아내는 일이 간단하게 보일 수도 있다. 앞서 우울증 위험군을 비롯해 여러 사례를 살펴봤듯 이 경우에도 역학자들이 자살 고위험군을 알아냈다. 가장 위험한 세 집단은 공통점이 하나도 없어 보인다. 65살 이상 백인 남성, 아메리카 원주민, LGBT 청소년. 집단 각각은 적어도 4배 이상 위험한데, 거의 정신 질환을 겪는 사람만큼이나 위험하다. 이 중 양극성장애, 조현병, 우울증을 겪는 사람은 훨씬 더 위험하다. 그렇지만 이 모든 범주는 집단의 위험을 파악할 때는 유용하겠으나 개인적 위험을 찾을 때는 도움이 되지 않는다. 개인적 위험을 알아내는 핵심 질문은 아주 사적이다. 누가 위험한지 알아야 할 뿐 아니라 어떻게, 어디서, 언제 위험한지도 알아야 하기 때문이다.

개인적 위험 추적은, 자살 사망자 가운데 죽기 전에 자살 충동을 부인한 사람이 놀랄 만큼 많다는 점에서 특히 어렵다.[31] 실제로 어느 연구에 따르면, 입원 환자 78퍼센트는 자살하기 전 마지막 언어적 의사소통에서 자살 생각을 부인했다. 본인이 처한 현재 상태,

혹은 자살 같은 위험이 임박한 상황을 정확하게 평가할 능력이 없는 경우, 자살은 충동적 행위일 수 있다. 특히 청소년이 그렇다.[32]

자살 충동을 부인하는 사람의 자살 위험을 어떻게 추적할 수 있을까? 하버드 대학의 심리학자이자 맥아더상을 받은 매튜 녹 Matthew Nock은 무의식적 편견을 살피는 도구를 사용해 이 문제와 씨름했다. 연구자들이 암묵적 연합 검사Implicit Association Tests, IAT라고 알고 있는 도구다.[33] 자해 혹은 자살을 다루는 암묵적 연합 검사는 죽음(**자살, 총상, 목매달기, 죽다, 세상을 떠난, 사망**) 혹은 삶(**생존한, 잘 사는, 호흡하는, 살아 있는**)과 관련된 일련의 그림이나 단어를 보여준다. 이 그림이나 단어는 자신이나 타인을 지칭하는 대명사 혹은 단어(**나, 나 자신, 내 것 대 그들, 그들 자신, 그들의 것**)와 쌍을 이룬다. 단어와 단어, 혹은 단어와 그림으로 구성된 1쌍이 컴퓨터 화면에 뜨면, 검사 대상자는 이 쌍이 죽음과 관련된 범주인지 아니면 삶과 관련된 범주인지 분류해야 한다. 일련의 대규모 연구에 따르면 자살 경향이 있는 환자들은 심지어 그럴 의도가 없다고 부인 하더라도, 자해 혹은 죽음과 자기 자신이 쌍을 이룰 때 반응 시간이 더 빠르다.

죽음 혹은 자살과 자기 자신의 암묵적 연합이 있으면 이후 6개월 이내에 자살 시도 가능성이 약 6배 증가했다. 결과가 너무나 강력해, 녹과 동료들은 자해 혹은 죽음과 자기 자신 사이의 연합을 깨는 훈련으로 컴퓨터 게임을 개발했다. 놀랍게도 3차례의 무작위 통제 시험에서 이 인지적 훈련 방식이 자살 관념을 감소시켰다.[34]

인구학적 요인과 실험실 검사를 결합해 위험에 처한 개인을 알아낼 수 있다고 가정해 보자. 심근경색의 위험을 예측할 때처럼 말이다. 자살 제로 방식을 쓰려면 훈련받은 인력, 자살 사례 관리 계획, 증거 중심 치료, 환자와 팀원 사이의 정보 공유가 있어야 한다. 어느 것도 쉽지 않다. 앞서 살펴봤듯 인력 훈련은 의료 질 개선의 핵심이다. 자살의 경우, 응급 요원에서 응급실 직원과 전문가까지 관련 인력 범위가 커진다. 그리고 관리 계획을 세우는 일이 치료 핵심이다. 환자가 치명적인 위해 수단을 접하지 못하도록 막고 계속 연락하면서 통합적인 안전 계획을 짜는 것이다. 이런 방식에는 누가 봐도 증거 중심 치료가 어울릴 텐데, 특히 자살의 경우 치료에 관한 증거가 놀라우리만큼 부족했다. 예전에는 정신 질환을 먼저 치료하면 충분하다고 믿어왔으나 이제는 생각이 달라지고 있다. 구체적으로는 자살 생각 및 충동을 집중적으로 치료하면서, 대처 기술과 문제 해결을 가르치는 방향으로 옮겨가는 것이다. 변증법적 행동 치료나 자살 예방을 위한 인지 행동 치료가 그렇게 해왔다. 이런 치료법은 약물 또한 자살 생각을 감소시킨다. 최근에는 응급실에서 하는 케타민 정맥 투여가 자살 위험을 감소시키는 빠른 개입이다.[35] 그리고 약물 요법과 심리 치료 이상으로, 환자와 팀원 사이의 정보 공유는 중대하다. 병원이나 응급실 퇴원 후 1달은 사망 가능성이 가장 큰 기간이기 때문이다.[36]

이런 조각들을 하나로 모은다면 의심의 여지 없이 생명을 구할 수 있다. 이미 헨리 포드와 센터스톤의 자료가 이를 보여준다. 그런데 내 생각에 자살률을 0에 가깝게 떨어뜨리는 핵심 변수는 자살을 책임지는 자리에 달려 있다. 지난 수십 년 동안 자살률 감소를 이루지 못한 핵심 원인은 책임자의 부재다. 자살이라는 비극은 아직 누군가 특별히 책임질 영역이 아니다. 그렇지만 책임자가 생긴다면 달라질 것이다. 심장병이나 당뇨병 말고, 자동차가 그 선례다.

자동차의 경우 차가 길을 달리게 되자마자 사고며 사망 사건이 바로 발생했다. 1900년에 이미 자동차 관련 사망 사건이 36건 있었다.[37] 20세기 내내 사망자 수는 점점 늘어나 1972년에는 5만 5600건으로 정점을 찍었다. 운전자 10만 명당 거의 47명이 사망했다는 뜻이자, 주행거리 1억 6000킬로미터당 4.41명이 사망했다는 뜻이다. 2019년, 차는 더 늘고 사람도 더 늘었다. 길 위를 달리는 차량 수는 3배 늘었으나 사망은 3만 6096건이었다. 운전자 10만 명당 약 12명이 사망했다는 뜻이자, 주행거리 1억 6000킬로미터당 1.11명이 사망했다는 뜻이다. 10만 명당 사망자를 기준으로 보면 1972년에서 2019년 사이 75퍼센트 감소했다.[38] 사실 2019년은 그리 좋은 해는 아니었다. 미국에서 교통사고 치사율은 3만 2479명이 사망한 2011년 이래로 쭉 오름세였다.

도로에 차가 더 많아졌는데도 교통사고 치사율은 어떻게 50퍼센트 이상 감소한 것일까? 우선 안전띠(1968년)나 에어백(1998년) 같은 혁신이 있었다. 도로와 교통 정책도 개선됐다. 음주 운전 법 집행도 현격히 강화됐는데, 주로 음주 운전에 반대하는 어머니들 모임Mothers Against Drunk Driving 같은 옹호 단체가 활동한 덕분이었다.[39] 그리고 교통안전이 공공의 우선 문제가 됐다는 점이 가장 중요하다. 여러 마을에서 지역 교통사고 치사율을 알렸고 교통안전국에서는 기준을 마련했으며 운전자에게는 도로 위 사망을 줄일 의무가 생겼다. 마지막으로 책임질 자리를 만들어 맡은 바 잘 안 됐을 때 물러나게 한 일이 결정적이었다.

자살 문제에도 안전띠나 도로 개선 같은 해결책이 있을까? 난간을 더 많이 설치하면 도움이 된다. 자살 방지망 설치도 필요한 정책이다. 1937년 골든게이트교가 생긴 이래 약 1700명이 그곳에서 뛰어내렸다.[40] 많은 경찰이 다리에 상주하고, 자살 예방 상담 전화번호 광고판도 설치했으나 2019년에만 해도 26명이 뛰어내렸다. 다리 아래 그물을 설치하자는 주장은 1970년대 이래로 논쟁이 격화됐다. 결국에 자살 방지망 설치 계획 및 예산이 생겼으나 2019년에 다시 연기됐고 2023년 전에는 완성되지 못할 것이다.[41] 그 밖에, 자동차에서는 일산화탄소 중독 자살이 매해 735건 발생한다.[42] 이미 32개 주에서 새집을 지을 때 일산화탄소 경보기는 의무 사항이다. 차량 점화장치에 부착하는 일산화탄소 경보기는 차단 벨브도 갖추고 있다. 그러나 어떤 신차든 설치는 의무 사항이 아니며 표준 사양도 아니다. 간단하고 비싸지 않은 추가 장치를 달기만 해도 일산화탄소를 자살 수단에서 배제해 매해 수백 명을 구할 수 있다.

화기, 특히 권총을 빼놓고는 자살 예방 문제를 말할 수 없다.[43] 자살로 인한 사망 절반 이상이 화기와 관련 있다. 안전을 위해 화기를 구매하는 모든 가족은 다음과 같은 사실을 따져봐야 한다. 매해 화기는 약 2만 5000건의 자살과 약 1만 4000건의 살인에 사용된다. 통계상 안전을 위해 사들인 총의 약 80퍼센트는 타인과 맞서는 쪽이 아니라 가족 일원이 제 삶을 끝내려고 쓸 가능성이 크다. 이 나라에서 카운티 자살률은 해당 카운티의 총기 소유율과

놀랍도록 맞아떨어진다.[44] 다들 알다시피, 자살 예방에는 자살 수
단 접근을 막는 일이 가장 중요하다. 사람보다 총이 더 많은 나라,
시민적 자유와 총기 소유를 동일시하는 문화 속에서 자살 감소란
특히 이루기 어려운 목표다.

그래도 교통안전을 진지하게 다뤘듯 자살 문제를 다룬다면 예
방 기회가 많아지리라 믿는다. 자살을 시도한 사람이 그다음 시도
를 못 하도록 사후 개입만 해도 사망률을 낮출 것이다. 문화를 바
꾸고 자살 관련 정보를 더 많이 알리고(교통사고 건수 알리기처럼) 책
임질 자리를 만들면 변화가 일어날 것이다. 일간 혹은 주간 자살자
수를 확인하는 사람은 아무도 없다. 그 수가 많을 때 해고당하는
사람도 없다. 자살 문제에는 담당 장관도 없고 교통안전국에 해당
하는 직원도 없기 때문이다.

매일 자살로 123명이 사망한다. 이는 교통사고 치사율보다 높은
수치다. 1972년의 교통사고 치사율이 그랬듯 자살 문제는 너무 복
잡해서 해결이 힘들어 보인다. 그렇지만 교통사고 치사율은 절반
으로 줄었다. 살인 사건도 거의 그만큼 줄었다. 자살 예방을 공공
의 우선 문제로 삼아 책임감 있게 실천한다면 자살도 금방 똑같이
될 수 있다. 그래서 자살 예방을 책임질 자리가 필요하다.

1, 2, 3차 예방은 의문의 여지 없이 사회적 결정 요인과 생활 양
식 요인에 영향을 미친다. 버윅은 이 요인들이 더 건강해지는 비결
이라고 일러줬다. 이 어려운 문제에 무신경하게 굴어서는 안 된다.
구조적 인종차별, 가난, 사회적 단절 모두 어마어마한 비애를 불러
온다. 미래 대응적 정책이나 간호 가정 방문 프로그램을 비롯한 여

러 개입은 도움이 되겠지만 그것으로 충분할까? 버윅이 건강을 강조하고, 마멋이 '원인의 원인'을 지목하면서 환기하는 지점은 치료와 예방을 넘어서는 폭넓은 관점의 필요성이다. 치유를 위해서는 구조적 변화가 필요하다.

12장   치유

> 모든 불평등 문제 중에서, 건강 부정의Injustice 문제가 가장 충격적이고
> 비인간적이다. 종종 신체의 죽음을 불러오기 때문이다.
>
> – 마틴 루터 킹 주니어Martin Luther King Jr.,
> 1966년 3월 25일 인권의료위원회 연설[1]

이 책은 질문 하나로 시작했다. 더 많은 사람이 더 많은 치료를 받는데도 왜 미국 정신 질환자는 더 나쁜 치료 결과를 맞이할까? 1부에서는 결과의 악화를 치료 위기 상황으로 바라보고, 지금 이용 가능한 효과적 치료법을 알아봤다. 2부에서는 위기 해결을 막는 장애물과 이미 존재하는 해결책을 살폈다. 우리에게는 효과적인 치료법이 있고 기술과 과학 발달로 치료법은 점점 더 좋아지고 있다. 그렇다면 원래의 질문을 고쳐 말할 수 있다. 더 많은 사람이 치료받고 더 좋은 가용 치료법이 있는데도 왜 정신 건강은 위기에 처했고 사망과 장애는 늘어날까?

앞서 살펴봤듯 답은 여러 개다. 먼저, 치료로 이득을 볼 수 있고 봐야 하는 사람들이 대부분 치료를 안 받고 있다. 치료 참여 부재는 적어도 세 가지 문제에서 기인한다. 치료에 대한 부정적 태도, 접근의 부재, 정신 질환 자체의 특성. 정신 질환은 그 특성상 도움을 구하지 못하는 일이 잦다. 그리고 치료를 받는다고 해도, 이미

위기 상황이라 입원 혹은 수감의 결말을 맞이하거나 1차 진료 제공자에게 처방전을 받는다. 이것이 질의 격차다. 우리가 알고 있는 효과적 치료와 현실 치료의 격차 말이다. '질병 중심 시스템'은 파편화돼 있고 사후 대응적이며 치료 결과에 관심이 없다. 치료 종사자는 확실한 증거 기반 치료를 제공하도록 훈련받지 않았다. 치료의 연속성 혹은 통합성이 거의 제공되지 않는다. 사람들이 치료를 더 받는데도 결과는 왜 나빠지냐는 질문에서 중요한 것은 단순히 치료가 이뤄지는 양이 아니다. 중요한 것은 치료의 질임을 기억할 필요가 있다.

앞선 장에서는 다른 답을 살펴봤다. 의료 시스템의 참여 부재 혹은 치료의 질만이 문제가 아니다. 의료 바깥의 세계 때문에 결과가 나빠진다. 주거 위기, 가난 위기, 인종차별 위기, 치료가 가장 필요한 사람들을 가장 무겁게 짓누르는 사회 격차 증가가 문제다. 폴 파머가 말했듯 "늘어나는 결과의 격차는 늘어나는 소득 격차와 관련이 있다".[2]

정신 질환자는 수감 상태에 놓이거나 노숙인이 되거나 궁핍해질 가능성이 크다. 사회적 안전망이 더는 없다 보니 세상에서 가장 취약한 존재기 때문이다. 임상가를 손가락질하고 싶은 마음이 들 수 있고, 어려운 상황에서 애쓰는 사람들을 비난하고 싶을 수도 있다. 그렇지만 현실에서 이들은 기후 변화의 효과를 밝히는 현장 생물학자에 가깝다. 결과를 가지고 씨름하는 사람들이지 문제 원인이 아니다.

의료에 더 많은 예산을 지출하거나 회복과 예방에 투자하는 일이 해결책일까? 더 많은 임상가를 훈련해야 할까, 아니면 치료의 공평함에 집중해야 할까? 문제를 인종차별로 인한 불평등으로 정의한다면, 치료 접근성 및 치료의 질을 더 개선하면 될까? 아니면 반대로 치료를 더 늘린다면 결과를 바꿀 수 있을까? 정신 건강 위기를 해결하려면 이런 답들을 선별해야 한다.

이 나라를 위한 나의 바람은, 결국 내가 현장에서 45년 넘게 보면서 품게 된 생각인데, 정신 의료를 회복 및 예방까지 포함해 재정의하자는 것이다. 돈 버윅의 표현을 빌리자면, "건강의 도덕적 결정 요인"에 관한 논의를 시작해야 한다.[3] 어떤 측면에서 보자면 1963년으로 되돌아가는 작업이다. 1963년은 국가적 차원에서 정신 의료 위기를 고민한 마지막 해다. 그렇지만 다른 면에서 보자면, 준비 없이 코로나19 대유행을 맞이해 빨리 극복해야 했던 2020년도 큰 역할을 했다. 상황을 책임질 자리가 중요하고 시행과 실행이 연구와 개발만큼이나 중요하며, 이 나라에는 심한 격차가 존재하고 공공 의료가 우리 모두에게 영향을 미친다는 사실을 다들 알게 됐다.

정신 건강은 이 나라 영혼의 척도다. 노숙, 대량 수감, 절망사는 영혼의 병듦을 가장 잘 보여주는 신호로, 코로나19 대유행 이전에도 명백했다. 앞서 살펴봤듯 정신 건강의 위기가 이 모든 것을 추동했다. 바이러스 대유행 이전에 숨겨진 또 다른 대유행이었다. 2020년의 대재앙 때문에 우리는 마이클 마멋이 '원인의 원인'이라고 부른 요소들을 보게 됐다.

'원인의 원인'을 이해하려면 이 나라가 가족과 아동 지원에 어떻게 실패했는지만 봐도 된다. 미국은 세계적으로 가장 비싼 의료 시스템을 가지고 있으나 산모 사망률이 63위로, 부유한 국가들 가운데 꼴찌다.[4] OECD와 EU 소속 41개국을 대상으로 유니세프가 매해 발간하는 아동 복지 보고서에 따르면 미국은 아동 복지 지원 정책 부문에서 41위를 기록했으며 아동과 청소년의 정신 건강 순위에서 32위를 기록했다.[5] 미국은 (수리남과 파푸아뉴기니를 제외하면) 거의 유일하게 육아휴직을 지원하지 못하고 있다.[6] 그리고 특이하게도 UN 아동 권리 협약을 비준하지 못했다.[7] 역사적으로 가장 널리 채택된 인권 협약이자 이제는 189개국에서 비준한 협약인데도 말이다.

정신 건강을 치유하는 작업은 그 어떤 일도 쉽지 않다. 현재의 질병 중심 시스템 역시 계속 필요하다. 위기 중심의 급성 치료로 돌아가는 현장 시스템은 개선해야겠지만, 정신 질환에 대처할 급성 의료 장치를 저버릴 수는 없다. 부러진 다리를 빨리 처치하는 일을 저버릴 수 없는 것과 같다. 즉, 우리에게는 더 좋은 급성 의료가 필요하다. 내·외과용 구급차나 경찰차가 아니라 간호사, 사회복지사, 동료 지원가가 탑승한 정신 건강 이동 차량이 위기 대응을 맡게 될 것이다. 집에서 대처할 수 없는 급한 상황이라면 먼저 정신과 응급실을 찾고, 다음 단계로 위기 거주 시설을 찾는다. 지역 사회에서 안정을 구하지 못하는 사람을 위해 병동이 준비돼야 한다. 열흘 넘게, 몇 주 동안 입원하는 환자도 있을 것이다.

위기 안정이 필요 없는 사람은 증거 중심 치료를 충분히 훈련한 제공자에게 심리 치료 및 약물 요법을 결합한 포괄적 방식으로 치료받는다. 통합 전문 치료가 그렇듯 치료는 '개인 중심'이다. 환자가 치료를 선택할 수 있고 가족이 치료 팀에 속한다는 뜻이다. 과학 발전으로 정밀 의학적 진단을 내릴 수 있게 돼 치료 선택이 개선된다. 그리고 더 나은 급성 치료를 위해 의학적 치료나 심리적 치료 모두 개선할 수 있도록 결과 측정 기술을 이용해야 한다.

정신 건강 관리는 전체 의료에 포함돼야 한다. 이는 중대한 변화세 가지를 의미한다. 첫 번째, 중증 정신 질환자는 보통의 기대 수명을 보장하는 의학적 치료를 받게 된다. 두 번째, 다리가 부러지거나 당뇨병성 위기를 겪으면 결과를 측정하듯 정신 질환자도 치료받은 후 그 결과를 측정하게 된다. 환자 정보는 정신 건강 치료 분야와 물질남용 치료 분야, 1차 의료 분야 차원에서 통합된다. 환자들도 이 정보에 접근할 수 있고, 괜찮다면 가족들도 접근한다. 세 번째, 정신 건강 관리는 다른 급성 의료와 동등하게 공적 보험이나 사적 보험에서 급여를 지불받는다.

급성 의료의 관리 및 개선은 기본이다. 이를 토대로 회복 지향적 재활 의료가 자리잡는다. 다리가 부러지면 모든 환자가 재활을 받는다. 이것이 급성 치료에서 건강 치료로의 이동인데, 정신증이나 우울증을 겪는 사람은 이렇게 이동하지 못한다. 회복하려면 사람, 장소, 목적에 집중하는 지속적 치료가 전체 치료에 포함돼야 한다. 모든 개인은 사회적 관계를 맺을 수 있고, 주거와 교육 혹은 고용 지원을 받을 수 있다. 이런 개입이 어떤 방식인지 앞서 살펴봤다. 사회적 관계 맺기는 동료 지원이나 클럽 하우스, 온라인 커뮤니티에서 가능하다. 환자는 모여 살거나 따로 살 수 있고, 지원 시

설에 살거나 보조금을 받을 수 있다. 가족과 살면서 방문 의료 서
비스를 받는 방식도 가능하다. 그리고 교육 혹은 고용 지원은 환자
가 목적의식과 사회 적응력을 되찾는 결정적 역할을 한다.

　누가 이런 재활 서비스 비용을 댈까? 다리가 부러져 물리 재활
치료를 받으면 당연히 건강 보험이 비용을 처리한다. 그렇지만 정
신 질환 회복을 위한 개입은 똑같이 중대한데도 선택 사항이고 보
통 비용이 처리되지 않는다. 그런데 변화가 시작되고 있다. 보험이
의료 제공자의 진료 시간이나 수술을 기반으로 비용을 지급하는
기존의 진료량 중심에서 벗어나, 결과로 비용을 지급하는 가치 중
심으로 옮겨가고 있다. 이렇게 시스템이 가치 중심으로 재구성되
면 급여 지불이 결과에 따라 이뤄지면서 아울러 환자와 가족에게
중요한 회복 결과가 주목받을 것이다. 보험이 사회적 관계, 안전 주
거, 직장 혹은 학교 복귀에 따라 급여를 지불한다면 질병 의료 시
스템을 벗어나 정신 질환자를 위한 건강 관리 시스템으로 나아갈
수 있다.

　급성 치료와 재활 말고도 치유에 필요한 단계가 하나 더 있다.
우리는 예방과 선제 대응에 관심을 기울여야 한다. 과학은 개인적
위험을 예측할 완벽한 도구를 제공하지 못할 수 있다. 우리는 갑작
스레 아이를 잃을 수 있고 정신적 외상을 입을 만큼 폭행당할 수
도 있는데, 이런 사건이 일어날지 미리 알 수는 없다. 그래도 불안
과 우울증을 감소시키는 방법은 알려져 있거니와, 최근 연구에 따
르면 정신증은 초기의 포괄적 치료로 장애율을 줄일 수 있다. 앞서
살펴본 대로 초보 부모 지원, 회복력을 가르치는 학교 프로그램,

자살을 줄이는 프로그램은 효과가 있다. 때로 감염병을 막는 백신만큼이나 효과적이다. 그렇지만 예방은 백신과는 달리 정신 의료에 포함되지 않는다. 효율적이라는 강력한 증거가 있어도, 이런 프로그램 대부분은 시범 사업으로 남아 있다.

예방을 어떻게 확대할까? 자살 예방 프로그램 비용을 댈 주체는 누구일까? 가정 방문 간호 프로그램은 보험이 비용을 처리해야 하는 의료 사업일까? 학교 마음 챙김 수업은 의료의 일부일까? 가치 중심으로 급여를 지불하면 이런 프로그램은 비용을 투입할 만할 것이다. 예방은 급성 치료보다 비용이 훨씬 적게 들기 때문이다. 그렇지만 보험은 개인과 개인의 위험을 중시할 뿐, 집단과 집단의 처지에는 관심이 없다. 예방 문제에는 정부의 집단보건위원회가 필요하다.

예방 및 재활 서비스에서 정부 지원은 결정적이다. 그리고 정부 지원은 이제껏 무척 어려운 일이었다.[8] 제약업계와 병원과 교도소는 대규모 정치적 로비가 있지만, 정신 건강 분야에는 역사적으로 이와 비교할 만한 집단이 없었다. 정신 질환자는 급성 치료를 받기 어렵고, 가족은 보통 너무 당황하고 때로는 너무나 창피한 나머지 말을 꺼내지 못한다. 정신건강가족연맹, 미국의 정신 건강 같은 옹호 단체가 있으나 이 단체들은 당연히 의료의 동등성과 더불어 급성 치료 문제에 집중한다. 최근까지 예방 및 회복 서비스 지원을 위해 애쓴 사람은 아무도 없었다. 우리는 아직도 이런 서비스 없이 급성 치료가 필요한 상황에 힘겹게 대응하며 위기를 절대 넘지 못했다.

좋은 소식은 이 사회가 방향을 바꾸기 시작했다는 것이다. 9장에서 언급한, 공인 지역사회행동건강센터는 여러 주에서 진료량이 아닌 가치 기반으로 비용을 지원하며, 집단의 치료 통합 및 재활 서비스에 관심을 기울인다. 지역사회행동건강센터를 다닌 집단에서 사람, 장소, 목적과 관련된 항목이 향상됐다는 증거가 여전히 필요하지만 결과는 낙관적일 것이다. 그리고 2020년 말 예산이 정해진 경기 부양책에서 국회는 이 프로그램에 추가로 8억 5000만 달러를 책정해, 더 많은 주를 대상으로 프로그램을 확장하고 치료 위기를 해결하는 길을 다지고 있다.[9]

그러나 현실적으로 하나의 법 제정이나 예산 추가 이상으로 나아가야만 우리에게 필요한 치유를 얻는다. 마멋 박사가 환기한 것처럼, 고쳐야 할 대상은 치료 시스템만이 아니다. 치료 위기를 낳는 사회적 결정 요인에 대처하려면 할 일이 더 있다. 인권이나 기후 위기 문제로 투쟁하듯 이 문제에 조직적 운동으로 나서야 한다. 가족이 이런 움직임의 핵심이어야 한다. 운동은 교육으로 인지도를 쌓으면서 시작해야 한다. 우리가 심각한 의료 위기에 빠져 있으며 코로나19로 인한 상실, 코로나19 대유행 동안 증가한 사회적 불평등으로 위기가 더욱 악화했다고 알려야 한다. 이 위기는 의학적 난제를 넘어서는 문제다. 이것은 사회적 정의의 문제다. 늘어나는 절망사와 대량 수감과 정신 질환자 선거권 박탈 문제를 보면 미국이 정신 질환을 포용하는 단계가 짐 크로우법 수준에 머물러 있음을 알 수 있다. 분리와 불평등 말이다.

우리 자손은 우리가 좋은 치료법을 갖고 있으면서도 왜 뇌장애

가 있는 사람들을 구치소와 노숙인 쉼터로 밀어버렸는지 분명 의
아하게 여기리라. 이토록 정신 건강 문제가 심각한데도 선거 운동
이나 소셜 미디어에서, 지역사회 논의의 장에서 어떻게 문제를 다
루지 않고 넘어갔냐는 의문을 제기할지도 모른다. 인권이나 기후
변화 문제처럼 이 문제 또한 너무나 오랫동안 가려졌다. 그렇지만
문제 책임자가 정신 건강 문제를 논의할 수 있도록 올바른 내용과
맥락을 제시한다면 결국에는 제 모습이 드러날 것이다. 환경 정의
를 옹호하는 환경운동가 폴 호켄Paul Hawken은 이 문제를 명확히 표
현한다. "집이 문자 그대로 불타고 있으니, 환경주의자들은 자연스
럽게 사회 정의 운동이 환경이라는 버스에 올라타리라 기대합니
다. 그렇지만 반대로, 집의 불을 끄는 유일한 길은 사회 정의 버스
에 올라타서 우리의 상처를 낫게 하는 방법뿐입니다. 결국에 버스
는 1대밖에 없기 때문입니다."[10]

　운동은 교육을 통해 문제를 알려 나가는 활동으로 시작해야 한
다. 정부 대책을 요구하는 활동 또한 운동에 포함된다. 사회 정의
운동처럼, 정신 건강 운동도 정책 변화를 요구하는 대중적 행동에
나서야 한다. 사법 제도에서 벗어나 의료 서비스로 가는 근본적 이
동이 필요하다. 사람과 장소와 목적 모델 및 예방 프로그램에 주어
져야 할 지원도 그렇고, 회복을 지원하는 정책과 실천이 필요하다.
책임 당국의 존재로 교통사고 치사율과 업무상 사고가 줄었듯 자
살과 장애를 줄일 책임자가 필요하다. 책임 관점에서 보자면, 1963
년 이래로 연방 정부가 낸 정책은 대체로 실패했다. 국방부와 보훈
부 책임자들은 자살 및 외상후 스트레스장애에 의견을 내왔으나,

민간에서는 정신 건강 정책을 대체로 주 정부에 맡겼다. 케네디 대통령이 연방 정부 차원의 정책이 필요하다고 비판한 바로 그 상황이다.

그렇지만 정부 정책과 책임만이 해결책은 아니다. 걱정스러웠던 2020년 선거 때, 미국 기업 연구소의 학자 유발 레빈Yuval Levin이 《뉴욕타임스》에 기고한 에세이는 연방 정부 정책만으로는 나라의 개혁에 한계가 있음을 성찰한다. 레빈은 지역 활동을 촉구한다. "지역 활동이 어떤 마법을 부려서가 아니다. 무너진 부분은 근본적으로 지역사회나 시설과 관련 있다. 국가 정책이 기능하려면 정신 회복이 필요한데 이런 일은 대인 관계 차원에서 이뤄질 가능성이 크다."[11]

워싱턴에서 하는 일도 중요하나 집에서 하는 일 또한 중요하다. 해결책이 사회적이고 관계적이라면, 각각 역할이 있다. "나"의 나라로서 미국은 다시 한번 "우리"의 나라가 돼야 한다.[12] 부모로, 교사로, 이웃으로, 고용주로, 시민으로 우리는 지역사회를 다시 세우고, 고통받는 사람들이 도움을 구하는 작업에 손을 보탤 수 있다. 정신 질환자의 가족이 그간 수치심과 비난으로 입을 다문 채 고립돼 지낸 시간을 극복하자. 학교가 학생의 신체 건강을 담당하듯 마음 건강도 담당하자. 우정의 벤치에서 클럽 하우스까지 사회적 서비스에 투자한다는 뜻이다.

워싱턴 D.C.의 국회의사당에서 딱 한 블록 떨어진 보건복지부 건물에는 상원 의원 고故 휴버트 험프리Hubert Humphrey가 남긴 다음의 말이 새겨져 있다. "정부의 도덕성을 검사하고 싶다면 인생의 새벽을 맞이한 존재인 아이들, 인생의 황혼을 맞이한 존재인 고령층, 인생의 그늘에 머문 존재인 병자와 빈자와 장애인을 정부가 어떻게 대하는지 봐라.” 이 말은 실로 이 나라의 도덕성 검사에 해당한다. 정신 질환자는 인생의 그늘에 있다. 그들은 사람과 장소와 목적만을 원할 뿐인데, 이 세 가지는 결국에 모든 사람이 정확히 원하는 대상이기도 하다. 우리는 국가이자 공동체로 그동안 무시당하고 오해받은 사람들이 마땅히 받아야 할 기회를 누리게 할 수 있다. 환자를 치유하고 아울러 위대한 사회가 되기 위해, 우리는 연민과 관계에 기반한 지역사회를 만들어야 한다. 아프지 않아도 치료받을 수 있고, 예방과 선제적 방지가 사회적으로 제공되는 사회 말이다.

정신 건강 위기 해결을 위해 이 여정을 시작할 무렵에는 기술과 과학이 필요한 해답을 주리라 믿었다. 신약, 판도를 바꾸는 앱, 혁신은 변화를 불러올 것이다. 그렇지만 가족들의 이야기를 듣고 또 노숙인 쉼터와 클럽 하우스와 진료소와 병원을 방문해 보니 다음을 확신하게 됐다. 문제는 훨씬 더 복잡하다. 해결책은 우리 대부분이 아는 것보다 훨씬 간단하다. 해결책을 법으로 규정할 의지가 필요하다. 우리 사회는 개인과 가족을 너무 오랫동안 방치했다. 그들은 치료의 위기를 홀로 견뎠다. 크나큰 교훈도 몇 가지 배웠다. 정신 질환으로 아이를 잃은 가족들은 이 질환이 영혼을 파괴한다고 알려줬다. 우울증이나 정신증으로 고통받는 사람들은 참을성과 용기가 중요하다고 알려줬다. 회복한 사람들은 사랑과 목적의식이 지닌 힘을 알려줬다.

나는 이 여정을 희망으로 마무리한다. 문제는 실로 복잡하나 우리에게는 효과적인 해결책이 있다. 대부분의 문제에서, 우리는 더 잘 해결하기 위해 더 많은 치료법을 알 필요가 없다. 효과적인 치료법은 이미 알고 있다. 그저 사람, 장소, 목적을 전달할 의지와 방법을 찾으면 된다. 1963년 케네디가 품은 포부를 되짚어 보자. 정신 질환자가 '우리의 정서에 이질적인 존재'가 되지 않도록 하겠다는 꿈 말이다. 그들은 이질적인 존재가 될 필요가 없다. 회복이란 질환을 앓는 사람의 건강 결과만을 뜻하지 않는다. 회복은 우리가 어떤 존재인지 살피는 척도다. 그리고 회복으로 향하는 길은 우리가 이 나라의 영혼을 치유하는 길이다.

감사의 말

2019년에 테리 그로스는 전설적 작가 제이 맥키너리를 인터뷰했다. 맥키너리는 이런 고백을 했다. "소설 쓰기란 밤에 자동차로 국토를 횡단하는 일과 같습니다. 그저 전조등을 따라갈 뿐이고, 어쩌다 반대편으로 가기도 합니다."

이 책은 소설도 아니고 위대한 작가가 쓴 것도 아니지만 '전조등을 따라' 진행됐다. 시작은 과학 기술을 이야기하는 책이었다. 그 무렵 인공 지능과 빅 데이터가 거의 모든 질문에 해답으로 제시됐다. 나는 구글을 사용해 당뇨병과 암 문제를 혁신하는 방식이 똑같이 정신 질환의 세계도 쉽게 바꾸리라 여기고 신났었다. 그러다 '자동차로 국토 횡단'을 하며 예상치 못한 장소에 가게 됐다. 실리콘 밸리의 사상과는 아주 멀리 떨어졌을 뿐 아니라 인터넷에 접근할 수 없고 빅 데이터의 세계에는 절대 나타나지 않는 개인들의 처지에 정서적으로 더 가까운 곳이었다. 내가 '반대편'에 완전히 가 닿았다고 확신하지는 않는다. 그래도 시작보다는 더 겸손한 마음으로 희망차게 인간애를 품고 여정을 마무리한다.

나의 여정을 도와준 관대하고 진득한 사람들이 아주 많다. 기술적 발전에서 인간적 접촉으로 중심을 이동하는 과정에서 가디너 해리스, 더그 에이브럼스, 라라 러브, 로런 샤프에게 신세를 졌다. 개빈 뉴섬과 앤 올리어리는 국가적 위기를 바라보는 창으로 캘리포니아에 집중하도록 내게 힘을 줬다. 스타인버그 연구소, 특히 대릴 스타인버그, 매기 메릿, 케이티 루카스는 내게 정치적 문제를 살펴볼 자리를 마련해 줬으니 평생 고마울 것이다. 스탠퍼드 대학, 특히 로라 로버츠에게도 고마움을 전한다. 그는 내게 도서관 및 빼어난 학계 동료들에게 접근할 수 있도록 명예 직함을 줬다.

　정신 건강 관리의 현장에서 내가 받은 교육은 선물과도 같았는데, 최전선의 바쁜 사람들이 너그럽게도 무엇이 효과가 있고 무엇이 효과가 없는지 시간을 내 설명해 줬다. 나는 캘리포니아 여러 카운티의 행동 건강 책임자를 만났고, 비상한 책임자와 활동가와 임상가를 만났다. 조너선 셰린, 베로니카 켈리, 에이미 밀러, 토니 툴리스, 도널 이워트가 그들이다. 브리언 센터(전 버크셔 정신 건강 센터)의 앨릭스 사보에게 특별히 감사를 전한다.

　이 책 작업의 두 가지 실마리 가운데 하나는 구체적 해결책을 개발한 개인들에게서 구했다. 보물처럼 귀한 사람들이었다. 밥 하인슨(CSC), 로베르토 메시니(트리에스테), 스티브 필즈(프로그레스 재단), 데이비드 클라크(IAPT), 딕슨 치반다(우정의 벤치), 데이비드 올즈(가정 방문 간호 프로그램), 조 파크스(헬스 홈), 데이비드 커빙턴(크라이시스 나우), 래리 스미스(그랜드 레이크), 그레고리 사이먼(협력 진료), 미셸 람브레츠(헤일 OPZ), 밥 월딩거(하버드 성인 발달 센터), 제이크 이젠버그(SF 구치소), 시라 샤빗(UCSF 전환 클리닉), 비카스 두부리(프리몬트 병원), 아이슬린 버드(노숙인을 위한 앨러미다 건강 서비스).

　나머지 실마리는 내가 회복을 이해하게끔 도와준 개인들로부터 얻었다. 브랜던 스타글린, 엘린 삭스, 카를로스 라라우리, 라라 그레고리오는 자신들이 겪은 여정을 나와 모두 공유했다. 크레이 디즈와 패트릭 케네디도 있고, 그 외 이 책에 언급되지 않기로 한 수

많은 개인이 있다.

이 책의 초고를 읽고 지적해 준 많은 동료에게 고마움을 전한다. 해럴드 핀커스, 리처드 프랭크, 론 케슬러, 엘런 레이벤루프트, 매튜 허시트릿, 머나 와이스먼, 개브 아라노비치, 롭 워터스, 스티브 해드랜드, 리카르도 무뇨스, 헬런 크리스텐슨, 스테판 셰러의 지적은 모두 도움이 됐다. 돈 버웍과 나눈 대화는 내가 의료에서 건강으로 초점을 옮기도록 결정적 역할을 했다.

이 프로젝트를 시작할 때는 책을 완성하려면 얼마나 공동의 노력이 필요한지 몰랐다. 애비타스 회사의 윌 리핀코트 에이전트, 펭귄 랜덤 하우스의 편집자 지니 스미스 연스가 내 곁에 있다니 정말 운이 좋았다. 편집자 지니는 이 주제에 열성적이었고 내가 전조등을 따라 끝까지 갈 수 있도록 성실히 도와줬다. 처음의 아이디어가 읽을 수 있는 원고로 탄생하도록 도와준 애비 홀스타인이 없었다면 나는 이 책을 절대 쓸 수 없었을 것이다. 이 책에 있는 어떤 장점이든 담당 팀의 지니, 애비 덕분이고 어떤 단점이든 내가 그들의 전문적 조언을 받아들이지 않아서 생겼다고 해도 점잔빼는 소리가 아니다. 참고 문헌에 전문적 도움을 준 엘리 말러, 이 원고가 책이 되도록 모양을 잡아 준 캐럴라인 시드니, 건강 관리란 두 단어로 구성된다는 것을 내게 가르쳐 준 제인 캐볼리나에게 특별한 감사를 전한다.

빙 돌아가는 경력을 밟는 동안 매번 빼어난 멘토를 만나 운이 좋았다. 밥 파인버그는 나를 과학의 세계로 인도했고, 또 마음의 준비가 안 된 임상의였던 나를 국립보건원에 가라고 설득했다. 데니스 머피, 스티브 폴, 필 스콜닉, 프레드 고드윈은 과학 경력을 쌓도록 내게 기회를 줬다. 연구실을 떠날 때 마이크 존스, 일라이어스 제르후니, 해럴드 바머스, 토니 파우치, 프랜시스 콜린스는 내게 리더십과 공공 서비스를 가르쳐줬다. 국립보건원 시절에는 선물과도 같은 존재인 창조적이고 헌신적인 동료들이 곁에 있었다. 더 좋은 표현은 모르겠다. 국립보건원은 여전히 국가적 보물로, 세금으로 운영되나 어떤 정파와도 관계없이 오로지 과학과 공공의 건강에 집중하고 있다.

　마지막으로 50년 동안 나의 파트너이자 가족 중 유일하게 재능 있는 작가인 뎁 인셀에게 가장 큰 빚을 졌다. 이 책의 초고을 읽은 뎁은 "개떡 같다"라고 말하더니 학계 동료가 아니라 가족을 위해 글을 쓰라고, 도표와 목록을 삭제하라고, 이 세상을 살아가는 현실 사람의 이야기만 쓰라고 권했다. 50년이 지나 나는 뎁의 충고를 받아들였다. 아마도 1~2년이 지나면, 뎁의 생각이 변했는지 알기 위해 결과를 보여줄 것이다.

부록

여러분이 자기 자신을 위해서나 사랑하는 사람을 위해서 정신 질환 치료법을 찾아봤다면, 소비자 차원에서 이런 서비스를 알려주는 안내서는 없지만 자료 자체는 충분하다는 사실을 이미 깨달았을 것이다. 먼저 개인과 가족을 지원하는 비영리 단체를 소개하겠다. 다음 단체들은 정보가 탄탄하고, 여러 곳이 전화 상담을 제공하며, 온라인 지원을 해줄 것이다. 그리고 특정 제공자를 알려주는 곳도 있다. 이 목록은 포괄적이지 않다. 직접적인 의학적 조언을 대체하지도 않는다. 그렇지만 바라건대 유용한 시작점이 될 것이다.

재단

정신건강가족연맹NAMI www.nami.org

중증 정신 질환이 있는 개인과 가족을 돕는, 미국에서 가장 큰 정신 건강 단체로 600곳의 지부가 있고 48개 주에 기구가 있다. 웹사이트에서는 의료 서비스부터 정책까지 정신 건강 문제 정보를 전달한다. 지역 지부는 가족 대 가족 지원 그룹을 운영하며 지역의 회복 서비스를 연결해 준다.

미국의 정신 건강MHA www.mhanational.org

미국에서 가장 오래된 정신 건강 단체로 곳곳에 200곳이 넘는 지부와 협회가 있다. 이들의 웹사이트는 선별 검사 도구를 갖춘 훌륭한 안내서로, 지역 서비스와 연결돼 있다. MHA의 '비포스테이지포B4Stage4' 계획은 조기 진단과 개입의 중요성을 강조했다.

우울증 및 양극성장애지원연대DBSA www.dbsalliance.org
우울증 및 양극성장애를 겪는 사람들에게 교육과 도구와 동료 지원과 힘이 되는 이야기를 제공한다. DBSA는 온라인 지지 그룹을 운영하는데, 기분장애가 있는 아이들의 부모들을 상대하는, 마음의 균형을 위한 부모 네트워크Balanced Mind Parent Network가 그 예다.

미국 불안 및 우울증협회ADAA www.adaa.org
불안과 우울증, 강박장애, 외상후 스트레스장애 및 동시에 발생하는 장애를 다룬다. 인력 훈련을 중시하는 곳으로, 1500명의 전문 회원들이 있으며 공공 교육에도 관심을 기울인다. 웹사이트는 개인별 장애에 관한 유용한 정보를 보여주며 특정 임상의들을 소개해 주기도 한다.

전국섭식장애협회NEDA www.nationaleatingdisorder.org
섭식장애를 겪는 사람들을 위한 옹호 및 교육 단체다. 이들의 웹사이트에는 다양한 섭식장애에 관한 유용한 정보가 있으며, 여러 치료법도 안내한다.

국제강박장애재단OCDF www.iocdf.org
강박장애를 겪는 사람들을 교육과 옹호로 지원한다. 이들의 웹사
이트에는 지역 치료사와 진료소, 지지 그룹을 찾도록 도움을 주는
목록이 있다.

이 책에서 설명한 네 종류의 치료에 관해 알고자 할 때 유용할
수 있는 웹사이트가 여럿 있다.

약물 요법

책에서 설명했듯 약물 요법은 (보통은) 치료에 필요하나 이것만으
로는 충분하지 않다. 수십 년 동안 엄격한 연구로 효과와 안전성을
입증해 왔어도 그 가치를 두고 치열한 논쟁이 이어졌다. 다른 의학
분야에서는 드문 일이다. 그 결과 편견 없는 정보를 찾기 어려울
수도 있다. 제약 회사의 지원을 받는 웹사이트는 자신들의 약이 성
취감과 행복을 준다고 말하지만, 다른 사이트에서는 이 약들이 파
괴적이고 위험하며 중독적이라고 말한다. 다음은 살펴볼 만한 몇
몇 곳들이다.

국립정신보건연구원NIMH www.nimh.nih.gov
정신 질환 연구에 자금을 지원하고 감독하는 연방 정부 기관이다.
웹사이트는 의학 치료를 개략적으로 설명한 유용한 정보를 담고

있으며, 주요 정신 질환 각각에 쓰이는 구체적 약물 요법도 알려주
고 있다.

미국 정신의학협회 www.psychiatry.org/patients-families
정신과 의사 단체이지만 이들 웹사이트에는 전문가가 환자와 가족
에게 유용한 정보를 작성한 블로그도 있고 의료 소비자와 관련된
정보도 담고 있다.

사이키센트럴PsychCentral www.psychcentral.com
이제 미국의 건강 미디어 제국 '헬스라인' 소속이다. 1995년 이래
로 사이키센트럴 사이트는 특정 약물의 자세한 정보를 전달하고
아이디어와 경험을 교환할 수 있게 해, 소비자와 전문가 모두가 이
용한다.

심리 치료

이 책에서 설명했듯 치료사를 찾는 일은 "월리를 찾아라"의 현실
상황과 비슷하다. 실마리는 많으나 도움이 될 사람이 누구인지, 치
료 가격은 얼마인지, 치료가 언제 시작돼 언제 끝나는지에 관한 정
보는 너무 부족하다. 가격과 일정 이상으로, 질문해야 할 세 가지
중요한 문제가 있다. 먼저 치료사는 어떤 기술을 제공하는가? 내가
가진 문제에 과학적으로 효과가 있다고 입증된 치료를 치료사가

훈련을 받았는가? 모든 문제에 특정 치료법이 있는 것은 아니고 모든 사람이 특정 문제가 있음을 확인할 수 있는 것은 아니지만, 여러 문제에(우울증이나 불안, 섭식장애, 외상후 스트레스장애) 경험으로 유효성이 입증된 구체적 치료들이 있다. 경험적 입증 치료라고 불리기도 한다. 두 번째, 이 치료사는 결과를 관찰해 치료 효과가 없는 경우 내담자와 치료사 모두 조정을 취할 수 있게 하는 사람인가? 마지막으로, 내게 도움이 된다는 확신이 서는 사람인가? 라포르, 믿음, 신뢰는 치유적 관계의 핵심이다. 그러므로 치료사 선택 안내는 단순하지 않다.

　원격 의료가 도래하면서 이용할 수 있는 치료사 집단이 늘어났으나, 찾는 일이 더 쉬워지지는 않았을 것이다. 지금은 상업적 알고리즘을 이용해 치료사를 찾아주는 여러 회사들이 있다. 그런데 이런 일이 결과를 개선하는지는 밝혀진 바 없다. 그리고 온라인으로 활동하는 몇몇 치료사들은 개별 소개를 통해서는 담당 건수를 채우지못하는 사람들일 수 있다. 경험을 최소한으로 갖춘 데다 제한적으로 훈련받은 치료사도 있을 수 있다. 그렇지만 온라인 치료는 편리하고 선택할 수 있다는 장점이 있으며 몇몇 서비스는 결과 측정까지 통합할 수 있다.

　다음은 도움이 될 만한 온라인 자료들이다.

미국 심리학회 www.apa.org/topics/psychotherapy/understanding
치료와 치료사를 찾는 방법을 전체적으로 살펴보는 일에 도움이 되는 사이트다.

오늘의 심리학Psychology Today www.psychologytoday.com
유용한 정보 및 치료사 목록(점검된 목록은 아님)이 있는 사이트다.

　정신 건강 지지에 도움이 될 앱 사용 안내

사이버 가이드PsyberGuide onemimdpsyberguide.org

미국 정신의학학회 앱 안내

www.psychiatry.org/psychiatrists/practice/mental-health-apps

신경조절

신경조절은 전기 경련 요법ECT부터 경두개 자기 자극까지 일련의
치료를 말한다. 이 치료법들은 우울증이 있으나 심리 치료와 약물
요법에 반응하지 않은 사람들에게 가장 유용하다. 몇몇 신경조절
치료법은 현대 심리 치료와 약물 요법보다 훨씬 오래됐고, 새로운
형식의 뇌 자극과 회로 조절이 나오면서 적극적 탐색과 개발이 이
뤄지는 분야다. 좋은 정보가 있는 곳들을 소개한다.

국립정신건강연구소 웹사이트에는 최신 자료부터 연구까지 뇌 자
극 요법을 다룬 페이지가 있다.

www.nimh.nih.gov/topics/brain-stimulation-therapies

메이오 병원 웹사이트

이곳 또한 유용한 자료가 있다.

www.mayoclinic.org/tests-procedures/transcranial-magnetic-

stimulation/about/pac-20384625

회복 수단

사람, 장소, 목적이라는 세 가지 P를 다루는 일이 회복의 근본이

다. 어떤 형태의 재활이든 간에 장기간 신경을 써야 하는데, 진료

소 혹은 보험으로 비용 처리가 되는 치료와 통합돼 있지 않을 수

있다. 그렇지만 이런 서비스는 앞서 소개한 범주만큼 중요하거나

더 중요할 수 있다.

클럽 하우스 인터내셔널 clubhouse-intl.org

300곳 이상의 지부가 있는 본부다. 클럽 하우스 모델은 재활을 명

확히 정의 내리고 정신 질환자 수십만 명에게 사회적 지지와 보호

처와 직업 훈련을 제공했다.

공인 지역사회행동건강센터CCBHC

이곳의 프로그램은 연방 정부의 지원을 받아 정신 건강을 '전인

적으로 치료하는' 모델이다. 주 대부분에 적어도 1곳의 센터가 있

으며, 2021년과 2022년에는 추가 예산을 받아 확대될 예정이다.

미국 행동건강위원회National Council for Behavioral Health 웹사이트(www.
thenationalcouncil.org)에서 센터의 공공 프로그램을 더 많이 알
아볼 수 있다.

그리고 정신 질환자들이 회복할 자원을 구할 수 있도록 사회적
운동이 필요하다.

케네디 포럼 www.thekennedyforum.org
정신 건강 치료의 동등함과 질과 통합을 시행하기 위해 전국적으
로 캠페인을 수행했다.

나눌 수 없는Inseparable www.inseparable.us
전국적으로 성장하는 옹호 모임 연합체로 정신 건강을 위한 정치
적 변화를 가오기 위해 활동한다.

소조세이 재단 www.sozoseifoundation.org
(오츠카 아메리카 제약 회사에서 지원하는) 새로운 단체로 정신 질환
자의 수감을 줄이는 일에 역점을 두면서 공정성을 다룬다.

치료 옹호 센터 www.treatmentadvocacycenter.org
여러 정치적 문제들, 특히 범죄화, 전환, 수용력과 관련된 문제들
에 관한 좋은 정보를 담고 있다.

주

1 "Remarks Upon Signing a Bill for the Construction of Mental Retardation Facilities and Community Mental Health Centers, 31 October 1963," JFK in History, John F. Kennedy Presidential Library and Museum, accessed December 2021, http://www.jfklibrary.org/asset-viewer/archives/JFKWHA/1963/JFKWHA-236-002/JFKWHA-236-002.

머리말

1 Sandro Galea, *Well: What We Need to Talk About When We Talk About Health* (New York: Oxford University Press, 2019).

2 Craig W. Colton and Ronald W. Manderscheid, "Congruencies in Increased Mortality Rates, Years of Potential Life Lost, and Causes of Death Among Public Mental Health Clients in Eight States," *Preventing Chronic Disease* 3, no. 2 (April 2006).

1장 우리의 문제

1 Susan Sontag, *Illness as Metaphor* (New York: Farrar, Straus and Giroux, 1978).

2 Holly Hedegaard, Sally Curtin, and Margaret Warner, "Suicide Mortality in the United States, 1999 017," NCHS Data Brief no. 330 (November 2018), https://www.cdc.gov/nchs/products/databriefs/db330.htm.

3 Melonie Heron, "Deaths: Leading Causes for 2016," *National Vital Statistics Reports* 67, no. 6 (July 2018), https://www.cdc.gov/nchs/data/nvsr/nvsr67/nvsr67_06.pdf.

4 Alize J. Ferrari et al., "The Burden Attributable to Mental and Substance Use Disorders as Risk Factors for Suicide: Findings from the Global Burden of Disease Study 2010," *PLOS ONE 9*, no. 4 (2014), https://doi.org/10.1371/journal.

pone.0091936.

5   Ames C. Grawert, Matthew Friedman, and James Cullen, "Crime Trends: 1990-
     2016," Brennan Center for Justice, New York University School of Law, April
     18, 2017, https://www.brennancenter.org/sites/default/files/2019-08/Report_
     Crime%20Trends%201990- 2016.pdf; D'vera Cohn et al., "Gun Homicide Rate
     Down 49% Since 1993 Peak; Public Unaware," Pew Research Center, May 13, 2013,
     https://www.pewresearch.org/social- trends/2013/05/07/gun-homicide-rate-
     down-49-since-1993-peak-public-unaware/.

6   Defeating Despair: Suicide Is Declining Almost Everywhere," *Economist*,
     November 24, 2018, https://www.economist.com/international/2018/11/24/
     suicide-is-declining-almost-everywhere.

7   Craig W. Colton and Ronald Manderscheid, "Congruencies in Increased Mortality
     Rates, Years of Potential Life Lost, and Causes of Death Among Public Mental
     Health Clients in Eight States," *Preventing Chronic Disease* 3, no. 2 (May 2006)

8   National Center for Health Statistics, Table 4. Life Expectancy at Birth, at Age 65,
     and at Age 75, by Sex, Race, and Hispanic Origin: United States, Selected Years
     1900 2017 (online, 2019), https://www.cdc.gov/nchs/data/hus/2018/004.pdf

9   Social Security Administration, *SSI Annual Statistics Report, 2017* (2018),
     "Recipients Under Age 65," 68 71, https://www.ssa.gov/policy/docs/statcomps/
     ssi_asr/2017/sect06.pdf.

10   Ursula E. Bauer et al., "Prevention of Chronic Disease in the 21st Century:
     Elimination of the Leading Preventable Causes of Premature Death and Disability
     in the USA," *Lancet* 384, no. 9937 (July 5, 2014), https://doi.org/10.1016/s0140-
     6736(14)60648-6.

11   "Mental Illness," National Institute of Mental Health, Mental Health Information,
     updated January 2021, https://www.nimh.nih.gov/health/statistics/mental-illness.
     shtml.

12   "Mental Illness," National Institute of Mental Health.

13   Congressman Patrick Kennedy, 전언, February 23, 2021.

14   "Key Substance Use and Mental Health Indicators in the United States: Results
     from the 2018 National Survey on Drug Use and Health," Substance Abuse

and Mental Health Services Administration, HHS publication no. PEP19-5068, NSDUH Series H-54 (Rockville, MD: Center for Behavioral Health Statistics and Quality, 2019), https://www.sam hsa.gov/data/sites/default/files/cbhsq-reports/NSDUHNationalFindingsReport2018/NSDUHNationalFindingsReport2018.pdf.

15 Nathaniel J. Williams, Lysandra Scott, and Gregory A. Aarons, "Prevalence of Serious Emotional Disturbance Among U.S. Children: A Meta-Analysis," *Psychiatric Services* 69, no. 1 (January 1, 2018), https://doi.org/10.1176/appi.ps.201700145.

16 Global Health Data Exchange, Institute for Health Metrics and Evaluation, 2021, http://ghdx.healthdata.org. 자료를 더 많이 찾고 싶다면 'Our World in Data'에 근사하게 갖춰져 있다. https://ourworldindata.org.

17 Daniel Vigo, Graham Thornicroft, and Rifat Atun, "Estimating the True Global Burden of Mental Illness," *Lancet Psychiatry* 3, no. 2 (February 2016), https://doi.org/10.1016/s2215-0366(15)00505-2; Harvey A. Whiteford et al., "Global Burden of Disease Attributable to Mental and Substance Use Disorders: Findings from the Global Burden of Disease Study 2010," *Lancet* 382, no. 9904 (November 9, 2013), https://doi.org/10.1016/s0140-6736(13)61611-6.

18 Ronald C. Kessler et al., "Lifetime Prevalence and Age-of-Onset Distributions of DSM-IV Disorders in the National Comorbidity Survey Replication," *Archives of General Psychiatry* 62, no. 6 (June 2005), https://doi.org/10.1001/archpsyc.62.6.593.

19 U.S. Burden of Disease Collaborators et al., "The State of US Health, 1990 2016: Burden of Diseases, Injuries, and Risk Factors Among US States," *JAMA* 319, no. 14 (April 10 2018), https://doi.org/10.1001/jama.2018.0158.

20 David E Bloom et al., "The Global Economic Burden of Noncommunicable Diseases," Program on the Global Demography of Aging (2011), http://www3.weforum.org/docs/WEF_Harvard_HE_GlobalEconomicBurdenNonCommunicableDiseases_2011.pdf; Vikram Patel et al., "The *Lancet* Commission on Global Mental Health and Sustainable Development," *Lancet* 392, no. 10157 (2018), https://doi.org/10.1016/S0140-6736(18)31612-X.

21 Charles Roehrig, "Mental Disorders Top the List of the Most Costly Conditions in the United States: $201 Billion," *Health Affairs* 35, no. 6 (2016), https://doi.

org/10.1377/hlthaff.2015.1659.

22 David M. Cutler and Lawrence H. Summers, "The COVID-19 Pandemic and the $16 Trillion Virus," *JAMA* 324, no. 15 (2020), https://doi.org/10.1001/jama.2020.19759; Daniel H. Gillison Jr. and Andy Keller, "2020 Devastated US Mental Health-ealing Must Be a Priority," *The Hill*, 2021, https://thehill.com/opinion/health care/539925-2020-devastated-us-mental-health-healing-must-be-a-priority.

23 "Ranking the States," Mental Health America, 2020, https://www.mhanational. org/issues/ranking-states.

24 Abigail Livny et al., "A Population-Based Longitudinal Study of Symptoms and Signs Before the Onset of Psychosis," *American Journal of Psychiatry* 175, no. 4 (April 1, 2018), https://doi.org/10.1176/appi.ajp.2017.16121384.

25 "NAMI Family-to-Family," National Alliance on Mental Illness, https://www.nami. org/Support-Education/Mental-Health-Education/NAMI- Family-to-Family.

26 Roy Richard Grinker, *Nobody's Normal* (New York: W. W. Norton & Company, 2021).

27 Kessler et al., "Lifetime Prevalence and Age of-Onset Distributions of DSM-IV Disorders in the National Comorbidity Survey Replication."

28 National Center for Health Statistics, Health, United States, 2018, Trend Tables, "Leading Causes of Death and Numbers of Deaths, by Sex, Race, and Hispanic Origin: United States, 1980 and 2017" (2019), https://www.cdc.gov/nchs/data/ hus/2018/006.pdf.

29 American Diabetes Association, "10. Cardiovascular Disease and Risk Management: Standards of Medical Care in Diabetes-2020," *Diabetes Care* 43, suppl. 1 (January 2020), https://doi.org/10.2337/dc20-S010; World Health Organization, "Prevention of Blindness from Diabetes Mellitus: Report of a WHO Consultation in Geneva, Switzerland, 9-11 November 2005," World Health Organization (2006), https:// www.who.int/blindness/Prevention%20of%20Blindness%20from%20Diabetes%20 Mellitus-with-cover-small.pdf.

30 Thomas J. Moore and Donald R. Mattison, "Adult Utilization of Psychiatric Drugs and Differences by Sex, Age, and Race," *JAMA Internal Medicine* 177, no. 2 (2017), https://doi.org/10.1001/jamainternmed.2016.7507; Thomas R. Insel, "Next-

Generation Treatments for Mental Disorders," *Science Translational Medicine* 4, no. 155 (October 10, 2012), https://doi.org/10.1126/scitranslmed.3004873.

31 Beth Han et al., "National Trends in Specialty Outpatient Mental Health Care Among Adults," *Health Affairs* 36, no. 12(December 2017), https://www. healthaffairs.org/doi/abs/10.1377/hlthaff.2017.0922; Mark Olfson, Benjamin G. Druss, and Steven C. Marcus, "Trends in Mental Health Care Among Children and Adolescents," *New England Journal of Medicine* 372, no. 21 (2015), https://doi. org/10.1056/NEJMsa1413512; "Key Substance Use and Mental Health Indicators in the United States: Results from the 2016 National Survey on Drug Use and Health," Substance Abuse and Mental Health Services Administration, 2017, https://www. samhsa .gov/data/sites/default/files/NSDUH- FFR1- 2016/NSDUH-FFR1-2016.pdf.

32 Robert Whitaker, *Anatomy of an Epidemic: Magic Bullets, Psychiatric Drugs, and the Astonishing Rise of Mental Illness in America* (New York: Crown, 2010).

33 Steven E. Hyman, "Revolution Stalled," *Science Translational Medicine* 4, no. 155 (2012), https://doi.org/10.1126/scitranslmed.3003142.

34 J. A. Cramer and R. Rosenheck, "Compliance with Medication Regimens for Mental and Physical Disorders," *Psychiatric Services* 49, no. 2 (February 1998), https://doi.org/10.1176/ps.49.2.196.

35 Ronald C. Kessler et al., "Prevalence and Treatment of Mental Disorders, 1990 to 2003," *New England Journal of Medicine* 352, no. 24 (June 16, 2005), https://doi. org/10.1056/NEJMsa043266.

36 Philip S. Wang et al., "Twelve-Month Use of Mental Health Services in the United States: Results from the National Comorbidity Survey Replication," *Archives of General Psychiatry* 62, no. 6 (June 2005), https://doi.org/10.1001/ archpsyc.62.6.629.

37 R. Mojtabai et al., "Barriers to mental health treatment: results from the National Comorbidity Survey Replication," *Psychological Medicine* 41, no. 8 (August 2011), https://doi.org/10.1017/s0033291710002291.

38 Mark A. Ilgen et al., "Psychiatric Diagnoses and Risk of Suicide in Veterans," *Archives of General Psychiatry* 67, no. 11 (November 2010), https://doi.org/10.1001/ archgenpsychiatry.2010.129.

2장 우리 정서에 이질적인 존재

1 "John F. Kennedy and People with Intellectual Disabilities," JFK in History, John F. Kennedy Presidential Library and Museum, https:// www.jfklibrary.org/ learn/about- jfk/jfk-in-history/john-f-kennedy-and-people-with-intellectual-disabilities.

2 Elizabeth Koehler-Pentacoff, *The Missing Kennedy: Rosemary Kennedy and the Secret Bonds of Four Women* (Baltimore, MD: Bancroft Press, 2016).

3 Ronald Kessler, *The Sins of the Father: Joseph P. Kennedy and the Dynasty He Founded* (New York: Warner Books, 1996).

4 Edward Shorter, *History of Psychiatry: From the Era of the Asylum to the Age of Prozac* (New York: John Wiley & Sons, 1997).

5 Anne Harrington, *Mind Fixers: Psychiatry's Troubled Search for the Biology of Mental Illness* (New York: W. W. Norton & Company, 2019).

6 Richard G. Frank and Sherry A. Glied, *Better But Not Well: Mental Health Policy in the United States Since 1950* (Baltimore: Johns Hopkins University Press, 2006); Harrington, *Mind Fixers: Psychiatry's Troubled Search for the Biology of Mental Illness.*

7 Frank and Glied, *Better But Not Well.*

8 "Egas Moniz-iographical," NobelPrize.org, 2021, https://www.nobelprize.org/ prizes/medicine/1949/moniz/biographical/.

9 Laurence Leamer, *The Kennedy Women: The Saga of an American Family* (New York: Villard Books, 1994), 75.

10 Edwin Fuller Torrey, *American Psychosis: How the Federal Government Destroyed the Mental Illness Treatment System* (New York: Oxford University Press, 2013), 55.

11 Torrey, *American Psychosis*, 61.

12 N. W. Winkelman, "Chlorpromazine in the Treatment of Neuropsychiatric Disorders," *Journal of the American Medical Association* 155, no. 1 (1954), https:// doi.org/10.1001/jama.1954.03690190024007.

13 Torrey, *American Psychosis.*

14 "The U.S. Mental Health Market: $ 225.1 Billion in Spending in 2019: An Open

Minds Market Intelligence Report," Open Minds, May 6, 2020, https://openminds.com/intelligence-report/the-u-s-mental-health-market-225-1-billion-in-spending-in-2019-an-open-minds-market-intelligence-report/#:~:text=May%206%2C%202020-.

15 "Chart Book: Social Security Disability Insurance," Policy Futures, Center on Budget and Policy Priorities, updated February 12, 2021, https://www.cbpp.org/research/social- security/chart-book-social-security-disability-insurance.

16 Richard G. Frank, "Helping (Some) SSDI Beneficiaries with Severe Mental Illness Return to Work," *American Journal of Psychiatry* 170, no. 12 (2013), https://doi.org/10.1176/appi.ajp.2013.13091176

17 "Hard Truths About Deinstitutionalization, Then and Now," CALMatters, Guest Commentary, March 10, 2019, updated January 16, 2021, https://calmatters.org/commentary/2019/03/hard-truths-about-deinstitutionalization-then-and-now/; Daniel Yohanna, "Deinstitutionalization of People with Mental Illness: Causes and Consequences," *American Medical Association Journal of Ethics* 15, no. 10 (2013), https://doi.org/10.1001/virtualmentor.2013.15.10.mhst1-1310.

18 Torrey, *American Psychosis*, 62.

19 D. A. Dowell and J, A, Ciarlo, "Overview of the Community Mental Health Centers Program from an Evaluation Perspective," *Community Mental Health Journal* 19, no. 2 (Summer 1983), https://doi.org/10.1007/bf00877603; H. H. Goldman et al., "Community Mental Health Centers and the Treatment of Severe Mental Disorder," *American Journal of Psychiatry* 137, no. 1 (January 1980), https://doi.org/10.1176/ajp.137.1.83; Torrey, *American Psychosis*, 77.

20 Gerald N. Grob, "Public Policy and Mental Illnesses: Jimmy Carter's Presidential Commission on Mental Health," *Milbank Quarterly* 83, no. 3 (2005), https://doi.org/10.1111/j.1468-0009.2005.00408.x; "S. 1177-Mental Health Systems Act," 96th Congress, 1980, Congress.gov, https:// www.congress.gov/bill/96th- congress/senate- bill/1177?overview=closed.

21 Torrey, *American Psychosis*, 89.

22 Craig W. Colton and Ronald W. Manderscheid, "Congruencies in Increased Mortality Rates, Years of Potential Life Lost, and Causes of Death Among Public

Mental Health Clients in Eight States," *Preventing Chronic Disease* 3, no. 2 (April 2006).

23 Patrick J. Kennedy and Stephen Fried, *A Common Struggle* (New York: Blue Rider Press/Penguin, 2015), 210.

3장 치료는 효과가 있다

1 Elyn R. Saks, *The Center Cannot Hold: My Journey Through Madness* (New York: Hyperion Press, 2007), 336.

2 Mark Olfson et al., "Awareness of Illness and Nonadherence to Antipsychotic Medications Among Persons with Schizophrenia," *Psychiatric Services* 57, no. 2 (February 2006),https://doi.org/10.1176/appi.ps.57.2.205; Mark Olfson and Steven C. Marcus, "National Patterns in Antidepressant Medication Treatment," *Archives of General Psychiatry* 66, no. 8 (August 2009), https://doi.org/10.1001/archgenpsychiatry.2009.81.

3 Debra J. Brody and Qiuping Gu, "Antidepressant Use Among Adults: United States, 2015-2018," *National Center for Health Statistics*, CDC.gov, September 2020, https://www.cdc.gov/nchs/products/databriefs/db377.htm#:~:text=During%20 2015-2018%2C%2013.2%251%20of%20Americans%20aged%2018%20and,over%20 (24.3%25)%20took%20antidepressants.

4 LaJeana D. Howie, Patricia N. Pastor, and Susan L. Lukacs, "Use of Medication Prescribed for Eemotional or Behavioral Difficulties Among Children Aged 6   17 Years in the United States, 2011-2012," NCHS Data Brief, No. 148 National Center for Health Statistics, CDC.gov, (April 2014); Thomas Insel, "Post by Former NIMH Director Thomas Insel: Are Children Overmedicated?," National Institute of Mental Health, June 6, 2014, https://www.nimh.nih.gov/about/directors/thomas-insel/blog/2014/are-children-overmedicated.shtml.

5 John M. Grohol, "Top 25 Psychiatric Medications for 2018," PsychCentral, December 15, 2019, https://psychcentral.com/blog/top-25-psychiatric-medications-for- 2018.

6   Andrea Cipriani et al., "Comparative Efficacy and Acceptability of 21 Antidepressant Drugs for the Acute Treatment of Adults with Major Depressive Disorder: A Systematic Review and Network Meta-Analysis," *Lancet* 391, no. 10128 (2018), https://doi.org/10.1016/S0140-6736(17)32802-7.

7   Nicholas J. Schork, "Personalized Medicine: Time for One-Person Trials," *Nature* 520, no. 7549 (April 30, 2015), https://doi.org/10.1038/520609a.

8   "Selective Serotonin Reuptake Inhibitors (SSRIs)," Mayo Clinic, Health Information, updated September 17, 2019, https://www.mayoclinic.org/diseases-conditions/depression/in-depth/ssris/art-20044825.

9   Alan F. Schatzberg and Charles B. Nemeroff, *The American Psychiatric Association Publishing Textbook of Psychopharmacology* 5th ed. (Washington, DC: American Psychiatric Association Publishing, 2017); Stephen M. Stahl, *Stahl's Essential Psychopharmacology: Neuroscientific Basis and Practical Applications*, 4th ed. (Cambridge: Cambridge University Press, 2013).

10   Mark Laubach et al., "What, If Anything, Is Rodent Prefrontal Cortex?," *eNeuro* 5, no. 5 (October 25, 2018), https://doi.org/10.1523/eneuro.0315-18.2018.

11   Schatzberg and Nemeroff, *The American Psychiatric Association Publishing Textbook of Psychopharmacology.*

12   N. D. Mitchell and G. B. Baker, "An Update on the Role of Glutamate in the Pathophysiology of Depression," *Acta Psychiatrica Scandinavica* 122, no. 3 (2010), https://onlinelibrary.wiley.com/doi/abs/10.1111/j.1600-0447.2009.01529.x; P. Skolnick et al., "Adaptation of N-methyl-D-aspartate (NMDA) Receptors Following Antidepressant Treatment: Implications for the Pharmacotherapy of Depression," *Pharmacopsychiatry* 29, no. 1 (January 1996), https://doi.org/10.1055/s-2007-979537.

13   Beth Han et al., "National Trends in Specialty Outpatient Mental Health Care Among Adults," *Health Affairs* 36, no. 12 (December 2017), https://www.healthaffairs.org/doi/abs/10.1377/hlthaff.2017.0922; James W. Murrough et al., "Antidepressant Efficacy of Ketamine in Treatment-Resistant Major Depression: A Two-Site Randomized Controlled Trial," *American Journal of Psychiatry* 170, no. 10 (October 2013), https://doi.org/10.1176/appi.ajp.2013.13030392; Yu Han et

al., "Efficacy of Ketamine in the RapidTreatment of Major Depressive Disorder: A Meta-Analysis of Randomized, Double-Blind, Placebo-Controlled Studies," *Neuropsychiatric Diseaseand Treatment* 12 (2016), https://doi.org/10.2147/ndt. S117146; Carlos A. Zarate et al., "A Randomized Trial of an N-methyl-D-aspartate Antagonist in Treatment-Resistant Major Depression," *Archives of General Psychiatry* 63, no. 8 (2006), https://doi.org/10.1001/archpsyc.63.8.856.

14 Nolan R. Williams and Alan F. Schatzberg, "NMDA Antagonist Treatment of Depression," *Currents Opinions in Neurobiology* 36 (February 2016), https://doi. org/10.1016/j.conb.2015.11.001

15 Peter Kramer, *Ordinarily Well: The Case for Antidepressants* (New York: Farrar, Straus and Giroux, 2016), 241.

16 Stephen V. Faraone et al., "The World Federation of ADHD International Consensus Statement: 208 Evidence-Based Conclusions About the Disorder," *Neuroscience and Biobehavioral Reviews* (February 4, 2021), https://doi.org/10.1016/ j.neubiorev.2021.01.022; Rodrigo Machado-Vieira, Husseini K. Manji, and Carlos A. Zarate Jr., "The Role of Lithium in the Treatment of Bipolar Disorder: Convergent Evidence for Neurotrophic Effects as a Unifying Hypothesis," *Bipolar Disorders* 11, suppl. 2 (June 2009), https://doi.org/10.1111/j.1399-5618.2009.00714.x; Christopher Pittenger and Michael H. Bloch, "Pharmacological Treatment of Obsessive-Compulsive Disorder," *Psychiatric Clinics of North America* 37, no. 3 (September 2014), https://doi.org/10.1016/j.psc.2014.05.006; Schatzberg and Nemeroff, *The American Psychiatric Association Publishing Textbook of Psychopharmacology*; "Treating Obsessive-Compulsive Disorder," Harvard Mental Health Letter, Harvard Health Publishing, March 2009, https://www.health.harvard.edu/fhg/updates/ treating-obsessive-compulsive-disorder.shtml.

17 Charles B. Nemeroff, "The State of Our Understanding of the Pathophysiology Optimal Treatment of Depression: Glass Half Full or Half Empty?," *American Journal of Psychiatry* 177, no. 8 (2020), https://doi.org/10.1176/appi. ajp.2020.20060845.

18 E. Ernst and M. H. Pittler, "Efficacy or Effectiveness?," *Journal of Internal Medicine* 260, no. 5 (November 2006), https://doi.org/10.1111/j.1365-2796.2006.01707.x.

19 Bradley N. Gaynes et al., "What Did STAR*D Teach Us? Results from a Large-Scale, Practical, Clinical Trial for Patients with Depression," *Psychiatric Services* 60, no. 11 (2009), https://doi.org/10.1176/ps.2009.60.11.1439.

20 Michael E. Thase, "Are SNRIs More Effective Than SSRIs? A Review of the Current State of the Controversy," *Psychopharmacology Bulletin* 41, no. 2 (2008).

21 Jan Wiener, *The Therapeutic Relationship: Transference, Countertransference, and the Making of Meaning* (College Station: Texas A&M University Press, 2009), http://hdl.handle.net/1969.1/88025.

22 Isaac Meyer Marks, *Living with Fear: Understanding and Coping with Anxiety*, 2nd ed. (Maidenhead, Berkshire, UK: McGraw-Hill, 2005).

23 James Lock and Dasha Nicholls, "Toward a Greater Understanding of the Ways Family-Based Treatment Addresses the Full Range of Psychopathology of Adolescent Anorexia Nervosa," *Frontiers in Psychiatry* 10 (2020), https://doi.org/10.3389/fpsyt.2019.00968.

24 Jennifer M. May, Toni M. Richardi, and Kelly S. Barth, "Dialectical Behavior Therapy as Treatment for Borderline Personality Disorder," *Mental Health Clinician* 6, no. 2 (March 2016), https://doi.org/10.9740/mhc.2016.03.62.

25 Pim Cuijpers et al., "How Effective Are Cognitive Behavior Therapies for Major Depression and Anxiety Disorders? A Meta-Analytic Update of the Evidence," *World Psychiatry* 15, no. 3 (October 2016), https://doi.org/10.1002/wps.20346.

26 Steven D. Hollon, Michael O. Stewart, and Daniel Strunk, "Enduring Effects for Cognitive Behavior Therapy in the Treatment of Depression and Anxiety," *Annual Review of Psychology* 57 (2006), https://doi.org/10.1146/annurev.psych.57.102904.190044.

27 Vikram Patel, 제4회 로즈 헬스케어 포럼(Rhodes Healthcare Forum) 강연, Oxford, UK, February 2019.

28 R. Kathryn McHugh et al., "Patient Preference for Psychological vs Pharmacologic Treatment of Psychiatric Disorders: A Meta-Analytic Review," *Journal of Clinical Psychiatry* 74, no. 6 (June 2013), https://doi.org/10.4088/JCP.12r07757.

29 5장을 참조하라.

30 M. Justin Coffey and Joseph J. Cooper, "Therapeutic Uses of Seizures in

Neuropsychiatry," *Focus* 17, no. 1 (Winter 2019), https://doi.org/10.1176/appi. focus.20180023; Pim Cuijpers et al., "Who Benefits from Psychotherapies for Adult Depression? A Meta-Analytic Update of the Evidence," *Cognitive Behavioral Therapy* 47, no. 2 (March 2018), https://doi.org/10.1080/16506073.2017.1420098.

31 Coffey and Cooper, "Therapeutic Uses of Seizures in Neuropsychiatry."

32 Andre R. Brunoni et al., "Repetitive Transcranial Magnetic Stimulation for the Acute Treatment of Major Depressive Episodes: A Systematic Review with Network Meta- Analysis," *JAMA Psychiatry* 74, no. 2 (February 1, 2017), https://doi. org/10.1001/jamapsychiatry.2016.3644.

33 Maurizio Fava, "Diagnosis and Definition of Treatment- Resistant Depression," *Biological Psychiatry* 53, no. 8 (April 1, 2003), https://doi.org/10.1016/s0006-3223(03)00231-2; Christian Otte et al., "Major Depressive Disorder," *Nature Reviews. Disease Primers* 2 (September 15, 2016), https://doi.org/10.1038/nrdp.2016.65.

34 Mark S. George et al., "Daily Left Prefrontal Transcranial Magnetic Stimulation Therapy for Major Depressive Disorder: A Sham-Controlled Randomized Trial," *Archives of General Psychiatry* 67, no. 5 (2010), https://doi.org/10.1001/archgenpsychiatry.2010.46.

35 "Deep Brain Stimulation," American Association of Neurological Surgeons, Neurological Conditions and Treatments, https://www.aans.org/en/Patients/Neurosurgical-Conditions-and-Treatments/Deep-Brain-Stimulation.

36 Paul E. Holtzheimer and Helen S. Mayberg, "Deep Brain Stimulation for Psychiatric Disorders," *Annual Review of Neuroscience* 34 (2011), https://doi.org/10.1146/annurev-neuro-061010-113638.

37 Zhi-De Deng et al., "Device-Based Modulation of Neurocircuits as a Therapeutic for Psychiatric Disorders," *Annual Review of Pharmacology and Toxicology* 60, no. 1 (2020), https://doi.org/10.1146/annurev-pharmtox-010919-023253.

38 Singhan Krishnan et al., "Reduction in Diabetic Amputations over 11 Years in a Defined U.K. Population: Benefits of Multidisciplinary Team Work and Continuous Prospective Audit," *Diabetes Care* 31, no. 1 (January 2008), https://doi.org/10.2337/dc07-1178.

39 World Health Organization, "Prevention of Blindness from Diabetes Mellitus: Report of a WHO Consultation in Geneva, Switzerland, 9-11 November 2005," WHO, https://apps.who.int/iris/handle/10665/43576.

40 Marina Dieterich et al., "Intensive Case Management for Severe Mental Illness," *Cochrane Database Systematic Reviews* 1, no. 1(January 6, 2017), https://doi.org/10.1002/14651858.CD007906.pub3; Robert E. Drake et al., "Individual Placement and Support Services Boost Employment for People with Serious Mental Illnesses, but Funding Is Lacking," *Health Affairs* 3, no. 6 (2016), https://doi.org/10.1377/hlthaff.2016.0001.

41 Interdepartmental Serious Mental Illness Coordinating Committee, "The Way Forward: Federal Action for a System That Works for All People Living with SMI and SED and Their Families and Caregivers," Substance Abuse and Mental Health Services Administration, December 13, 2017, https://www.samhsa.gov/sites/default/files/programs_campaigns/ismicc_2017_report_to_congress.pdf.

42 Gregory P. Strauss, Lisa A. Bartolomeo, and Philip D. Harvey, "Avolition as the Core Negative Symptom in Schizophrenia: Relevance to Pharmacological Treatment Development," *NPJ Schizophrenia* 7, no. 1 (February 26, 2021), https://doi.org/10.1038/s41537-021-00145-4.

43 Alexandra Therond et al., "The Efficacy of Cognitive Remediation in Depression: A Systematic Literature Review and Meta-Analysis," *Journal of Affective Disorders* 284 (February 9, 2021), https://doi.org/10.1016/j.jad.2021.02.009.

44 Richard Dinga et al., "Predicting the Naturalistic Course of Depression from a Wide Range of Clinical, Psychological, and Biological Data: A Machine Learning Approach," *Translational Psychiatry* 8, no. 241 (November 5, 2018), https://doi.org/10.1038/s41398-018-0289-1

45 Saks, *The Center Cannot Hold*, 336.

4장 위기관리 바꾸기

1   E. Fuller Torrey et al., "No Room at the Inn: Trends and Consequences of Closing Public Psychiatric Hospitals," Treatment Advocacy Center, July 19, 2012, https://www.treatmentadvocacycenter.org/storage/documents/no_room_at_the_inn-2012.pdf.

2   "The Medicaid IMD Exclusion and Mental Illness Discrimination," Treatment Advocacy Center, August 2016, https:// www.treatmentadvocacycenter.org/storage/documents/backgrounders/imd-exclusion-and-discrimination.pdf.

3   Richard G. Frank and Sherry A. Glied, *Better But Not Well: Mental Health Policy in the United States Since 1950* (Baltimore: Johns Hopkins University Press, 2006).

4   The Blue Ridge Academic Health Group, "The Behavioral Health Crisis: A Road Map for Academic Health Center Leadership in Healing Our Nation," Emory University Woodruff Health Sciences Center, *Winter 2019-2020 Report*, http://whsc.emory.edu/blueridge/publications/archive/Blue%20Ridge%202019-2020-FINAL.pdf.

5   Emergency Medicine Practice Committee, "Emergency Department Crowding: High Impact Solutions," American College of Emergency Physicians, May 2016, https://www.acep.org/globalassets/sites/acep/media/crowding/empc_crowding-ip_092016.pdf.

6   Fiona B. McEnany et al., "Pediatric Mental Health Boarding," *Pediatrics* 146, no. 4 (October 2020), https://doi.org/10.1542/peds.2020-1174; Kimberly Nordstrom et al., "Boarding of Mentally Ill Patients in Emergency Departments: American Psychiatric Association Resource Document," *Western Journal of Emergency Medicine* 20, no. 5 (July 22, 2019), https://doi.org/10.5811/westjem.2019.6.42422.

7   National Association of State Mental Health Program Directors, "Trend in Psychiatric Inpatient Capacity, United States and Each State, 1970 to 2014," Alexandria, Virginia, August 2017, https://www.nasmhpd.org/sites/default/files/TACPaper.2.Psychiatric- Inpatient- Capacity_508C.pdf.

8   National Association of State Mental Health Program Directors, "Trend in Psychiatric Inpatient Capacity, United States and Each State, 1970 to 2014."

9   Doris A. Fuller et al., "Going, Going, Gone: Trends and Con-sequences of Eliminating State Psychiatric Beds," Treatment Advocacy Center, June 2016, https://www.treatmentadvocacycenter.org/storage/documents/going-going-gone.pdf.

10 S. Allison et al., "When Should Governments Increase the Supply of Psychiatric Beds?," *Molecular Psychiatry* 23, no. 4 (April 2018), https://doi.org/10.1038/mp.2017.139.

11 Torrey et al., "No Room at the Inn."

12 National Association of State Mental Health Program Directors, "Trend in Psychiatric Inpatient Capacity, United States and Each State, 1970 to 2014."

13 Dominic A. Sisti, Elizabeth A. Sinclair, and Steven S. Sharfstein, "Bedless Psychiatry-ebuilding Behavioral Health Service Capacity," *JAMA Psychiatry* 75, no. 5 (May 1, 2018), https://doi.org/10.1001/jamapsychiatry.2018.0219.

14 "UHS Universal Health Services, Inc.," https://www.uhsinc.com/.

15 Alisa Roth, *Insane: America's Criminal Treatment of Mental Illness* (New York: Basic Books, 2018).

16 William B. Hawthorne et al., "Incarceration Among Adults Who Are in the Public Mental Health System: Rates, Risk Factors, and Short-Term Outcomes," *Psychiatric Services* 63, no. 1 (January 2012), https://doi.org/10.1176/appi.ps.201000505.

17 "Mental illness 'is not a problem that we can arrest ourselves out of,'" PBS NewsHour, January 17, 2019, https://www.pbs.org/newshour/brief/290400/trey-oliver.

18 https://calmatters.org/justice/2021/03/waiting-for-justice/?mc_cid=8a98791a14&mc_eid=28c37d1d32.

19 Christine Montross, *Waiting for an Echo: The Madness of American Incarceration* (New York: Penguin Press, 2020).

20 Fuller et al., "Going, Going, Gone."

21 Pete Earley, *Crazy: A Father's Search Through America's Mental Health Madness* (New York: Berkley Books, 2007).

22 Montross, *Waiting for an Echo; Roth, Insane*.

23 E. Fuller Torrey et al., "The Treatment of Persons with Mental Illness in Prisons

and Jails: A State Survey," *Treatment Advocacy Center*, April 8, 2014, https://www.treatmentadvocacycenter.org/storage/documents/treatment-behind-bars/treatment-behind-bars.pdf.

24 Melanie Newport, "When a Psychologist Was in Charge of Jail," Marshall Project, May 21, 2015, https://www.themarshallproject.org/2015/05/21/when-a-psychologist-was-in-charge-of-jail.

25 Montross, *Waiting for an Echo*.

26 Matthew E. Hirschtritt and Renee L. Binder, "Interrupting the Mental Illness-Incarceration-Recidivism Cycle," *JAMA* 317, no. 7 (2017), https://doi.org/10.1001/jama.2016.20992; Jennifer Eno Louden and Jennifer L. Skeem, "Parolees with Mental Disorder: Toward Evidence-Based Practice," *UCI Center for Evidence-Based Corrections Bulletin* 7, no. 1 (April 2011), https:// ucicorrections.seweb.uci.edu/files/2013/06/Parolees-with-Mental-Disorder.pdf.

27 "The Role and Impact of Law Enforcement in Transporting Individuals with Severe Mental Illness, A National Survey," Treatment Advocacy Center, May 2019, https://www.treatmentadvocacycenter.org/storage/documents/Road-Runners.pdf.

28 National Association of State Mental Health Program Directors, "Trend in Psychiatric Inpatient Capacity, United States and Each State, 1970 to 2014."

29 "Annual Probation Survey and Annual Parole Survey," "Annual Survey of Jails," and "Census of Jail Inmates," National Prisoner Statistics Program, 1980 2016, Bureau of Justice Statistics, Washington, DC, 2018, https://www.bjs.gov/index.cfm?ty=dcdetail&iid=271, https://www.bjs.gov/index.cfm?ty=dcdetail&iid=261, https://www.bjs.gov/index.cfm?ty=dcdetail&iid=404.

30 Bryan Stevenson, *Just Mercy: A Story of Justice and Redemption* (New York: Spiegel & Grau, 2015).

31 John K. Iglehart, "Decriminalizing Mental Illness-The Miami Model," New England Journal of Medicine 374, no. 18 (May 5, 2016), https://doi.org/10.1056/NEJMp1602959.

32 Nastassia Walsh, "Mental Health and Criminal Justice Case Study: Miami-Dade County," *National Association of Counties*, June 1, 2016, https://www.naco.org/sites/default/files/documents/Miami-Dade%20County%20-%20Mental%20

Health%20and%20Jails%20Case%20Study.pdf.

33 C. Joseph Boatwright II, "Solving the Problem of Criminalizing the Mentally Ill: The Miami Model," *American Criminal Law Review* 56, no. 1 (2018), https://www.law.georgetown.edu/american-criminal-law-review/wp-content/uploads/sites/15/2019/01/56-1-Solving-the-Problem-of-Criminalizing-the-Mentally-Ill-the-Miami- Model.pdf.

34 Montross, *Waiting for an Echo*.

35 "Harnessing Hope Nationwide," Transitions Clinic Network, https://transitionsclinic.org/; "Significant Achievement Awards: The Nathaniel Project An Effective Alternative to Incarceration," *Psychiatric Services* 53, no. 10 (2002), https://doi.org/10.1176/appi.ps.53.10.1314.

36 "Business Case: The Crisis Now Model." Crisis Now: Transforming Crisis Services (2020), https://crisisnow.com/wp-content/uploads/2020/02/CrisisNow-BusinessCase.pdf

37 Pete Earley, "Opinion: Mental Illness Is a Health Issue, Not a Police Issue," *Washington Post*, June 15, 2020, https://www.washingtonpost.com/opinions/2020/06/15/mental-illness-is-health- issue-not-police-issue/.

38 Joel Shannon, "At Least 228 Police Officers Died by Suicide in 2019, Blue H.E.L.P. Says. That's More Than Were Killed in the Line of Duty," *USA Today*, January 2, 2020, https://www.usatoday.com/story/news/nation/2020/01/02/blue-help-228-police- suicides-2019-highest- total/2799876001/?fbclid=IwAR3NuUuuPc2anVfK Qi5JAYWS9Lw0wP2cYDOiePiEQwB622ftu-jKYjCQCkE.

39 "FBI Releases 2019 Statistics on Law Enforcement Officers Killed in the Line of Duty," FBI National Press Office, May 4, 2020, https://www.fbi.gov/news/pressrel/press- releases/fbi-releases-2019-statistics-on-law-enforcement-officers-killed-in-the- line-of-duty.

40 "Business Case: The Crisis Now Model," CrisisNow.com, https://crisisnow.com/wp-content/uploads/2020/02/CrisisNow-BusinessCase.pdf.

41 "How Many Individuals with Serious Mental Illness Are in Jails and Prisons?," Treatment Advocacy Center, November 2014, https://www.treatmentadvocacycenter.org/storage/documents/backgrounders/how%20

many%20individuals%20with%20serious%20mental%20illness%20are%20in%20 jails%20and%20prisons%20final.pdf.

42 "Tonight, 8,000 people will experience homelessness in Alameda County," EveryOneHome, https://everyonehome.org.

43 Vivian Ho, "'It's a cycle': The Disproportionate Toll of Homelessness on San Francisco's African Americans," Guardian, February 21, 2020, https://www. theguardian.com/us-news/2020/feb/21/san-francisco- bay-area-homelessness-african-americans.

44 "Overlooked Mental Health 'Catastrophe': Vanishing Board-and-Care Homes Leave Residents with Few Options," CALMatters, April 15, 2019, updated September 17 2020, https://calmatters.org/projects/board-and-care-homes-closing-in-california-mental-health-crisis/.

45 "Breakdown: California's Mental Health System, Explained," CALMatters, April 30, 2019, updated September 17 2020, 2019, https://calmatters.org/explainers/ breakdown- californias-mental-health-system-explained/#87b18bd0-9792-11e9-b4ba-6daafb072cad.

46 "The 2017 Annual Homeless Assessment Report(AHAR) to Congress. Part 1: Point-in-Time Estimates of Homelessness," U.S. Department of Housing and Urban Development, December 2017, https://www.huduser.gov/portal/sites/default/files/ pdf/2017-AHAR-Part-1.pdf.

47 E. Fuller Torrey, "250,000 Mentally Ill Are Homeless. 140,000 Seriously Mentally Ill Are Homeless," Mental Illness Policy Organization, January 23, 2019, https:// mentalillnesspolicy.org/consequences/homeless-mentally-ill.html.

5장 질적 차이 건너기

1 Institute of Medicine Committee on Crossing the Quality Chasm: Adaptation to Mental Health and Addictive Disorders, *Improving the Quality of Health Care for Mental and Substance-Use Conditions*: Quality Chasm Series (Washington, DC: National Academies Press, 2006), 72.

2   HRSA Health Workforce, Behavioral Health Workforce Projection 2017-2030. https://bhw.hrsa.gov/sites/default/files/bureau-health-workforce/data-research/bh-workforce-projections-fact-sheet.pdf.

3   "Occupational Outlook Handbook," U. S. Bureau of Labor Statistics, updated April 9, 2021, https://www.bls.gov/ooh/.

4   World Health Organization, *Mental Health Atlas* 2011, https:// www.who.int/mental_health/publications/mental_health_atlas_2011/en/. In fact, with 14.2: https://www.samhsa.gov/data/sites/default/files/2021-10/2020_NSDUH_Highlights.pdf.

5   Mark Olfson, "Building the Mental Health Workforce Capacity Needed to Treat Adults with Serious Mental Illnesses," *Health Affairs* 35, no. 6 (June 1, 2016), https://doi.org/10.1377/hlthaff.2015.1619.

6   Angela J. Beck et al., "Estimating the Distribution of the U.S. Psychiatric Subspecialist Workforce," University of Michigan Behavioral Health Workforce Research Center, University of Michigan School of Public Health, December 2018; Olfson, "Building the Mental Health Workforce Capacity Needed to Treat Adults with Serious Mental Illnesses."

7   "COVID-19 and the Great Reset," Briefing Note #19, August 20, 2020, McKinsey & Company, https://www.mckinsey.com/~/media/mckinsey/business%20functions/risk/our%20insights/covid%2019%20implications%20for%20business/covid%2019%20aug%2020/covid-19-briefing-note-19-august-20-2020.pdf.

8   "Behavioral Health, United States, 2012."

9   Daniel Michalski, Tanya Mulvey, and Jessica Kohout, "2008: APA Survey of Psychology Health Service Providers," *American Psychological Association Center for Workforce Studies*, 2010, https://www.apa.org/workforce/publications/08-hsp.

10   Olfson, "Building the Mental Health Workforce Capacity Needed to Treat Adults with Serious Mental Illnesses."

11   Tara F. Bishop et al., "Acceptance of Insurance by Psychiatrists and the Implications for Access to Mental Health Care," *JAMA Psychiatry* 71, no. 2 181 (2014), https://doi.org/10.1001/jamapsychiatry.2013.2862.

12   Myrna M. Weissman et al., "National Survey of Psychotherapy Training in

Psychiatry, Psychology, and Social Work," *Archives of General Psychiatry* 63, no. 8 (August 2006), https://doi.org/10.1001/archpsyc.63.8.925.

13 Weissman et al., "National Survey of Psychotherapy Training in Psychiatry, Psychology, and Social Work."

14 David M. Clark, "Realizing the Mass Public Benefit of Evidence-Based Psychological Therapies: The IAPT Program," *Annual Review of Clinical Psychology* 14 (May 7, 2018), https://doi.org/10.1146/annurev-clinpsy-050817-084833.

15 Richard Laynard and David M. Clark, *Thrive: The Power of Evidence-Based Psychological Therapies* (London: Allen Lane, 2014).

16 Clark, "Realizing the Mass Public Benefit of Evidence-Based Psychological Therapies."

17 Clark, "Realizing the Mass Public Benefit of Evidence-Based Psychological Therapies."

18 "Suicides in England and Wales: 2019 registrations, Office for National Statistics," September 1, 2020, https://www.ons.gov.uk/peoplepopulationandcommunity/birthsdeathsandmarriages/deaths/bulletins/suicidesintheunitedkingdom/2019registrations.

19 Suicide Rates in the United Kingdom, 2000-2009," Office for National Statistics. Statistical Bulletin, TheCalmZone.net, January 27, 2011, https://www.thecalmzone.net/wp-content/uploads/2014/02/suicides2009_tcm77-202259-2.pdf.

20 Bradley E. Karlin and Gerald Cross, "From the Laboratory to the Therapy Room: National Dissemination and Implementation of Evidence-Based Psychotherapies in the U.S. Department of Veterans Affairs Health Care System," *American Psychologist* 69, no. 1 (January 2014), https://doi.org/10.1037/a0033888.

21 Charles B. Nemeroff et al., "Differential Responses to Psychotherapy Versus Pharmacotherapy in Patients with Chronic Forms of Major Depression and Childhood Trauma," *Proceedings of the National Academy of Sciences* 100, no. 24 (2003), https://doi.org/10.1073/pnas.2336126100.

22 Mark Olfson and Steven C. Marcus, "National Patterns in Antidepressant Medication Treatment," *Archives of General Psychiatry* 66, no. 8 (August 2009), https://doi.org/10.1001/archgenpsychiatry.2009.81.

23 Peter J. Cunningham, "Beyond Parity: Primary Care Physicians' Perspectives on Access to Mental Health Care," *Health Affairs* 28, no. s1 (2009), https://doi.org/10.1377/hlthaff.28.3.w490.

24 Mark Olfson et al., "Trends in Office-Based Mental Health Care Provided by Psychiatrists and Primary Care Physicians," *Journal of Psychiatry* 75, no. 3 (March 2014), https://doi.org/10.4088/JCP.13m08834.

25 Wang et al., "Twelve-Month Use of Mental Health Services in the United States: Results from the National Comorbidity Survey Replication," *Archives of General Psychiatry* 62, no. 6 (June 2005), https://doi.org/10.1001/archpsyc.62.6.629.

26 그레고리 사이먼과의 개인적 대화, December 8, 2020.

27 Wayne J. Katon et al., "Collaborative Care for Patients with Depression and Chronic Illnesses," *New England Journal of Medicine* 363, no. 27 (December 30, 2010), https://doi.org/10.1056/NEJMoa1003955.

28 Janine Archer et al., "Collaborative Care for Depression and Anxiety Problems," *Cochrane Database of Systematic Reviews* 10 (October 17, 2012), https://doi.org/10.1002/14651858.CD006525.pub2.

29 David J. Katzelnick and Mark D. Williams, "Large-Scale Dissemination of Collaborative Care and Implications for Psychiatry," *Psychiatric Services* 66, no. 9 (September 2015), https://doi.org/10.1176/appi.ps.201400529.

30 Mark S. Bauer and JoAnn Kirchner, "Implementation Science: What Is It and Why Should I Care?," *Psychiatry Research* 283 (January 2020), https://doi.org/https://doi.org/10.1016/j.psychres.2019.04.025.

31 Matthew J. Press et al., "Medicare Payment for Behavioral Health Integration," *New England Journal of Medicine* 376, no. 5 (February 2, 2017), https://doi.org/10.1056/NEJMp1614134.

32 그레고리 사이먼과의 개인적 대화, December 8, 2020.

33 John Fortney, Rebecca Sladek, and Jürgen Unützer, "Fixing Behavioral Health Care in America: A National Call for Measurement-Based Care in the Delivery of Behavioral Health Services," Kennedy Forum, October 6, 2015, https://thekennedyforum-dot-org.s3.amazonaws.com/documents/KennedyForum-MeasurementBasedCare_2.pdf.

34 mhGAP Intervention Guide-Version 2.0, WHO (Geneva, Switzerland: World Health Organization, June 24, 2019), https://www.who.int/publications/i/item/mhgap-intervention-guide---version-2.0.

35 Milesh M. Patel et al., "The Current State of Behavioral Health Quality Measures: Where Are the Gaps?," *Psychiatric Services* 66, no. 8 (August 1, 2015), https://doi.org/10.1176/appi.ps.201400589.

36 "HEDIS and Performance Measurement," National Committee for Quality Assurance, https://www.ncqa.org/hedis/.

37 Harold Alan Pincus, Brigitta Spaeth-Rublee, and Katherine E. Watkins, "The Case for Measuring Quality in Mental Health And Substance Abuse Care," *Health Affairs* 30, no. 4 (2011), https://doi.org/10.1377/hlthaff.2011.0268.

38 "Report Cards," National Committee for Quality Assurance, https://www.ncqa.org/report-cards/.

39 "Diabetes and Cardiovascular Disease Screening and Monitoring for People with Schizophrenia or Bipolar Disorder (SSD, SMD,SMC)," National Committee for Quality Assurance, https://www.ncqa.org/hedis/measures/diabetes-and- cardiovascular- disease- screening-and-monitoring-for-people-with-schizophrenia-or-bipolar-disorder/; "HEDIS Measures," National Committee for Quality Assurance, https://www.ncqa.org/hedis/measures/.

40 "Follow-Up After Hospitalization Mental Illness (FUH)," National Committee for Quality Assurance, https://www.ncqa.org/hedis/measures/follow-up-after-hospitalization-for-mental-illness/.

41 "Persistence of Beta-Blocker Treatment After a Heart Attack (PBH)," National Committee for Quality Assurance, https://www.ncqa.org/hedis/measures/persistence-of-beta-blocker-treatment-after-a-heart-attack/.

42 "Follow-Up After Emergency Department Visit for Mental Illness (FUM)," National Committee for Quality Assurance, https://www.ncqa.org/hedis/measures/follow-up-after-emergency-department-visit-for-mental-illness/.

43 Timothy Schmutte et al., "Deliberate Self-Harm in Older Adults: A National Analysis of US Emergency Department Visits and Follow-Up Care," *International Journal of Geriatric Psychiatry* 34, no. 7 (July2019), https://doi.org/10.1002/

gps.5109.

44 "A Prioritized Research Agenda for Suicide Prevention: An Action Plan to Save Lives," National Action Alliance for Suicide Prevention: Research Prioritization Task Force, National Institute of Mental Health and the Research Prioritization Task Force, 2014, https://theactionalliance.org/sites/default/files/agenda.pdf.

45 Harold Alan Pincus et al., "Quality Measures for Mental Health and Substance Use: Gaps, Opportunities, and Challenges," *Health Affairs* 35, no. 6 (2016), https://doi.org/10.1377/hlthaff.2016.0027

46 Fortney, Sladek, and Unutzer, "Fixing Behavioral Health Care in America."

47 Kelli Scott and Cara C. Lewis, "Using Measurement-Based Care to Enhance Any Treatment," *Cognitive and Behavioral Practice* 22, no. 1 (February 2015), https://doi.org/10.1016/j.cbpra.2014.01.010.

48 Jordan M VanLare and Patrick H. Conway, "Value-Based Purchasing-National Programs to Move from Volume to Value," *The New England Journal of Medicine* 367, no. 4 (July 26 2012), https://doi.org/10.1056/NEJMp1204939.

49 Eric C. Reese, "The Health Care Value Imperative: All Eyes on North Carolina's Move to Value-Based Payment," Healthcare Financial Management Association, January 31, 2020, https://www.hfma.org/topics/hfm/2020/february/health care-value-imperative-north-carolinas-move-value-based-payment.html.

50 William Bruce Cameron, *Informal Sociology: A Casual Introduction to Sociological Thinking* (New York: Random House, 1963).

51 Donald M. Berwick, "Era 3 for Medicine and Health Care," *Journal of the American Medical Association* 315, no. 13 (April 5, 2016), https://doi.org/10.1001/jama.2016.1509.

52 Sarah Forsberg and James Lock, "Family-Based Treatment of Child and Adolescent Eating Disorders," *Child and Adolescent Psychiatric Clinics of North America* 24, no. 3 (July 2015), https://doi.org/10.1016/j.chc.2015.02.012; James Lock et al., "Randomized Clinical Trial Comparing Family-Based Treatment with Adolescent-Focused Individual Therapy for Adolescents with Anorexia Nervosa," *Archives of General Psychiatry* 67, no. 10 (October 2010), https://doi.org/10.1001/archgenpsychiatry.2010.128; Andrew Wallis et al., "Five-Years of Family-Based

Treatment for Anorexia Nervosa: The Maudsley Model at the Children's Hospital at Westmead," *International Journal of Adolescent Medicine and Health* 19, no. 3 (July September 2007), https://doi.org/10.1515/ijamh.2007.19.3.277

6장 정밀 의학

1   Bertolt Brecht, *Life of Galileo* (London: Eyre Methuen, 1980).

2   Andre F. Carvalho et al., "Evidence-Based Umbrella Review of 162 Peripheral Biomarkers for Major Mental Disorders," *Translational Psychiatry* 10, no. 1 (May 18, 2020), https://doi.org/10.1038/s41398-020-0835-5.

3   in G. N. Grob, "Origins of DSM-I: A Study in Appearance and Reality," *American Journal of Psychiatry* 148, no. 4 (April 1991), https://doi.org/10.1176/ajp.148.4.421.

4   Roy R. Grinker and John P. Spiegel, *Men Under Stress* (Philadelphia: Blakiston, 1945).

5   Grob, "Origins of DSM-I."

6   A. C. Houts, "Fifty Years of Psychiatric Nomenclature: Reflections on the 1943 War Department Technical Bulletin, Medical 203," *Journal of Clinical Psychology* 56, no. 7 (July 2000), https://doi.org/10.1002/1097-4679(200007)56:7⟨935::aid-jclp11⟩3.0.co:2-8.

7   National Mental Health Act, 79th Congress, 2nd Session, July 3, 1946.=, https://www.loc.gov/law/help/statutes-at-large/79th-congress/session-2/c79s2ch538.pdf.

8   Grob, "Origins of DSM-I: A Study in Appearance and Reality."

9   Gary Greenberg, *The Book of Woe: The DSM and the Unmaking of Psychiatry* (New York: Plume, 2014).

10 Pablo V. Gejman, Alan R. Sanders, and Jubao Duan, "The Role of Genetics in the Etiology of Schizophrenia," *Psychiatric Clinics of North America* 33, no. 1 (March 2010), https://doi.org/10.1016/j.psc.2009.12.003.

11 Michael J. Gandal et al., "The Road to Precision Psychiatry: Translating Genetics into Disease Mechanisms," *Nature Neuroscience* 19, no. 11 (November 1, 2016), https://doi.org/10.1038/nn.4409, https://doi.org/10.1038/nn.4409; Naomi R. Wray

et al., "From Basic Science to Clinical Application of Polygenic Risk Scores: A Primer," *JAMA Psychiatry* 78, no. 1 (January 1, 2021), https://doi.org/10.1001/jamapsychiatry.2020.3049.

12 Sophie E. Legge et al., "Genetic Architecture of Schizophrenia: A Review of Major Advancements," *Psychological Medicine*(February 8, 2021), https://doi.org/10.1017/s0033291720005334.

13 Nenad Sestan and Matthew W. State, "Lost in Translation: Traversing the Complex Path from Genomics to Therapeutics in Autism Spectrum Disorder," *Neuron* 100, no. 2 (October 24, 2018), https://doi.org/10.1016/j.neuron.2018.10.015.1

14 Amanda J. Price, Andrew E. Jaffe, and Daniel R. Weinberger, "Cortical Cellular Diversity and Development in Schizophrenia," *Molecular Psychiatry* 26, no. 1 (January 2021), https://doi.org/10.1038/s41380-020-0775-8.

15 Philipp Mews et al., "From Circuits to Chromatin: The Emerging Role of Epigenetics in Mental Health," *Journal of Neuroscience* 41, no. 5 (February 3, 2021), https://doi.org/10.1523/jneurosci.1649-20.2020.

16 Olaf Sporns, *Discovering the Human Connectome* (Cambridge, MA: MIT Press, 2012).

17 Aaron Kucyi and Karen D. Davis, "Dynamic Functional Connectivity of the Default Mode Network Tracks Daydreaming," *Neuroimage* 100 (October 15, 2014), https://doi.org/10.1016/j.neuroimage.2014.06.044; Jonathan Smallwood et al., "The Neural Correlates of Ongoing Conscious Thought," *iScience* 24, no. 3 (March 19, 2021), https://doi.org/10.1016/j.isci.2021.102132; Yaara Yeshurun, Mai Nguyen, and Uri Hasson, "The Default Mode Network: Where the Idiosyncratic Self Meets the Shared Social World," *Neuroscience* 22, no. 3 (March 2021), https://doi.org/10.1038/s41583-020-00420-w.

18 Andrew T. Drysdale et al., "Resting-State Connectivity Biomarkers Define Neurophysiological Subtypes of Depression," *Nature Medicine* 23, no. 1 (January 2017), https://doi.org/10.1038/nm.4246.

19 Drysdale et al., "Resting-State Connectivity Biomarkers Define Neurophysiological Subtypes of Depression."

20 Yu Zhang et al., "Identification of Psychiatric Disorder Subtypes from Functional

Connectivity Patterns in Resting-State Electroencephalography," *Nature Biomedical Engineering* (October 19, 2020), https://doi.org/10.1038/s41551-020-00614-8.

21　Justin T. Baker et al., "Functional Connectomics of Affective and Psychotic Pathology," *Proceedings of the National Academy of Sciences* 116, no. 18 (April 30, 2019), https://doi.org/10.1073/pnas.1820780116.

22　John Weisz et al., "Initial Test of a Principle-Guided Approach to Transdiagnostic Psychotherapy with Children and Adolescents," *Journal of Clinical Child and Adolescent Psychology* 46, no. 1 (January February 2017), https://doi.org/10.1080/15374416.2016.1163708.

23　"CETA: Common Elements Treatment Approach," CETA, https://www.cetaglobal.org.

24　Greenberg, *The Book of Woe*

7장 낙인을 넘어서

1　Arthur Kleinman, "Catastrophe and Caregiving: The Failure of Medicine as an Art," *Lancet* 371, no. 9606 (January 5, 2008), https://doi.org/10.1016/s0140-6736(08)60057-4.

2　"Amplify Change," BringChange2Mind, https://bringchange2mind.org.

3　Bianca Manago, Bernice A. Pescosolido, and Olafsdottir Olafsdottir, "Icelandic Inclusion, German Hesitation and American Fear: A Cross-Cultural Comparison of Mental-Health Stigma and the Media," *Scandinavian Journal of Public Health* 47, no. 2 (March 2019), https://doi.org/10.1177/1403494817750337; Bernice A. Pescosolido, "The Public Stigma of Mental Illness: What Do We Think; What Do We Know; What Can We Prove?," *Journal of Health and Social Behavior* 54, no. 1 (March 2013), https://doi.org/10.1177/0022146512471197.

4　"SMI & Violence," Treatment Advocacy Center, Key Issues, https://www.treatmentadvocacycenter.org/key-issues/violence.

5　Roy Richard Grinker, *Nobody's Normal* (New York: W. W. Norton & Company,

2021), 256.

6   Carrie Fisher, *Shockaholic* (New York: Simon & Schuster, 2012).

7   Kitty Dukakis and Larry Tye, *Shock: The Healing Power of Electroconvulsive Therapy* (New York: Penguin, 2007).

8   "Behavioral Health," Substance Abuse and Mental Health Services Administration, 2012. https://store.samhsa.gov/product/Behavioral-Health-United-States- 2012/ SMA13-4797.

9   Samuel T. Wilkinson et al., "Identifying Recipients of Electroconvulsive Therapy: Data from Privately Insured Americans," *Psychiatric Services* 69, no. 5 (May 1, 2018), https://doi.org/10.1176/appi.ps.201700364.

10   James Meikle, "Antidepressant Prescriptions in England Double in a Decade," Guardian, July 5, 2016, https://www.theguardian.com/society/2016/jul/05/ antidepressant-prescriptions-in-england-double-in-a-decade.

11   Patrick J. Kennedy and Stephen Fried, *A Common Struggle* (New York: Blue Rider Press, 2015).

12   Editorial Board, "The Crazy Talk About Bringing Back Asylums," New York Times, June 2, 2018, https://www.nytimes.com/2018/06/02/opinion/trump-asylum- mental-health-guns.html.

13   Adam Cohen, *Imbeciles* (New York: Penguin, 2017).

14   Ron Powers, *No One Cares About Crazy People: The Chaos and Heartbreak of Mental Health in America* (New York: Hachette Books, 2017)

15   Shilpa Jindia, "Belly of the Beast: California's Dark History of Forced Sterilizations," Guardian, June 30, 2020, https://www.theguardian.com/us-news/2020/jun/30/ california-prisons-forced-sterilizations-belly-beast.

16   Lisa Rosenbaum, "Liberty Versus Need-our Struggle to Care for People with Serious Mental Illness," *New England Journal of Medicine* 375, no. 15 (October 13, 2016), https://doi.org/10.1056/NEJMms1610124

17   Xavier Amador, *I Am Not Sick, I Don't Need Help!: How to Help Someone with Mental Illness Accept Treatment, twentieth anniversary edition*(New York: Vida Press, 2020).

18   Tad Friend, "Jumpers," New Yorker, October 13, 2003, https://www.newyorker.

com/magazine/2003/10/13/jumpers.

19. Health Management Associates, "State and Community Considerations for Demonstrating the Cost Effectiveness of AOT Services," Treatment Advocacy Center, February 2015, https://www.treatmentadvocacycenter.org/storage/documents/aot-cost-study.pdf.

20 "Kendra's Law," New York State Office of Mental Health, https://omh.ny.gov/omhweb/kendra_web/khome.htm.

21 "21st Century Cures Act," Treatment Advocacy Center, December 2016, https://www.treatmentadvocacycenter.org/storage/documents/21st-century-cures-act-summary.pdf.

22 Steve R. Kisely, Leslie A. Campbell, and Richard O'Reilly, "Compulsory Community and Involuntary Outpatient Treatment for People with Severe Mental Disorders," *Cochrane Database of Systematic Reviews* 3, no. 3 (March 17, 2017), https://doi.org/10.1002/14651858.CD004408.pub5.

23 Marvin S. Swartz et al., "New York State Assisted Outpatient Treatment Program Evaluation," New York State Office of Mental Health, June 30, 2009, https://omh.ny.gov/omhweb/resources/publications/aot_program_evaluation/report.pdf.

24 "Assisted Outpatient Treatment Laws," Treatment Advocacy Center, 2017, accessed February 28, 2021, https://www.treatmentadvocacycenter.org/component/content/article/39.

25 Anne Sexton, *The Awful Rowing Toward God* (Boston: Houghton Mifflin, 1975).

8장 회복: 사람, 장소, 목적

1 Sheldon Vanauken, *A Severe Mercy* (New York: Bantam Books, 1979).

2 Stephanie Cacioppo, John P. Capitanio, and John T. Cacioppo, "Toward a Neurology of Loneliness," *Psychological Bulletin* 140, no. 6 (November 2014), https://doi.org/10.1037/a0037618.

3 Vivek H. Murthy, *Together: The Healing Power of Human Connection in a Sometimes Lonely World* (New York: Harper Wave, 2020).

4 https://www.cigna.com/assets/docs/newsroom/loneliness-survey-2018-updated-fact-sheet.pdf.

5 Dan Buettner, *The Blue Zones: Lessons for Living Longer from the People Who've Lived the Longest* (Washington, DC: National Geographic Society, 2009).

6 "Remarks by President Obama at Memorial Service for Former South African President Nelson Mandela," news release, December 13, 2013, https://obamawhitehouse.archives.gov/the-press-office/2013/12/10/remarks-president-obama-memorial-service-former-south-african-president-.

7 Neil A. Wilmot and Kim Nichols Dauner, "Examination of the Influence of Social Capital on Depression in Fragile Families," *Journal of Epidemiology and Community Health* 71, no. 3 (March 2017), https://doi.org/10.1136/jech-2016-207544.

8 Joshua Wolf Shenk, "What Makes Us Happy?," Atlantic, June 2009, https://www.theatlantic.com/magazine/archive/2009/06/what-makes-us-happy/307439/.

9 "Welcome to the Harvard Study of Adult Development," https://www.adultdevelopmentstudy.org.

10 Michael Rutter, *Maternal Deprivation Reassessed* (Harmondsworth, UK: Penguin Books, 1981).

11 Robert J. Waldinger and Marc S. Schulz, "The Long Reach of Nurturing Family Environments: Links with Midlife Emotion-Regulatory Styles and Late-Life Security in Intimate Relationships," *Psychological Science* 27, no. 11 (November 2016), https://doi.org/10.1177/0956797616661556.

12 Shenk, "What Makes Us Happy?"

13 "Study of Adult Development," Grant & Glueck Study, https://www.adultdevelopmentstudy.org/grantandglueckstudy.

14 Paul Farmer, *To Repair the World: Paul Farmer Speaks to the Next Generation* (Oakland: University of California Press, May, 2013).

15 Farmer, *To Repair the World*.

16 Angus Chen, "For Centuries, a Small Town Has Embraced Strangers with Mental Illness," National Public Radio, July 1, 2016, https://www.npr.org/sections/health-2016/07/01/484083305/for-centuries-a-small-town-has-embraced-

strangers-with-mental-illness; M. W. Linn, C. J.Klett, and E. M. Caffey, "Foster Home Characteristics and Psychiatric Patient Outcome. The Wisdom of Gheel Confirmed," *Archives of General Psychiatry* 37, no. 2 (February 1980), https://doi.org/10.1001/archpsyc.1980.01780150019001.

17   Henck P. J. G. van Bilsen, "Lessons to Be Learned from the Oldest Community Psychiatric Service in the World: Geel in Belgium," *BJ-Psych Bulletin* 40, no. 4 (August 2016), https://doi.org/10.1192/pb.bp.115.051631.

18   Linn, Klett, and Caffey, "Foster Home Characteristics and Psychiatric Patient Outcome."

19   Viktor E. Frankl, *Man's Search for Meaning* (Bosston: Beacon Press, 2006).

20   Robert E. Drake et al., "Individual Placement and Support Services Boost Employment for People with Serious Mental Illnesses, but Funding Is Lacking," *Health Affairs* 35, no. 6 (June 2016), https://doi.org/10.1377/hlthaff.2016.0001

21   Interdepartmental Serious Mental Illness Coordinating Committee, "The Way Forward: Federal Action for a System That Works for All People Living with SMI and SED and Their Families and Caregivers," Substance Abuse and Mental Health Services Administration, HHS Publication No. PEP17-ISMICC-RTC (Rockville, MD: Center for Behavioral Health Statistics and Quality, 2017).

22   "History of the Clubhouse Movement," Donald Berman UP House, http://www.uphouse.org/who-we-are/history-clubhouse-movement/.

23   "Tomorrow's Clubhouse: Being the Change the World Needs," *Clubhouse International* 2015, World Seminar, Denver, CO, October 25-29, 2015, https://www.clubhouse- intl.org/documents/2015_world_seminar_program.pdf.

24   Colleen McKay et al., "A Systematic Review of Evidence for the Clubhouse Model of Psychosocial Rehabilitation," *Administration and Policy in Mental Health* 45, no. 1 (January 2018), https://doi.org/10.1007/s10488-016-0760-3.

25   C. S. Lewis, *Collected Letters, vol. 3: Narnia, Cambridge, and Joy, 1950-1963* (New York: HarperCollins Entertainment, 2006).

9장 간단한 해결책

1   Francis W. Peabody, "The Care of the Patient," *Journal of the American Medical Association* 313, no. 18 (March 27, 1927; reprinted May 12, 2015), https://doi.org/10.1001/jama.2014.11744.

2   "Childhood Acute Lymphoblastic Leukemia Treatment(PDQ®) Health Professional Version," National Cancer Institute, National Institutes of Health, updated February 4, 2021, https://www.cancer.gov/types/leukemia/hp/child-all-treatment-pdq.

3   Stephen P. Hunger and Charles G. Mullighan, "Acute Lymphoblastic Leukemia in Children," *New England Journal of Medicine* 373, no. 16 (October 15, 2015), https://doi.org/10.1056/NEJMra1400972.

4   Yoram Unguru, "The Successful Integration of Research and Care: How Pediatric Oncology Became the Subspecialty in Which Research Defines the Standard of Care," *Pediatric Blood & Cancer* 56, no. 7 (July 1, 2011), https://doi.org/10.1002/pbc.22976.

5   Jean Addington et al., "Duration of Untreated Psychosis in Community Treatment Settings in the United States," *Psychiatric Services* 66, no. 7 (July 2015), https://doi.org/10.1176/appi.ps.201400124; Gregory E. Simon et al., "Mortality Rates After the First Diagnosis of Psychotic Disorder in Adolescents and Young Adults," *JAMA Psychiatry* 75, no. 3 (2018),

6   *American Psychiatric Association Practice Guidelines for the Treatment of Patients with Schizophrenia*, 3rd ed. (2020). https://doi.org/10.1176/appi.books.9780890424841.

7   John M. Kane et al., "Comprehensive Versus Usual Community Care for First-Episode Psychosis: 2-Year Outcomes from the NIMH RAISE Early Treatment Program," *American Journal of Psychiatry* 173, no. 4 (April 1, 2016), https://doi.org/10.1176/appi.ajp.2015.15050632.

8   Delbert G. Robinson et al., "Prescription Practices in the Treatment of First-Episode Schizophrenia Spectrum Disorders: Data from the National RAISE-ETP Study," *American Journal of Psychiatry* 172, no. 3 (March 1, 2015), https://doi.

org/10.1176/appi.ajp.2014.13101355.

9 Addington et al., "Duration of Untreated Psychosis in Community Treatment Settings in the United States."

10 Diana O. Perkins et al., "Relationship Between Duration of Untreated Psychosis and Outcome in First-Episode Schizophrenia: A Critical Review and Meta-Analysis," *American Journal of Psychiatry* 162, no. 10 (October 2005), https://doi.org/10.1176/appi.ajp.162.10.1785; Max Marshall et al., "Association Between Duration of Untreated Psychosis and Outcome in Cohorts of First-Episode Patients: A Systematic Review," *Archives of General Psychiatry* 62, no. 9 (September 2005), https://doi.org/10.1001/archpsyc.62.9.975.

11 Ilana Nossel et al., "Results of a Coordinated Specialty Care Program for Early Psychosis and Predictors of Outcomes," *Psychiatric Services* 69, no. 8 (August 1, 2018), https://doi.org/10.1176/appi.ps.201700436.

12 "EPINET Early Psychosis Intervention Network," https://nationalepinet.org.

13 Daniel H. Gillison and Andy Keller, "2020 Devastated US Mental Health Healing Must Be a Priority," *The Hill*, February 23, 2021, https://thehill.com/opinion/healthcare/539925-2020-devastated-us-mental-health-healing-must-be-a-priority.

14 "Morbidity and Mortality in People with Serious Mental Illness," National Association of State Mental Health Program Directors(NASMHPD) Medical Directors Council, October 2006, https://nasmhpd.org/sites/default/files/Mortality%20and%20Morbidity%20Final%20Report%208.18.08_0.pdf.

15 Dhruv Khullar, "The Largest Health Disparity We Don't Talk About," *New York Times*, May 30, 2018, https://www.nytimes.com/2018/05/30/upshot/mental-illness-health-disparity-longevity.html?smid=url-share.

16 "Health Homes," Centers for Medicare & Medicaid Services Medicaid. gov, https://www.medicaid.gov/medicaid/long-term-services-supports/health-homes/index.html.

17 National Association of State Mental Health Program Directors, *The Promise of Convergence: Transforming Health Care Delivery in Missouri*, NASCA (Denver, Colorado, 2015), https://www.mo-newhorizons.com/uploaded/2015%20

NASCA%20Case%20Study%20-%20The%20Promise%20of%20Convergence.pdf.

18 Dixon Chibanda et al., "Effect of a Primary Care-Based Psychological Intervention on Symptoms of Common Mental Disorders in Zimbabwe: A Randomized Clinical Trial," Journal of the American Medical Association 316, no. 24 (2016), https://doi.org/10.1001/jama.2016.19102.

19 *Missouri Community Mental Health Center Healthcare Homes Progress Report* 2018, Missouri Department of Mental Health (2018), https://dmh.mo.gov/media/pdf/missouri-community-mental-health-center-health care-homes-progress-report-2018.

20 Tina Rosenberg, "Depressed? Here's a Bench. Talk to Me," *New York Times*, July 22, 2019, https://www.nytimes.com/2019/07/22/opinion/depressed-heres-a-bench-talk-to-me.html?smid=nytcore-ios-share.

21 Wai Tong Chien et al., "Peer Support for People with Schizophrenia or Other Serious Mental Illness," *Cochrane Database of Systematic Reviews* 4, no. 4 (April 4, 2019), https://doi.org/10.1002/14651858.CD010880.pub2; "Peers," Recovery Support Tools and Resources, SAMHSA, updated April 14, 2020, 2021, https://www.samhsa.gov/brss-tacs/recovery-support-tools/peers.

22 "CCBHC Success Center: Overview," National Council for Behavioral Health, https://www.thenationalcouncil.org/ccbhc-success-center/ccbhcta-overview/; "Certified Community Behavioral Health Clinics Demonstration Program, Report to Congress, 2017," Substance Abuse and Mental Health Services Administration, August 10, 2018, https:// www.samhsa.gov/sites/default/files/ccbh_clinicdemonstr ationprogram_081018.pdf.

23 National Council for Mental Wellbeing, "CCBHC Impact Report," May 2021, thenationalcouncil.org/wp-content/uploads/2021/05/052421_CCBHC_ImpactReport_2021_Final.pdf?daf=375ateTbd56.

24 Donald M. Berwick, Thomas W. Nolan, and John Whittington, "The Triple Aim: Care, Health, and Cost," *Health Affairs (Project Hope)* 27, no. 3(May-June 2008), https://doi.org/10.1377/hlthaff.27.3.759.

10장 혁신

1 Eric Topol, *Deep Medicine: How Artificial Intelligence Can Make Healthcare Human Again* (Basic Books, March 12, 2019).

2 Nils J. Nil sson, *The Quest for Artificial Intelligence: A History of Ideas and Achievements* (New York: Cambridge University Press, 2010).

3 Jacob Weizenbaum, "Computers as 'Therapists,'" Science 198, no. 4315 (October 28, 1977), https://doi.org/10.1126/science.198.4315.354.

4 Sarah Graham et al., "Artificial Intelligence for Mental Health and Mental Illnesses: An Overview," *Current Psychiatry Reports* 21, no. 11 (November 7, 2019), https://doi.org/10.1007/s11920-019-1094-0.

5 Cheryl Mary Corcoran and Guillermo A. Cecchi, "Using Language Processing and Speech Analysis for the Identification of Psychosis and Other Disorders," *Biological Psychiatry Cognitive Neuroscience Neuroimaging* 5, no. 8 (August 2020), https://doi.org/10.1016/j.bpsc.2020.06.004; Cheryl M. Corcoran et al., "Language as a Biomarker for Psychosis: A Natural Language Processing Approach," Schizophrenia Research 226 (December 2020), https://doi.org/10.1016/j.schres.2020.04.032.

6 Cheryl M. Corcoran et al., "Prediction of Psychosis Across Protocols and Risk Cohorts Using Automated Language Analysis," *World Psychiatry* 17, no. 1 (February 2018), https://doi.org/10.1002/wps.20491.

7 Sigmund Freud, "Mourning and Melancholia," *in The Standard Edition to the Complete Psychological Works of Sigmund Freud*, vol. 14 (London: Hogarth Press, 1994).

8 James W. Pennebaker, Matthias R. Mehl, and Kate G. Niederhoffer, "Psychological Aspects of Natural Language Use: Our Words, Our Selves," *Annual Review of Psychology* 54 (2003), https://doi.org/10.1146/annurev.psych.54.101601.145041.

9 Peter Garrard et al., "The Effects of Very Early Alzheimer's Disease on the Characteristics of Writing by a Renowned Author," *Brain* 128, no. 2 (February 2005), https://doi.org/10.1093/brain/awh341.

10 "Discover LIWC2015," Pennebaker Conglomerates, Inc., http://liwc.wpengine.com.

11 Terri Cheney, *Modern Madness: An Owner's Manual* (New York: Hachette Books, 2020).

12 Thomas R. Insel, "Digital Phenotyping: Technology for a New Science of Behavior," *Journal of the American Medical Association* 318, no. 13 (October 3, 2017), https://doi.org/10.1001/jama.2017.11295.

13 Jukka-Pekka Onnela and Scott L Rauch, "Harnessing Smartphone-Based Digital Phenotyping to Enhance Behavioral and Mental Health," *Neuropsychopharmacology* 41, no. 7 (June 2016), https://doi.org/10.1038/npp.2016.7.

14 Adam D. I. Kramer, Jamie E. Guillory, and Jeffrey T. Hancock, "Experimental Evidence of Massive-Scale Emotional Contagion Through Social Networks," *Proceedings of the National Academy of Sciences* 111, no. 24 (2014), https://doi.org/10.1073/pnas.1320040111; Robinson Meyer, "Everything We Know About Facebook's Secret Mood Manipulation Experiment," *Atlantic*, June 28, 2014, https://www.theatlantic.com/technology/archive/2014/06/everything-we-know-about-facebooks-secret-mood-manipulation-experiment/373648/.

15 Sidney Fussell, "Google's Totally Creepy, Totally Legal Health-Data Harvesting," *Atlantic*, November 14, 2019, https://www.theatlantic.com/technology/archive/2019/11/google-project-nightingale- all-your-health-data/601999/

16 Shoshana Zuboff, *The Age of Surveillance Capitalism: The Fight for a Human Future at the New Frontier of Power* (New York: PublicAffairs, 2019).

17 Nicole Martinez-Martin et al., "Data Mining for Health: Staking Out the Ethical Territory of Digital Phenotyping," *NPJ Digital Medicine* 1, no. 1 (December 19, 2018), https://doi.org/10.1038/s41746-018-0075-8.

18 "/r/depression, because nobody should be alone in a dark place," Reddit, accessed March 2, 2021, https://www.reddit.com/r/depression/.

19 Dani Blum, "Therapists Are on TikTok. And How Does That Make You Feel?," *New York Times*, January12, 2021, https://www.nytimes.com/2021/01/12/well/mind/tiktok-therapists.html.

20 Adam S. Miner, Arnold Milstein, and Jefferey T. Hancock, "Talking to Machines About Personal Mental Health Problems," *Journal of the American Medical*

Association 318, no.13 (October 3, 2017), https://doi.org/10.1001/jama.2017.14151; Adam S. Miner et al., "Smartphone-Based Conversational Agents and Responses to Questions About Mental Health, Interpersonal Violence, and Physical Health," *JAMA Internal Medicine* 176, no. 5 (May 1, 2016), https://doi.org/10.1001/jamainternmed.2016.0400.

21   Anjali Dagar and Tatiana Falcone, "High Viewership of Videos About Teenage Suicide on YouTube," *Journal of the American Academy of Child and Adolescent Psychiatry* 59, no. 1 (January 2020), https://doi.org/10.1016/j.jaac.2019.10.012.

22   Mark Zuckerberg, "A Blueprint for Content Governance and Enforcement," Facebook, November 15, 2018.

23   NLM_4Caregivers (@nlm4caregivers), "Mental Health," Pinterest.

24   "How Race Matters: What We Can Learn from Mental Health America's Screening in 2020," Mental Health America, https://mhanational.org/mental-health-data-2020.

25   "Theresa Nguyen, MD (Mental Health America) speaks at the Technology in Psychiatry Summit 2017," YouTube, January 28, 2018, https://www.youtube.com/watch?v=-pw0mp6Ztv0; Theresa Nguyen, personal communication from Theresa Nguyen, Chief Program Officer, Mental Health America, January 6, 2021.

26   https://humanestcare.com; https://www.wisdo.com; https://www.7cups.com; https://peercollective.com, all accessed March 3, 2021.

27   M. Blake Berryhill et al., "Videoconferencing Psychological Therapy and Anxiety: A Systematic Review," *Family Practice* 36, no. 1 (January 25, 2019), https://doi.org/10.1093/fampra/cmy072; Eirini Karyotaki et al., "Internet-Based Cognitive Behavioral Therapy for Depression: A Systematic Review and Individual Patient Data Network Metaanalysis," *JAMA Psychiatry* (January 20, 2021), https://doi.org/10.1001/jamapsychiatry.2020.4364.

28   Reena L. Pande et al., "Leveraging Remote Behavioral Health Interventions to Improve Medical Outcomes and Reduce Costs," *American Journal of Managed Care* 21, no. 2 (February 2015); Linda Godleski, Adam Darkins, and John Peters, "Outcomes of 98,609 U.S. Department of Veterans Affairs Patients Enrolled in Telemental Health Services, 2006-2010," *Psychiatric Services* 63, no. 4 (April 2012),

https://doi.org/10.1176/appi.ps.201100206.

29   Gretchen A. Brenes et al., "A Randomized Controlled Trial of Telephone-Delivered Cognitive-Behavioral Therapy for Late-Life Anxiety Disorders," *American Journal of Geriatric Psychiatry* 20, no. 8 (2012), https://doi.org/10.1097/JGP.0b013e31822ccd3e.

30   Kelsey Waddill, "Mental Health Visits Take Majority of 1M Payer Telehealth Claims," *Healthpayer Intelligence*, May 22, 2020, https://healthpayerintelligence.com/news/mental-health-visits-take-majority-of-1m-payer-telehealth-claims.

31   Lori Gottlieb, "In Psychotherapy, the Toilet Has Become the new Couch," *New York Times*, April 30, 2020, https://www.nytimes.com/2020 /04/30/opinion/psychotherapy-remote-covid.html?searchResultPosition=1.

32   "Welcome to the future of mental health," accessed March 1, 2021, https://woebothealth.com.

33   Kathleen Kara Fitzpatrick, Alison Darcy, and Molly Vierhile, "Delivering Cognitive Behavior Therapy to Young Adults with Symptoms of Depression and Anxiety Using a Fully Automated Conversational Agent (Woebot): A Randomized Controlled Trial," *JMIR Mental Health* 4, no. 2 (2017), https://doi.org/10.2196/mental.7785.

34   Stefan Scherer et al., "Automatic Audiovisual Behavior Descriptors for Psychological Disorder Analysis," *Image and Vision Computing* 32, no. 10 (October 2014), https://doi.org/https://doi.org/10.1016/j.imavis.2014.06.001, https://www.sciencedirect.com/science/article/pii/S0262885614001000; "SimSensei & MultiSense: Virtual Human and Multimodal Perception for Healthcare Support," YouTube, February 7, 2013, https://www.youtube.com/watch?v=ejczMs6b1Q4.

35   Gale M. Lucas et al., "It's Only a Computer: Virtual Humans Increase Willingness to Disclose," *Computers in Human Behavior* 37 (August 2014), https://doi.org/10.1016/j.chb.2014.04.043; Gale M. Lucas et al., "Reporting Mental Health Symptoms: Breaking Down Barriers to Care with Virtual Human Interviewers," *Frontiers Robotics AI*, no. 4 (2017), https://doi.org/10.3389/frobt.2017.00051.

36   Stephen Hays, "Approaching 1,000 Mental Health Startups in 2020," What If Ventures, Medium.com, https://medium.com/what-if-ventures/approaching-1-000-mental-health-startups-in-2020-d344c822f757.

37 Elaine Wang E and Megan Zweig, "A Defining Moment for Digital Behavioral Health: Four Market Trends." Rock Health: https://rockhealth.com/reports/a-defining-moment-for-digital-behavioral-health- four-market-trends.

38 "Mental Health Apps and How They Can Help," One Mind PsyberGuide, https://onemindpsyberguide.org/resources/mental-health-apps-and-how-they-can-help/.

39 David Mou and Thomas R. Insel, "Startups Should Focus on Innovations That Truly Improve Mental Health," First Opinion, STAT News, January 19, 2021, https://www.statnews.com/2021/01/19/startups-innovations-truly-improve-mental-health/.

11장 예방

1 Sandro Galea, *Well: What We Need to Talk About When We Talk About Health* (New York: Oxford University Press,2019), 35.

2 Donald M. Berwick, Thomas W. Nolan, and John Whittington, "The Triple Aim: Care, Health, and Cost," *Health Affairs (Project Hope)* 27, no. May June 2008), https://doi.org/10.1377/hlthaff.27.3.759.

3 Donald M. Berwick, "To Isaiah," *Journal of the American Medical Association* 307, no. 24 (2012), https://doi.org/10.1001/jama.2012.6911.

4 "Constitution of the World Health Organization," Basic Documents, World Health Organization, 1946, https://apps.who.int/gb/bd/PDF/bd47/EN/constitution-en.pdf?ua=1.

5 Donald M. Berwick, "The Moral Determinants of Health," *Journal of the American Medical Association* 324, no. 3 (July 21, 2020), https://doi.org/10.1001/jama.2020.11129; Michael Marmot, *The Health Gap: The Challenge of an Unequal World* (New York: Bloomsbury, 2015); Galea, Well.

6 Marmot, *The Health Gap*, 289.

7 Marmot, *The Health Gap*, 37.

8 Marmot, *The Health Gap*, 27

9   Morten Rix Hansen et al., "Postponement of Death by Statin Use: A Systematic Review and Meta-Analysis of Randomized Clinical Trials," *Journal of General Internal Medicine* 34, no. 8 (August 2019), https://doi.org/10.1007/s11606-019-05024-4.

10   "DOD Releases Fiscal Year 2021 Budget Proposal," press release, February 10, 2020, https://www.defense.gov/Newsroom/Releases/Release/Article/2079489/dod-releases-fiscal-year-2021-budget-proposal/.

11   National Research Council and Institute of Medicine, *Preventing Mental, Emotional, and Behavioral Disorders Among Young People: Progress and Possibilities*, ed. Mary Ellen Connell, Thomas Boat, and Kenneth E. Warner (Washington, DC: National Academies Press, 2009), https://www.nap.edu/catalog/12480/preventing-mental-emotional-and-behavioral-disorders-among-young-people-progress; Johan Ormel and Michael Von-Korff, "Reducing Common Mental Disorder Prevalence in Populations," *JAMA Psychiatry* 78, no. 4 (October 28, 2020), https://doi.org/10.1001/jamapsychiatry.2020.3443.

12   U.S. Preventive Services Task Force, "Interventions to Prevent Perinatal Depression: U.S. Preventive Services Task Force Recommendation Statement," *Journal of the American Medical Association* 321, no. 6 (2019), https://doi.org/10.1001/jama.2019.0007.

13   Ricardo F. Muñoz, "Prevent Depression in Pregnancy to Boost All Mental Health," *Nature* 574, no. 7780 (October 2019), https://doi.org/10.1038/d41586-019-03226-8.

14   Tyrone D. Cannon et al., "An Individualized Risk Calculator for Research in Prodromal Psychosis," *American Journal of Psychiatry* 173, no. 10 (October 1, 2016), https://doi.org/10.1176/appi.ajp.2016.15070890; Arieh Y. Shalev et al., "Estimating the Risk of PTSD in Recent Trauma Survivors: Results of the International Consortium to Predict PTSD (ICPP)," World Psychiatry 18, no. 1 (February 2019), https://doi.org/10.1002/wps.20608; Danella M. Hafeman et al., "Assessment of a Person-Level Risk Calculator to Predict New-Onset Bipolar Spectrum Disorder in Youth at Familial Risk," *JAMA Psychiatry* 74, no. 8 (2017), https://doi.org/10.1001/jamapsychiatry.2017.1763.

15   Mark E. Courtney and Darcy Hughes Heuring, "The Transition to Adulthood for

Youth 'Aging Out' of the Foster Care System," in *On Your Own Without a Net: The Transition to Adulthood for Vulnerable Populations*, ed. D. W. Osgood, C. A. Flanagan, and E. M. Foster (Chicago: University of Chicago Press, 2005).

16 Lorraine E. Lothwell, Naomi Libby, and Stewart L. Adelson, "Mental Health Care for LGBT Youths," *Focus (American Psychiatric Publishing)* 18, no. 3 (July 2020), https://doi.org/10.1176/appi.focus.20200018.

17 D. Bhushan et al., "Roadmap for Resilience: The California Surgeon General's Report on Adverse Childhood Experiences, Toxic Stress, and Health," Office of the California Surgeon General, 2020, 27, https://osg.ca.gov/wp-content/uploads/sites/266/2020/12/Roadmap-For-Re silience_CA-Surgeon-Generals-Report-on-ACEs-Toxic-Stress-and-Health_12092020.pdf.

18 Joanne R. Beames et al., "Protocol for the Process Evaluation of a Complex Intervention Delivered in Schools to Prevent Adolescent Depression: The Future Proofing Study," *BMJ Open* 11, no. 1 (January 12, 2021), https://doi.org/10.1136/bmjopen-2020-042133.

19 Yael Perry et al., "Preventing Depression in Final Year Secondary Students: School-Based Randomized Controlled Trial," *Journal of Medical Internet Research* 19, no. 11 (November 2, 2017), https://doi.org/10.2196/jmir.8241; "The Future Proofing Study," Black Dog Institute, https://www.blackdoginstitute.org.au/research-projects/the-future-proofing-study/.

20 "Annual Report 2019: Impact That Reaches Beyond One Nurse, One Mother, One Baby," Nurse-Family Partnership (2019), https://www.nursefamilypartnership.org/wp-content/uploads/2020/07/annual-report-2019.pdf.

21 LLynn A. Karoly, M. Rebecca Kilburn, and Jill S. Cannon, *Early Childhood Interventions: Proven Results, Future Promises* (Santa Monica, CA: RAND Corporation, 2005).

22 J. Eckenrode et al., "Long-Term Effects of Prenatal and Infancy Nurse Home Visitation on the Life Course of Youths: 19-Year Follow-up of a Randomized Trial," *Archives of Pediatrics & Adolescent Medicine* 164, no. 1 (January 2010), https://doi.org/10.1001/archpediatrics.2009.240.

23 데이비드 올즈와의 개인적 대화, December 14, 2020.

24 National Research Council and Institute of Medicine, *Preventing Mental, Emotional, and Behavioral Disorders Among Young People.*

25 C. Edward Coffey, "Building a System of Perfect Depression Care in Behavioral Health," *Joint Commission Journal on Quality and Patient Safety* 33, no. 4 (April 2007), https://doi.org/10.1016/s1553-7250(07)33022-5.

26 M. Justin Coffey and C. Edward Coffey, "How We Dramatically Reduced Suicide: If Depression Care Were Truly Perfect, No Patient Would Die from Suicide," *NEJM Catalyst* (April 20, 2016), https://catalyst.nejm.org/doi/full/10.1056/CAT.16.0859.

27 Michael F. Hogan and Julie Goldstein Grumet, "Suicide Prevention: An Emerging Priority for Health Care," *Health Affairs* 35, no. 6 (June 1, 2016), https://doi.org/10.1377/hlthaff.2015.1672.

28 Brian K. Ahmedani et al., "Health Care Contacts in the Year Before Suicide Death," *Journal of General Internal Medicine* 29, no. 6 (June 2014), https://doi.org/10.1007/s11606-014-2767-3; Jason B. Luoma, Catherine E. Martin, and Jane L. Pearson, "Contact with Mental Health and Primary Care Providers Before Suicide: A Review of the Evidence," *American Journal of Psychiatry* 159, no. 6 (June 2002), https://doi.org/10.1176/appi.ajp.159.6.909; National Action Alliance for Suicide Prevention: Research Prioritization Task Force, "A Prioritized Research Agenda for Suicide Prevention: An Action Plan to Save Lives."

29 "Zero Suicide," Education Development Center, https://zerosuicide.edc.org.

30 Hogan and Grumet, "Suicide Prevention: An Emerging Priority for Health Care."

31 Katie A. Busch, Jan Fawcett, and Douglas G. Jacobs, "Clinical Correlates of Inpatient Suicide," *Journal of Clinical Psychiatry* 64, no. 1 (January 2003), https://doi.org/10.4088/jcp.v64n0105.

32 Timothy D. Wilson, "Know Thyself," *Perspectives on Psychological Science* 4, no. 4 (July 2009), https://doi.org/10.1111/j.1745-6924.2009.01143.x.

33 Jeffrey J. Glenn et al., "Suicide and Self-Injury-Related Implicit Cognition: A Large-Scale Examination and Replication," *Journal of Abnormal Psychology* 126, no. 2 (February 2017), https://doi.org/10.1037/abn0000230; Matthew K. Nock et al., "Measuring the Suicidal Mind: Implicit Cognition Predicts Suicidal Behavior," *Psychological Science* 21, no. 4 (April 2010), https://doi.

org/10.1177/0956797610364762.

34 Joseph C. Franklin et al., "A Brief Mobile App Reduces Nonsuicidal and Suicidal Self-Injury: Evidence from Three Randomized Controlled Trials," *Journal of Consulting and Clinical Psychology* 84, no. 6 (June 2016), https://doi.org/10.1037/ccp0000093.

35 Samuel T. Wilkinson et al., "The Effect of a Single Dose of Intravenous Ketamine on Suicidal Ideation: A Systematic Review and Individual Participant Data Meta-Analysis," *The American Journal of Psychiatry* 175, no. 2 (February 1, 2018), https://doi.org/10.1176/appi.ajp.2017.17040472.

36 Seena Fazel and Bo Runeson, "Suicide," *New England Journal of Medicine* 382, no. 3 (January 16. 2020), https://doi.org/10.1056/NEJMra1902944.

37 "Motor Vehicle Traffic Fatalities, 1900-2007: National Summary," U.S. Department of Transportation Federal Highway Administration, 2007, https://www.fhwa.dot.gov/policyinformation/statistics/2007/pdf/fi200.pdf.

38 "Highway Statistics 2019," U.S. Department of Transportation Federal Highway Administration, updated March 11, 2021, https://www.fhwa.dot.gov/policyinformation/statistics/2019/.

39 "Automobile Safety," America on the Move, National Museum of American History Behring Center, https://americanhistory.si.edu/america-on-the-move/essays/automobile-safety

40 Rachel Swan, "Golden Gate Bridge Suicide Nets Delayed Two Years, as People Keep Jumping," Local, *San Francisco Chronicle*, December 12, 2019, https://www.sfchronicle.com/bayarea/article/Golden-Gate-Bridge-suicide-nets-delayed-two-14900278.php.

41 "Saving Lives at the Golden Gate Bridge," Golden Gate Bridge Highway & Transportation District, https://www.goldengatebridge.net.org.

42 Neil B. Hampson, "U.S. Mortality Due to Carbon Monoxide Poisoning, 1999 2014. Accidental and Intentional Deaths," *Annals of the American Thoracic Society* 13, no. 10 (October 2016), https://doi.org/10.1513/AnnalsATS.201604-318OC.

43 David M. Studdert et al., "Handgun Ownership and Suicide in California," *New England Journal of Medicine* 382, no. 23 (June 4, 2020), https://doi.org/10.1056/

NEJMsa1916744.

44 David Hemenway, "Comparing Gun-Owning vs Non-Owning Households in Terms of Firearm and Non-Firearm Suicide and Suicide Attempts," *Preventive Medicine* 119 (February 2019), https://doi.org/10.1016/j.ypmed.2018.12.003.

12장 치유

1 "Dr. Martin Luther King on Health Care Injustice," Physicians for a National Health Program, March 25, 1966, Associated Press, accessed at https://pnhp.org/news/dr-martin-luther-king-on-health-care-injustice/.

2 Paul Farmer, *To Repair the World: Paul Farmer Speaks to the Next Generation* (Oakland: University of California Press, 2013).

3 Donald M. Berwick, "The Moral Determinants of Health," *Journal of the American Medical Association* 324, no. 3 (July 21, 2020), https://doi.org/10.1001/jama.2020.11129.

4 Michael Marmot, *The Health Gap: The Challenge of an Unequal World* (New York: Bloomsbury, 2015), 36; Steven H. Woolf and Laudan Aron, *U.S. Health in International Perspective: Shorter Lives, Poorer Health* (Washington, DC: National Academies Press, 2013), https://www.ncbi.nlm.nih.gov/books/NBK154489/.

5 UNICEF Innocenti, "Innocenti Report Card 16: Worlds of Influence: Understanding What Shapes Child Well-Being in Rich Countries," UNICEF Office of Research, 2020, https://www.unicef- irc.org/child-well-being-report-card-16.

6 "Is Paid Leave Available for Mothers of Infants?," World Policy Center, 2016, https://www.worldpolicycenter.org/policies/is-paid-leave-available-for-mothers-of-infants.

7 "Convention on the Rights of the Child," UNICEF, https:// www.unicef.org/child-rights-convention; Sarah Mehta, "There's Only One Country That Hasn't Ratified the Convention on Children's Rights: US," ACLU, March 3, 2015, https://www.aclu.org/blog/human-rights/treaty-ratification/theres-only-one-country-hasnt-ratified-convention-childrens; "Convention on the Rights of the Child," UNICEF,

https://www.unicef.org/child-rights-convention.

8   Sandro Galea, *Well: What We Need to Talk About When We Talk About Health* (New York: Oxford University Press, 2019).

9   Neal Comstock, "Congress Unveils Covid-Relief, FY2021 Spending Package," National Council, December 22, 2020, https://engage. thenationalcouncil.org/communities/community-home/digestviewer/ viewthread?MessageKey=b2aa3c89-3840-46c5-8a20-8d29545fc060&Community Key=83fe128a-4d3e-4805-88dc-5acfaef5d555&tab=digestviewer.

10   Paul Hawken, *Blessed Unrest: How the Largest Social Movement in History Is Restoring Grace, Justice, and Beauty to the World* (New York: Penguin Books, 2008), 190.

11   Yuval Levin, "Either Trump or Biden Will Win. But Our Deepest Problems Will Remain," *New York Times*, November 3, 2020, https://www.nytimes. com/2020/11/03/opinion/2020-election.html?action=click&module=Opinion&pgt ype=Homepage.

12   Shaylyn Romney Garrett and Robert D. Putnam, "Why Did Racial Progress Stall in America?," *New York Times*, December 4, 2020, https://www.nytimes. com/2020/12/04/opinion/race-american-history.html?action=click&module=Opi nion&pgtype=Homepage.

찾아보기

〈 ㅅ 〉

마음이 아픈 사람들

정신 질환을 낙인 찍는 사회에서 살아간다는 것

초판 1쇄 인쇄 | 2023년 8월 18일
초판 1쇄 발행 | 2023년 8월 25일

지은이 | 토머스 인셀
옮긴이 | 진영인

발행인 | 고석현
편 집 | 박혜인
디자인 | 전종균
마케팅 | 소재범

발행처 | ㈜한올엠앤씨
등 록 | 2011년 5월 14일
주 소 | 경기도 파주시 심학산로12, 4층
전 화 | 031-839-6805(마케팅), 031-839-6814(편집)
팩 스 | 031-839-6828
이메일 | booksonwed@gmail.com
ISBN | 978-89-86022-78-0 03330